BASTEI
LÜBBE

HARDY KRÜGER

WANDER-
JAHRE

BEGEGNUNGEN
EINES JUNGEN
SCHAUSPIELERS

GUSTAV LÜBBE
VERLAG

BASTEI
LÜBBE

BASTEI LÜBBE TASCHENBUCH
Band 14434

1. Auflage: November 2000

Vollständige Taschenbuchausgabe
der bei Gustav H. Lübbe erschienenen Hardcoverausgabe

Bastei Lübbe Taschenbücher und Gustav H. Lübbe
sind Imprints der Verlagsgruppe Lübbe

© 1998 by
Verlagsgruppe Lübbe GmbH & Co. KG, Bergisch Gladbach
Umschlaggestaltung: KOMBO Kommunikationsdesign GmbH, Köln
Satz: Bosbach Kommunikation & Design GmbH, Köln
Druck und Verarbeitung: Ebner Ulm
Printed in Germany
ISBN: 3-404-14434-1

Sie finden uns im Internet unter
http://www.luebbe.de

Der Preis dieses Bandes versteht sich einschließlich
der gesetzlichen Mehrwertsteuer.

INHALT

*THE PAST
IS A GOOD PLACE
TO VISIT.
BUT I WOULDN'T
LIKE TO LIVE
THERE.
Thomas Jefferson*

KALIFORNISCHE SZENEN

Es ist Sonntag. Ein Tag im Sommer. Das Jahr ist 1997. Ich schreibe an einem breiten, langen und schweren Tisch, an die hundert Jahre alt und von ungezählten Generationen mexikanischer Holzwürmer zerfressen. Er stammt aus Santa Fé, New Mexico. Sean Connery hatte ihn eine Zeitlang nachdenklich betrachtet, im Schaufenster eines Antiquitätenladens an der alten Plaza von Santa Fé. Ich hatte den Händler gefragt, ob es von dieser Art Tisch noch einen zweiten gäbe, aber der Latino hatte nur die Schultern gehoben: nein, leider, ein Einzelstück. Sean war auf die Plaza hinausgegangen: »Kauf du ihn nur, ich habe nicht den rechten Platz für ihn.«

Wir waren drehfrei gewesen an dem Tag, Sean und ich, und nach einem Lunch mit Burritos und Dos XXs schlenderten wir zum Gouverneurspalast bei den mexikanischen Geschäften, die flach und langgestreckt die Plaza säumten.

Heute steht der Tisch in meinem Bungalow, unter einer niedrigen Decke mit dunklen Balken. Das Haus ist aus Zedernholz gezimmert und hat nach allen Seiten Fenster. An den Wänden stehen lange Reihen Bücher. Dazwischen hängen Gemälde. Die Darstellung einer flachen Welt, von Eskimos aus dem runden Wirbelknochen eines Walfisches gemacht, streckt weiße Federn aus, die wie Sonnenstrahlen sind. Es gibt einen Kamin mit bunten Kacheln, die an die Wandmalereien von Pompeji denken lassen. Vor dem Kamin stehen Sofas, und der Tisch dazwischen ist niedrig, unaufgeräumt, mit Stapeln aufgeschlagener Bücher und einer Ausgabe der Los Angeles Times vom letzten Wochenende.

Der Bungalow steht auf einer Lichtung unter hohen Bäumen. In der Ferne ragen schneebedeckte Berge zu einem dunkelblauen Himmel auf. Am Fuß der Berge dehnt sich eine Wüste bis zum Horizont. Die Wüste heißt Mojave. Das ›j‹ in dem Namen wird wie ein ›h‹ gesprochen. Unter einem Steilhang auf der anderen Seite, nach Süden hin, streckt sich ein weites Tal dem Meer entgegen. Das Meer ist der Pazifik. In dem Tal davor liegt die Stadt Los Angeles. Nach Osten hin, am Rand der Wiese mit dem Bungalow, beginnt der Wald. Er ist so alt wie die Felsen, die grau und rund zwischen seinen Bäumen liegen. Die Spitzen der Kiefern und Tannen recken sich zu den Wolken hoch. Auch die Eichen in dem Wald sehen aus, als wollten sie in den Himmel wachsen.

Bevor die weißen Siedler kamen, lebten hier Indianer, die der großen Wüste ihren Namen gegeben hatten. Die Männer ernährten ihre Familien mit den Früchten des Waldes und der Beute ihrer Jagd. Die Mojave hatten die Wünsche der Götter zu erfüllen. Ein Jäger mußte das Reh um Vergebung bitten, bevor er den Pfeil von der Sehne seines Bogens schnellen ließ. So ein Jäger wußte auch, wie man zu den Bäumen spricht. Seine Götter hatten ihm auferlegt, zu dem Baum zu sagen, daß er nicht gedankenlos getötet wird. Nicht aus Gewinnsucht. Sondern weil aus seinem Holz ein neuer Raum entsteht. Denn die Frau im Wigwam wird ein Kind gebären. Nur aus dem Grund mußte der Jäger dem Baum erzählen, wird ihn seine Axt jetzt treffen.

Im Jahr 1932 hatte ein Weißer sein Automobil einen sandigen Weg entlang zu diesem Bergwald hinaufgequält. Der Mann war Ungar. Von den Mojave lebten zu der Zeit nur noch alte Leute in dem Wald. Wer jung war, hatte das bequeme Leben im Flachland vorgezogen. In den Orangenhainen der Mormonen wurden gute Dollars für gute Arbeit angeboten. Die Alten des Stamms verkauften dem Ungarn ihren Wald.

Nun kommt etwas Merkwürdiges in die Geschichte. Dieser Ungar, der bewundernd, außer Atem, vor der Schönheit der Bäume stand, war Schauspieler. Als ich siebenundvierzig Jahre später im Grundbuch auf seinen Namen stieß, habe ich mir lachend an den Kopf gefaßt. Bela Lugosi. Er war der erste Darsteller des Dracula, am Broadway ebenso wie in Hollywood. Lugosi machte aus vielen Filmen Welterfolge. Er war der Aristokrat des Bösen.

Bela hatte den Wald als Geschenk für eine Frau gekauft. Als Brautgeschenk. Voller Vorfreude fuhr er die zukünftige Mrs. Lugosi den Berg hinauf. Die Straße war damals ein Hohlweg für die Lumberjacks, eng, holprig, halsbrecherisch. Auf der Höhe angekommen, zwischen Eichen stehend, breitete Dracula pathetisch seine Arme aus. Die Geste sollte sagen: »Liebste, diesen Wald hier … ich lege ihn dir zu Füßen.« Die Braut warf einen kurzen Blick auf das, was Bela für beständiger als Edelsteine hielt. Sie war anderer

Meinung und schüttelte den Kopf. »Ich? Hier leben? Nie!« Gesenkten Hauptes fuhr Bela sein Starlet in das Tal hinunter. Er kehrte nie mehr auf den Berg zurück.

Der Wald geriet bei den weißen Siedlern in Vergessenheit. Gut drei Jahrzehnte lang ging kein Holzfäller mehr hinein. Dann, eines Tages – die Mojave waren inzwischen ausgestorben –, bin ich es gewesen, der bewundernd vor der Schönheit dieser Bäume stand. Es war also wiederum ein Schauspieler, der Besitzer dieses Waldes werden wollte. Und um die Geschichte rund zu machen, hatte auch ich mir das Hochplateau als Geschenk für eine Frau gedacht. Für meine Frau. Für Anita Park aus Illinois. Wenn ich mit ihr allein bin, nenne ich sie Luv.

Genauso aufgeregt wie Lugosi, fuhr ich Luv den Berg hinauf. Aus dem Hohlweg war inzwischen ein Highway geworden, vierspurig, mit weiten Kurven, und tiefdunkel asphaltiert. Auf der Höhe angekommen, ging Luv zu den Eichen hin. Sie sah, daß der Blick von hier oben endlos war. Lange Zeit stand sie unbeweglich da. Dann ging sie auf einen Felsen zu. In seiner Mitte war ein indianisches Symbol in den Granit gemeißelt. Luv strich mit der Hand darüber. Ich sagte mir: »Du hast mehr Glück als dein Kollege Dracula.«

In den nächsten Wochen stromerten wir unter einem Blätterdach hindurch, das Licht und Schatten auf uns warf. Lang bevor der Wald sich färbte, ließen wir neben dem Felsen mit der Rune der Indianer ein Haus aus Baumstämmen errichten. In den Jahren, die dann kamen, haben wir eine Scheune dazugebaut. Unter ihrem Dach steht mein alter Jeep. Allerlei Gerätschaften hängen an den Wänden. An dem breiten Scheunentor vorüber führt ein Weg zur Wiese. Zu dem Bungalow. Zu dem langen Tisch. Zu einem Sommersonntag. Zu dem Heute. Zu dem Tag, an dem ich mich an das Buch meiner Wanderjahre mache.

Jetzt, im Sommer, stehen alle Fenster offen. Wenn der Winter kommt, laden Winde vom Pazifik Schnee in großen Mengen ab. Doch in Kalifornien wechseln solche Szenen schnell. Drei Tage nach dem Schneesturm ist der Himmel wieder blau, und was am Tage schmilzt, wird nachts zu Eis an allen Bäumen. Der Wald sieht dann wie altes Silber aus.

Vielleicht schreibe ich heute noch bis abends spät. Vielleicht aber wandert meine Frau dann durch eine frühe Dämmerung zu mir her. Streckt sich auf dem Sofa aus. Oder sieht mir beim Schreiben zu. Wenn sie dann fragt, warum ich das Buch mit dem Tisch aus Santa Fé beginne, werde ich ihr sagen, daß ich immer hatte wissen wollen, wie der Raum beschaffen war, in dem ein Erzähler, den ich besonders schätze, seine Geschichten aufgeschrieben hat. Lebte John Steinbeck in Monterey gegenüber einer Fischfabrik, als er *Die Straße der Ölsardinen* schrieb? Wuchsen Eisblumen in grausam kalten Nachkriegswintern am Fenster von Heinrich Böll, während er an den Kurzgeschichten *Wanderer, kommst du nach Spa…* arbeitete? An welcher Art von Tisch schrieb Ernest Hemingway *Wem die Stunde schlägt?* Und war an manchen Tagen eine Frau im Zimmer, die ihn an seine mädchenhafte Spanierin Maria denken ließ?

ALAMOGORDO

Es war Mitte 1980, als mein wurmstichiger Tisch in Santa Fé die Aufmerksamkeit von Sean Connery erregte. Wir waren für den Columbia-Film *Wrong Is Right* nach New Mexico gekommen. Der Regisseur war ein kleiner Mann mit kantigem Gesicht und dem Bürstenschnitt des US Marine Corps. Sein Name war Richard Brooks.

Als wir mit den Dreharbeiten in Santa Fé fertig waren, fuhr der ganze Troß nach Alamogordo weiter. Für die letzten Szenen im Freien brauchten wir die hohen Dünen der White Sands. Dort, im Herzen von New Mexico, war es, wo Wissenschaftler die erste Atombombe gezündet hatten, 1945, und danach hatten Politiker und Militärs sich beeilt, die Bomben auf Hiroshima und Nagasaki abzuwerfen.

Wie ich nun mit Sean und Brooks durch das Testgebiet von White Sands lief, tat ich verängstigt und überlegte laut, ob so ein Wüstenboden wohl noch lange Jahre später Radioaktivität ausstrahlt. Brooks mußte darauf reingefallen sein, denn ich konnte sehen, wie ihn meine Frage irritierte. Er gab die Verantwortung an den weiter, der den Atomtest befohlen hatte: »Präsident Truman hat jede Verstrahlung bestritten, und zwar vor der Zündung ebenso wie danach. Bis zum Ende seines Lebens hat er gesagt, der Bevölkerung sei kein Schaden zugefügt worden.«

Ich ließ die bedenkliche Miene noch eine Weile in meinem Gesicht, was Brooks dazu veranlaßte, mich endgültig beruhigen zu wollen: »Es wird dich interessieren zu erfahren, daß jede Regierung, die Truman folgte, den gleichen Standpunkt eingenommen hat.«

Sean sagte: »Ich erinnere mich an die Fotos der GIs, wie sie in Laufgräben standen, mit dem Atompilz hinter ihren Helmen. Was aus den Kerlen wohl geworden ist?«

»Das Pentagon hatte dem Senat Rede und Antwort stehen müssen«, sagte Brooks, »und die Generalstabschefs haben in einer offiziellen Anhörung ausgesagt, niemand in den Laufgräben sei verstrahlt worden.«

Bei der Bemerkung verging mir jeder Spaß. Ich fand eine solche Behauptung leichtfertig dahingesagt. Allein schon die Entscheidung, so einen Golem auf die eigene Truppe loszulassen, muß als ein gewaltiges Risiko gegolten haben.

»Du mußt eines mal bedenken, Richard«, sagte ich, »in der Geschichte der Menschheit war das die erste Explosion einer nuklearen Bombe. Die Auswirkungen hat niemand vorausberechnen können. Niemand wußte, ob es eine Kettenreaktion der Atome geben würde! Nicht die Väter der Bombe. Nicht die Generale. Und auch nicht der Präsident.«

Brooks sah mich schief an. Sein Gesicht war herb, mit tiefen Kerben, wie aus Stein gemeißelt. »Sag mal, bist du einer von diesen Jungs, die ihrer Regierung aus Prinzip nicht glauben wollen?«

»Grundsätzlich, nein.« Ich schüttelte den Kopf. »Aber ich vertraue auch nicht blind. Ich höre mir an, was die Regierung sagt. Von da an mache ich mir meine eigenen Gedanken.«

»Da hat er recht«, sagte Sean, »einer Regierung blind zu vertrauen ist gefährlich.«

»Von blind vertrauen habe ich kein Wort gesagt«, protestierte Brooks. »Wenn wir auch Männer an der Macht hatten, die Unmögliches möglich machen konnten: Roosevelt. Churchill. Und Harry Truman kannst du getrost mit denen in einem Atemzug nennen.«

»Möcht' gern mal wissen, was für eine Art von Selbstbewußtsein ein Staatsmann haben muß, wenn keiner weiß, wie gewaltig so eine Bombe tatsächlich ist, und er jagt sie trotzdem hoch«, sagte Sean.

Ich bückte mich nach dem feinen weißen Sand und ließ ihn durch die Finger rinnen. »Richard«, sagte ich, »laß uns hoffen, daß dein Good Old Harry damals die Nation nicht angelogen hat.«

Wir drehten unseren Film in dem Testgebiet ohne Zwischenfälle ab. Bei der Rückkehr in die Burbank Studios erwartete uns ein Gerücht. Es rankte sich um den Tod von John Wayne. Unter Freunden nannten wir ihn Duke. Ich habe nie gehört, daß ihn je einer John gerufen hätte. Duke war ein Jahr zuvor in Los Angeles gestorben. Er hatte lange in der Klinik der Universität UCLA gelegen. Die Ärzte sagten: Lungenkrebs, Duke hat sein Leben lang viel zu viel geraucht! Die Leute in den Studios waren anderer Mei-

Richard Brooks. Alamogordo, 1980

nung. Sie sagten, Duke habe sich den Tod bei Dreharbeiten geholt. Bei Außenaufnahmen. In Alamogordo. In zeitlich viel zu kurzem Abstand zur Explosion der Bombe. In einem Wüstensand, der noch verstrahlt gewesen sei.

Als das Gerücht nicht verstummen wollte, gingen Presseleute der Sache nach. Es waren Journalisten mit gutem Ruf. Ihre Recherchen erschienen zunächst in der Presse. Dann griffen Radiosender das Thema auf. Fernsehstationen folgten. Die Berichte bestätigten, daß eine ganze Reihe von Bühnenarbeitern ungewöhnlich jung verstorben war. Vielen Beleuchtern sei es ebenso ergangen, auch den Tonleuten und den Männern von der Kamera. Als Diagnose wurde in jedem Fall Krebs genannt. Der Verdacht, die Atomversuchung habe bei den Filmleuten den Tod herbeigeführt, ließ sich wissenschaftlich nicht untermauern, die Journalisten meinten jedoch übereinstimmend, bei der großen Zahl der Toten könne niemand mehr an reinen Zufall glauben. Keiner könne sich vorstellen, daß ein Schicksal so verrückt spielt und ein ganzes Filmteam aus jeweils individuell ganz anderen Ursachen mit der gleichen unheilbaren Krankheit schlägt.

Die Zeitungsausschnitte hingen bei Columbia Pictures lange Zeit am Schwarzen Brett. Manche waren bald vergilbt. Am Tag der Premiere von *Wrong Is Right* war ich das letzte Mal bei Brooks im Büro. Mittags wollten wir in die Cafeteria rüber. Vor dem Schwarzen Brett stand ein Beleuchter. »Die Sache wird ein schlimmes Ende nehmen«, sagte er.

Brooks wollte wissen, was er meinte.

Der Mann nahm die Baseballkappe ab und kratzte mit breiten Fingernägeln über seine Glatze. »Truman hat die Sache angefangen«, sagte er. »Erinnern Sie sich mal daran, Mr. Brooks, wie Good Old Harry gesagt hat: Verstrahlung in White Sands hat es nicht gegeben? Und alle anderen plappern es ihm seither nach. Eisenhower, Kennedy, Johnson. Alle. Ganz gleich, ob Republikaner oder Demokraten. Ist Ihnen das nicht aufgefallen? Ich meine, daß der Text immer der gleiche ist: Was? Verseuchter Sand? Verstrahlte Menschen? In Alamogordo? Gott behüte! Uns ist kein einziger Fall davon bekannt.«

Richard Brooks ging kopfschüttelnd davon. Er sollte nicht mehr lang zu leben haben. Zwei Jahre später hat er den Eimer umgetreten. Das war so eine Redensart von ihm, wenn ein Freund gestorben war. *He kicked the bucket* – er hat den Eimer umgetreten.

Um es gleich vorwegzunehmen: Richard ist nicht gestorben, wie Duke hat sterben müssen, also an den Folgen unseres Aufenthalts in einem atomaren Testgebiet, sondern weil sein Herz nicht länger leben wollte, und auch sonst hat niemand aus unserer Filmcrew in Alamogordo Schaden genommen. Jedenfalls ist mir nichts davon bekannt.

Der Tod des Richard Brooks hat unser Gespräch über das Thema ›Präsident und Bombe‹ nicht beendet. Im Abstand von einigen Jahren kam es vor, daß ich den grauköpfigen Choleriker wissen ließ, was inzwischen vorgefallen war.

Im Sommer 1986 habe ich zu ihm gesagt: Richard, weißt du, was Tschernobyl ist? Und wo es liegt? Ich werd's dir auf der Karte zeigen. Tschernobyl ist ein Ort in der Ukraine. Die Sowjets betreiben dort ein nukleares Kraftwerk. Am 17. April ist einer ihrer Reaktoren in die Luft geflogen. Radioaktive Strahlung wurde frei. Die entwichene Menge ist enorm. Moskau hat zunächst geschwiegen.

Tage später versicherte der Kreml, eine ernsthafte Gefahr bestehe nicht. Doch die Lüge hatte kurze Beine. Winde aus Südost trieben die verseuchten Wolken in die Nachbarländer, also nach Skandinavien, Polen, in die DDR und die Bundesrepublik. Ich war zu der Zeit in Kalifornien. Die Medien berichteten von den Versuchen der Russen, die zerfetzte Decke des Reaktors mit einer Bleihaube zu verschließen und die ganze Anlage in Beton zu packen.

Heute ist der 5. Juli 1986, ein Samstag. Wir sind in Hamburg, Germany, meine Frau und ich. Du erinnerst dich an Anita Krüger aus Illinois? Eben, dacht' ich doch, du erinnerst dich.

Wir sind wieder mal in unserer Wohnung. Vor zwei Tagen sind wir gelandet. Ab nächste Woche spiele ich in einem deutschen Fernsehfilm. Die Geschichte heißt *Sonnenschauer*. Sie spielt unter Bauern an der Nordseeküste. In Friesland. Das Drehbuch stammt von mir. Der Regisseur ist Christian Görlitz, talentiert, hoch gewachsen. Sein Haar ist buschig, hellblond, vielleicht auch ein bißchen rot. Heute mittag hat uns Christian zum Essen mitgenommen, in sein Haus mit Garten. Draußen, im Grünen, nahe der Elbe.

Christian hat eine Frau und zwei Kinder. Die Frau ist schlank, klein, hat ein lustiges Gesicht und braune Augen. Ihr Haar ist kurzgeschnitten, rot, kupferrot. Die Haarschöpfe der Kinder sind von der gleichen Farbe. Du würdest die vier für Iren halten.

Das Haus stammt aus der Jahrhundertwende. Mit Spalierobst an den Wänden, Birnen. Im Garten stehen Obstbäume. Äpfel und Kirschen. Ich wollte einen Apfel pflücken, für meine Frau, aber Christian streckte abwehrend die Hände aus, und seine Frau sagte: »Wir wissen nicht, ob das Obst verstrahlt ist. Es ist nämlich so«, sagte sie, »daß die Regierung sich im Schweigen übt. Schon seit der Katastrophe. Im Fernsehen haben sie die Ruine von Tschernobyl gezeigt. Wir haben gedacht, o Gott, ob die Radioaktivität sich ausbreitet? Ob das jetzt ein Notstand ist? Mein Mann hat gesagt, der Bundeskanzler wird der Nation die Lage schildern. Und was ist geschehen? Nichts. Er hat nicht gesprochen. Dann haben sie in der Tagesschau von der Verstrahlung der Atmosphäre berichtet. Das Abendblatt hat ausführliche Schilderungen gebracht, zunächst aus Polen. Eine radioaktive Wolkendecke war dorthin geweht. Dann kamen aus Skandinavien erschreckende Berichte.

Wir mußten uns fragen, wann die Verseuchung uns erreicht. Aber glauben Sie, daß aus Bonn ein klärendes Wort gekommen ist? Nein. Nichts. Keiner hat gesagt, die Lage ist schlimm. Oder halb so schlimm. Oder was wir tun sollen. Ich habe mich gefragt, ob die radioaktive Wolke bereits über Hamburg ist? Und – woran kann ich sie erkennen? Dürfen wir die Kinder in den Garten lassen? Oder muß ich sie im Haus behalten? Die Fenster schließen? Man sollte doch annehmen, das Gesundheitsministerium wendet sich an die Öffentlichkeit. Oder? Sollte die Familienministerin uns nicht aufklären? Ratschläge erteilen? Zwei Wochen lang ist nichts geschehen. Ein jeder ist verwirrt gewesen. Schließlich hat Kohl dann doch noch zur Nation gesprochen. Ich glaube, seine Hauptaufgabe hat er darin gesehen, uns zu beschwichtigen. Panik im Volk zu vermeiden, indem er den Eindruck erweckt, eine ernsthafte Gefahr bestehe nicht für uns. Aber wie kann das sein? Wo es doch radioaktiven Regen gab? Ist der Waldboden dann nicht verseucht? Das Ackerland? Die Teiche? Sehr verseucht? Mittelmäßig? Oder kaum der Rede wert verseucht? Und wie steht es mit dem Obst aus unserem Garten? Darf ich für meine Kinder Äpfel pflücken? Und wenn ja, muß ich die Äpfel vorher schälen? Bis heute hat es keine Aufklärung gegeben. Niemand weiß sich Rat.

Ich verstehe die Regierenden in Bonn nicht mehr. Das Volk besteht doch aus mündigen Menschen! Wir können die Wahrheit vertragen, auch wenn die Wahrheit Sorgen schafft. Mit einer Sorge werden wir schon fertig, mit der Ungewißheit nicht. Warum, in Gottes Namen, sagt uns denn der Helmut Kohl die Wahrheit nicht?«

Diese Ängste, Richard, die Verzweiflung einer Frau in Europa, wirst du gut verstehen. Was ich dir erklären muß, ist höchstens, daß Helmut Kohl der Name unseres Bundeskanzlers ist. An seinen Vorgänger, an Helmut Schmidt, wirst du dich erinnern. Ungefähr um die Zeit, als du den Eimer umgestoßen hast, ist Schmidt zurückgetreten. Es ging damals auch um Atome. Und um die Pershings, also um amerikanische Raketen. Helmut Schmidt wollte sie wegen der nuklearen Bedrohung durch die Sowjets in Deutschland stationieren. Strategie des Gleichgewichts hat er das genannt. Vielleicht erinnerst du dich daran.

In den nächsten elf Jahren habe ich nicht mehr oft an Richard Brooks gedacht. Helmut Kohl blieb Bundeskanzler. In den USA kamen und gingen die Präsidenten. Carter, Nixon, Ford, Reagan, Bush und Clinton. Sie ließen nukleare Bomben unter dem Wüstenboden von Nevada zünden, und das Testgebiet White Sands geriet in Vergessenheit. Von der Sorge um Alamogordo war für lange Zeit nichts mehr zu hören. Dann kam unser Sommer auf dem Berg, es kam dieses 1997, und ich konnte Brooks die letzte Mitteilung in der Sache machen. Richard, sagte ich, jetzt hör mir mal gut zu. Und es wäre besser für uns beide, wenn du dich nicht erregen würdest. Also. Was ich dir heute erzähle, hat damit begonnen, daß 1992 der jüngste Präsident in der Geschichte der USA ins Weiße Haus einzog. Er ist ein Demokrat. Aus Arkansas. Sein Name ist Bill Clinton. Dieser neunte Präsident seit Harry Truman zeigt endlich Mut. Mut zur Wahrheit. Mut zur Wahrheit über Alamogordo. Dieser Clinton hat die Wahrheit bekanntgemacht. Heute morgen lag die Los Angeles Times mit der Meldung auf meinem Tisch, und ich sag dir auch gleich, was in dem Artikel steht, aber spaßeshalber fang' ich damit an, daß ich heute mittag den Beleuchter wiedergesehen habe. Du erinnerst dich? An den Glatzkopf vor dem Schwarzen Brett? Bei der Columbia? Der Mann, der seine Zweifel an den Pressesprechern der Regierung hatte?

Also, wie ich vorhin auf die Cafeteria zugehe, steht da der Glatzkopf vor dem Schwarzen Brett, umringt von Frauen aus den Büros, und ein neuer Zeitungsausschnitt ist an das Brett gepinnt, einer über White Sands. Alle lesen, ohne was zu sagen, aber dann brummelt der Beleuchter: »Dieser Billyboy ist smart. Er hat gewartet bis zu seiner zweiten Amtsperiode. Bis das Volk bei der Wahl gesagt hat, du mußt mit deiner Frau und deiner Tochter nicht raus aus deinem Weißen Haus.«

»Ob er nun gewartet hat oder nicht«, sagt die Frau neben ihm, sie ist ein älteres Semester, »jedenfalls gibt es jetzt einen, der uns sagt, was wir von den Präsidenten vor ihm zu halten haben. Oder etwa nicht?«

»O ja, den gibt es jetzt«, sagt der Glatzkopf, »und wenn alles gutgeht, werden sie beim Jüngsten Gericht Billyboy einen kräftigen Schlag auf die Schulter geben.«

Nun ist es aber so, Richard: Du mußt nicht glauben, daß die

Menschen Clintons Erklärung durchweg mit Humor aufnehmen. O nein, das Volk ist recht verärgert, und es wird welche geben, die Tausende und Abertausende Dollars an Schmerzensgeld von der Regierung wollen. Denn das Eingeständnis einer Schuld der Regierenden ist jetzt endlich da. Was in der Times von heute morgen stand, gebe ich dir in Kurzform wieder:

»Die Zündung der ersten Atombombe am 16. Juni 1945 hat Folgen gezeitigt, die zuvor unabsehbar waren. Das Testgebiet von White Sands, New Mexico, wurde seinerzeit in weitem Umkreis radioaktiv verseucht. Es muß angenommen werden, daß Soldaten der abkommandierten Truppenverbände und die Zivilbevölkerung von Alamogordo durch Verstrahlung gesundheitliche Schäden erlitten haben.«

Richard, ich stand da, mit der Zeitung in der Hand, und habe laut in den Raum hinein zu dir gesagt: »Dein Good Old Harry hat dich angelogen.«

BOHRENDE FRAGEN

Richard Brooks kam aus Philadelphia. Am Anfang war er beim
Radio, als Journalist der NBC. Dann schrieb er Short Stories und
Romane, später auch Drehbücher. Er wurde Regisseur. Seine Fil-
me *Saat der Gewalt, Flammen über Afrika, Die Katze auf dem heißen
Blechdach* und *Kaltblütig* gehören zu den Klassikern Hollywoods.
Sein *Elmer Gantry* hat ihm 1961 den Academy Award eingebracht.

Nach Drehschluß, in unseren freien Stunden, spielten Richards
Fragen mit mir Schach. Er versuchte zu ergründen, ob dieser Deutsche, der in die Welt hinausgewandert war, gelegentlich über die
Schulter blickt, dahin zurück, woher er in jungen Jahren einmal gekommen ist.

Connerys Abende verliefen anders. Sean wurde nicht von
Richards Fragen umzingelt. Der Mann war Schotte. War von seinem Hochland in die Welt hinausgewandert. Das aber zählte
nicht. Was zahlte, war der Deutsche. Den wollte Brooks verstehen.
Der war der Schlüssel. Mit dem war eine Tür zu öffnen. Brooks
wollte an meinem Beispiel ergründen, wie die Deutschen sind.
Der Schriftsteller in ihm hat das gebraucht.

Unser *hangout* damals, in Alamogordo, war Chuckie's Diner,
der in einer Baracke untergebracht war und nichts als Pizza bot.
Es gab nicht viel Rühmenswertes über das Lokal zu sagen, auch
der Chianti war von der Sorte, die ein Italiener, der was auf sich
hält, nicht trinkt, aber nach acht Uhr abends saß kein Einheimi-
scher mehr an den Tischen aus abgewetztem Linoleum, und deshalb sagte Brooks, wir reden bei Chuckie, da sind wir ungestört.

Chuckie war ein Indianer aus dem Pueblo von Pojodaque. Sein
indianischer Name war Moon Horse. Er hatte ein braunes, rundes
Gesicht, und sein Haar trug er in zwei langen Zöpfen aufgerollt.
Wenn wir durch die Tür kamen, faltete er die Santa Fé New Mexi-
can zusammen und ging in seine Kombüse. Wir bestellten immer
die gleiche Pizza, Veneziana, weil da alles drauf war, was der Indianer in Alamogordo finden konnte.

Es kam vor, daß wir nach Drehschluß die Hauptstraße ein
Stück weiter runterfuhren, weil sie im Tio Valdez saftige T-Bone-

Steaks vom Holzkohlengrill servierten. An solchen Abenden hatten wir Sean und seine Micheline dabei, und auch Katherine Ross kam mit, aber sobald Brooks sagte, er hätte Lust auf Pizza, winkte Sean grinsend ab, weil er wußte, daß es Richard den ganzen Abend nur darum gehen würde, mich seinem Verhör zu unterziehen.

Am ersten Abend, auf dem Weg zu der Baracke, eröffnete Brooks das Schachspiel seiner Gedanken mit der Feststellung, daß mein Verhältnis zu den Regierenden offenbar ganz anders sei als seines, und er fragte sich, warum.

»Wir leben in verschiedenen Ländern«, sagte ich.

Er zog die Stirn in Falten. »Deine Antwort ist ein Einzeiler. Häng da bitte noch ein paar Sätze dran.«

Ich sagte: »Du mußt bedenken, daß du Bürger eines Staatenbundes bist, der sich auf zwei Jahrhunderte demokratischer Erfahrung stützen kann.«

»So ist es«, sagte er. »Und wie verhält sich das bei dir?«

»Die einzigen demokratischen Zeiten, an die sich mein Land erinnert«, sagte ich, »sind die von Hoffnung erfüllten, aber unglücklichen vierzehn Jahre unserer Weimarer Republik, die ich nur aus Büchern kenne.«

Wir standen jetzt vor dem Diner. Brooks hielt Luv die Tür auf. Als Moon Horse uns sah, machte er sich auf den Weg in die Kombüse.

»Veneziana?«

»Aber ja, wie immer.«

Dann ging Brooks zu dem Gestell mit den Weinflaschen und nahm einen Chianti heraus. Ich hielt ihm mein Taschenmesser hin. Es ist aus Solingen, mit Platten aus nachgemachtem Hirschhorn. Ein gutes Messer, weil es einen besonders langen Korkenzieher hat. Die Korken in Chiantiflaschen sind mit jedem Messer herauszuziehen, aber falls uns das Glück mal hold sein sollte und wir in diesem Provinznest bei den Dünen einen Bordeaux oder einen Burgunder ergattern, dann braucht der Fremde ein Messer mit einem überlangen Korkenzieher, weil die Franzosen lange Korken in ihre Flaschen pressen, und mit einer kurzen Spirale brechen die Franzosenkorken ab.

Brooks nahm das Messer und löste die Aluminiumfolie vom

Flaschenhals. »Hat dir einer mal gesagt, daß Duke Wayne dich einen Kommunisten nennt?«

Luv sah Brooks aus engen Augen an. Der Mann nahm ihren Blick mit einem Lächeln auf. Ich sagte mir: Nicht schlecht. Der zweite Zug in seinem Schach ist alles andere als schlecht.

»In Hollywood rätseln sie an diesem Dickkopf rum, der dein Mann geworden ist«, sagte Brooks zu ihr. »Schon seit '52 tun sie das. Seit Preminger ihn über'n großen Teich geholt hat. Immerhin ist er der erste Deutsche gewesen, den die Boys in Hollywood zu Gesicht bekommen haben, ich meine, nur 'n paar Jahre nach dem Krieg.« Er grinste. »Aber, nicht nur die Boys. Auch den Girls war noch kein Deutscher unter die Augen gekommen. Einmal hat er ein Starlet von Universal ausgeführt, nach Malibu, zum Dinner. Susan Cabot war ihr Name, ein hübsches Kind, und zwei Tage später hat's im Hollywood Reporter gestanden. Willst du wissen, warum der Reporter die Story von den beiden verfolgt hat?«

»Nein«, sagte Luv. Sie lächelte. Ich habe immer gefunden, ihr Lächeln ist das schönste, das ich je bei einer Frau gesehen habe. Brooks ließ sich nicht beirren. »Weil sie die beiden rausgefeuert haben aus dem feinen Lokal am Pazifik. Achtkantig rausgefeuert!« Er schüttelte den Kopf und lachte. »Es ist auf der Höhe von McCarthys Hexenjagd gewesen, und da hat dieser naive junge Kerl, der dein Mann geworden ist, doch tatsächlich zu seiner Tischpartnerin gesagt: ›Also in dem Punkt, den wir grad am Wickel haben, in dem Punkt denke ich ebenfalls wie ein Kommunist‹, und wenn einer dumm genug ist, so etwas zu sagen, zu einer Zeit, wo doch dieser McCarthy hinter allen Mauern der Filmstudios eine Verschwörung der bösen Bolschewisten gewittert hat, dann fliegt er eben raus, und zwar in hohem Bogen!« Er drehte die lange Spirale meines Messers in den Korken und sah fragend zu mir auf. »Wie ist das«, wollte er wissen, »hast du eigentlich nach der Rechnung gefragt, als der Mann vom Nebentisch dich aus deinem Stuhl gezogen hat?«

»Nein«, sagte ich. »Wenn ich rausgeschmissen werde, zahl' ich für die unterbrochene Mahlzeit nicht.«

Richard stieß ein lautes Lachen aus. Dann sagte er zu Luv: »An eine Nazivergangenheit von deinem Mann hat der Hollywood-Reporter nicht so recht glauben wollen. Denn immerhin war es

Otto Preminger, der ihn nach Hollywood gebracht hat, und es ist kaum anzunehmen, daß ein Jude einen Hitlerjungen engagiert.« Er zog an dem Griff des Messers und holte ein Stück krümeligen Korken aus dem Flaschenhals. Er sah, daß das abgebrochene Ende schwer herauszukriegen war. Richard stellte die Flasche auf den Nebentisch und nahm eine neue aus dem Regal.

»Duke hat dich in das rote Lager eingereiht, noch bis kurz vor seinem Tod«, sagte er zu mir. »Hast du das gewußt?« Er drehte die Spirale jetzt sorgfältiger als bei der ersten Flasche in den Korken.

Ich nickte. »Er hat es mir mal ins Gesicht gesagt.«

»Tatsächlich? Und was hast du gemacht?«

»Ich habe ihm die Internationale vorgesungen.«

»Die Internationale?«

»Es war bei ihm zu Hause in Encino«, sagte ich. »Duke hat wissen wollen, wo ich politisch stehe. Ich habe ihn gefragt: ›Wie meinst du das? In Bausch und Bogen? So, als Etikett an meiner Jacke?‹ Und da hat er gesagt: ›Red nicht lange rum.‹ Meine Antwort war: ›Auf meinem Etikett steht liberal‹, und da hat er mich lange betrachtet. Oder gemustert. Mit Entsetzen. Mit Enttäuschung in den Augen. ›Erzähl mir nicht…‹, hat er dann gesagt, ›…erzähl mir bloß nicht, daß du einer von diesen gottverdammten Commies bist!«

Brooks nickte. »Ich weiß. Ein Republikaner kennt da keinen Unterschied. Im Wörterbuch des Republikaners steht hinter dem Wort ›liberal‹ nicht ›freiheitlich‹ oder ›edel gesonnen‹, sondern ›Kommunist‹.« Er hob die Schultern. »Anstatt dich mit Duke zu streiten, hast du dich also aus der Affäre gezogen. Mit der Internationalen. Ist das so?«

»Ja. Duke hat geglaubt, ich sei nicht ganz richtig im Kopf.«

»Ich kann seinen offenen Mund ganz deutlich vor mir sehen«, sagte Brooks. Er grinste. »Vermutlich hat er deinen Gesang unterbrochen. Vermutlich hat er dich mit einem Fußtritt vor die Tür gesetzt.«

»Im Gegenteil. Er ist an seine Bar gegangen und hat mir einen Bourbon eingeschenkt.«

»Erstaunlich.« Richard dachte nach. »Duke muß dich gemocht haben.«

»Ja«, sagte ich. »Wir haben uns gemocht. Allerdings, wenn er mir grimmig sagte, sein Präsident solle ganz einfach die Atombombe für den Abwurf auf Vietnam freigeben, wurde die Sache ärgerlich. Rechts von Duke war allenfalls die Wand.«

»Viel Raum kann da nicht geblieben sein«, sagte Brooks. »Ich meine, für eure Zuneigung.«

»O doch. Wenn einer eine andere Meinung hat, macht ihn das noch lange nicht zu deinem Feind.«

»Wem sagst du das«, räumte Brooks ein.

»Duke und ich sind wie zwei alte Kumpels miteinander ausgekommen. Damals, bei *Hatari*. Du konntest dich auf ihn verlassen. Wenn ich vor Sonnenaufgang zum Drehplatz kam, war er schon da, und wenn er auf dem Truck saß und die Kamerawagen sind mit Lärm und Staub um uns herumgeturnt und ich habe ihm mit meinem Jeep einen Büffel zugetrieben, hat er mich mit seinem Lasso nie im Stich gelassen.«

Es gelang Richard jetzt, den Korken aus der zweiten Flasche zu ziehen. Ich sah, wie er sich darüber freute. »Bravo«, sagte ich. Er tat, als hätte er mich nicht gehört.

»Bei Paramount rankt sich eine Legende um euch beide«, sagte er dann. »Du sollst Duke unter den Tisch gesoffen haben. In Afrika. Gleich am ersten Abend.« Er ging zu Luv und füllte den Wein in ihr Glas. »Ist da was Wahres dran? Oder ist das nur Gerücht?«

»Ich versteh' nicht, was du meinst.«

»Kein Drumrumreden«, forderte er, »Wahrheit oder Gerücht?«

»Richard«, sagte ich, »die Sache ist lange her. Und ich bin nicht stolz auf das, was damals war.«

»Wer ist schon immer stolz auf alles, wofür ihn andere Leute rühmen?« Richard beugte sich über den Tisch und goß etwas von dem Chianti in mein Glas. »*C'mon, old sport*«, sagte er, »laß mal hören, wie das bei dem Besäufnis war.«

Ich sah ihn von unten herauf an. Bilder legten sich über seinen grauen Stoppelkopf. Bilder aus den frühen Jahren. Bilder aus London. Aus Paris. Bilder von einem Nashorn neben meinem Jeep. Und ein Bild von Duke am Boden. Mit einem Barstuhl, umgeworfen, neben ihm.

»Gib dir keine Mühe«, sagte ich. »Die Spur zu Duke und mir habe ich verwittern lassen.«

Brooks stieß ein Lachen aus. Dann trank er von dem Wein. Die Augen hielt er ein wenig zugekniffen.

Ich sage mir, du wirst den Teufel tun und deinen Mund aufmachen. Alles, was du ihm enthüllen sollst, ist das Gemälde einer barocken Trunkenheit. Doch hinter dem, was damals war, steckt mehr. Viel mehr. In der Geschichte steckt Willkür, Not, Flucht, Liebe, Erfolg. Und ein neues Land.

Außerdem ist es ja nun mal so, daß die Geschichte nicht mit John Wayne begonnen hat. Sondern mit Joseph Losey. Amerikaner. Regisseur. Einer der besten. Und mit Ben Barzman. Auch Amerikaner. Drehbuchautor. Einer von der besonnenen Sorte. Die beiden und die Produzenten bei Rank haben mir den Film *Blind Date* gegeben. Mit Micheline Presle. Französischer als Micheline kann niemand sein. Ein wahrer Zauber, diese Frau. Das Jahr war 1959. Der Ort war London. Joe ist seither ein enger Freund.

Und hier fängt die Geschichte an. Nicht in Tanganjika. Nicht mit Duke. Die Geschichte fängt damit an, daß Ben und Joe geflohen sind. Politische Flüchtlinge sind die beiden. Aus einem Land, das seit zweihundert Jahren vom Volk regiert wird. Für das Volk. So sagen sie. Und mit dem Volk. Aber dann ist ein Mann gekommen, der McCarthy hieß. Er war Senator. Aus Wisconsin. Der Mann hatte sich ein hohes Ziel gesteckt. Er wollte in das Weiße Haus. Als Präsident. Er wußte aber auch, daß ihn das Volk nicht kannte. Also mußte er sich einen Namen machen. Mußte auffallen. Mußte Taten sehen lassen. Patriotische Taten. McCarthy begann, Menschen zu verteufeln. Er ging auf Kommunistenjagd. In Universitäten. Dann bei Verlagen. Als nächstes in den Filmstudios von Los Angeles. Der Senat bestimmte ihn zum Vorsitzenden eines Untersuchungsausschusses. Seine Aufgabe war das Entlarven von Menschen, die in jungen Jahren die Ideen von Karl Marx übernommen hatten. Jeder Beschuldigte, der die Aussage verweigerte, endete vor dem Staatsanwalt. Berühmte Drehbuchautoren verschwanden in Gefängnissen. Arthur Miller lieferte sich ein Rededuell mit McCarthy vor dem Tribunal. Männer wie Bert Brecht, Charles Laughton, Paul Robson und Charly Chaplin wurden aus dem Land gejagt. Mit ihnen gingen auch Joe Losey und Ben Barz-

PAGE 6—THE STAR   THURSDAY, AUGUST 20, 1959

The Englishwoman's
German hero

By ROY NASH

FILMS OF THE WEEK

ASK a young English-woman to name s o m e famous living Germans and the chances are she will give you Hardy Kruger before she gets around to old home-bodies like Dr Konrad Adenauer.

Blond, cherubically hand-some Mr Kruger is a 31 year-old German actor whose gentle charm and considerable talent have enabled him to succeed where his compatriots of a few years back, for all their noisy onslaught, failed.

He has conquered the women of England.

Two Pinewood films helped Mr Kruger to achieve this triumph. In the first he was an escaping German POW, keenly interested in the odd habits of the British.

In the second he continued his researches—as a German undergraduate at Cambridge.

There are some unusually frank love scenes between the painter (Hardy Kruger) and mysterious Frenchwoman (Micheline Presle) in Blind Date.

Joseph-Losey-Film *Blind Date/Die tödliche Falle.* London, 1959

man ins Exil. Die Hexenjagd begann 1950. Präsident Eisenhower sah sich die Maschenschaften von McCarthy ausdruckslos mit an. Untätig. Vier Jahre lang. Dann vergriff sich der größenwahnsinnige Senator am Stolz Amerikas: an den Veteranen des großen Krieges. Das erregte Eisenhowers Zorn. Er forderte die Entmachtung des Senators. Der Kongreß hörte das Grollen aus dem Weißen Haus. 1954 war der böse Spuk beendet. Die Medien berichteten lautstark vom Sturz des Kommunistenjägers. McCarthy wurde zum Säufer. Drei Jahre später war er tot. Er starb armselig. Und geächtet. Kaum achtundvierzig Jahre alt. Was er zurückließ, war die Erinnerung der Amerikaner an eine beschämende Zeit in der Geschichte ihres Landes.

Ja. So war das damals. Losey und Barzman kehrten nicht nach Hollywood zurück. Ich werd' den Teufel tun und darüber reden. Ich werd' den Teufel tun und an den Anfang der Geschichte ein Telefongespräch setzen, das den Mann am anderen Ende der Leitung aufschrecken ließ. Keine Frage, ich hatte Losey am anderen Ende aufgeschreckt. Er stand am Telefon in seinem Haus in London. Im Stadtteil Kensington, genau gesagt. Das Jahr war 1960. Und ich rief ihn von Paris aus an. Ich kann noch immer die lange Pause in der Leitung hören, als ich zu Joe sagte: »Hör mal, ich fliege jetzt nach Tanganjika, für einen Film von Howard Hawks, und mein Partner ist John Wayne.« Am Ende der langen Pause kam Loseys Stimme dünn, ungläubig, erschreckt, zu mir ins Ohr: »Oh Gott.« Und etwas später war die Stimme nochmals da. Brüchig. Mit der Frage: »Muß das sein?« Als ich sagte, ja, es muß, rief Joe nach Ben Barzman, der in Joes Küche herumhantierte. Ich hörte, wie Joe sagte: »Hardy macht einen Film mit Wayne«, und dann nahm Ben den Hörer in die Hand. »Hör mal«, sagte Ben, »es gibt zwei Dinge, die du uns versprechen mußt. Trinke niemals mit dem Mann. Und red mit ihm nicht über Politik. Tust du's dennoch, bringt er dich um.«

Ich sagte zu Ben, daß mir am Leben sehr viel liege, und gab ihm deshalb das Versprechen, sogar hoch und heilig, und als ich John Wayne schließlich gegenüberstand, sah ich voller Schrecken von den Augen auf den Mund, weil aus dem Mund die Worte kamen: »Kid, wir heben nachher einen, an der Bar.«

Vor diesem Satz, der zum Wortbruch führte, gab es einen Endlos-Flug nach Ostafrika. In einer Turboprop. Die Tage nach der Landung machten meinen Kopf verwirrt. Im Busch von Tanganjika sah ich die ersten Giraffen meines Lebens, die nicht hinter Gittern waren. Ich stieß auf Büffel, wie schwarze Felsen lagen sie in gelbem Gras, und vor dem Zwielicht des frühen Morgenhimmels stand das Eis des Kilimanjaro so dunkel wie ein Scherenschnitt. An einem Wasserloch, umringt von mageren Ziegen, hockte ein Mann in einem blendend roten Tuch. Hinter dem Hirten streckte sich eine grüne Wildnis hin, unermeßlich weit, und endete am Horizont. Ich nahm den Geruch der Erde wahr, das faulende Laub im Wald und den Rauch der Feuer vor den Hütten. Ich war wie benommen. Und sagte mir, du bist dabei, dich zu verlieben. Ich sagte mir, deine neue Liebe ist ein Land.

Ein See, der in meiner Karte als Manyara eingetragen war, sah durch die Windschutzscheibe des Geländewagens rosa aus. Als ich über die Sodakruste eines Flußbettes zu seinem Ufer rollte,

Joseph Losey. London, 1959

erkannte ich Tausende von Flamingos, die sich im Wasser des Manyara aneinanderdrängten. Über den Flamingos streckte sich ein Hotel, flachgebaut, am Rand von einem Kliff, und es war im Speisesaal, daß ich John Wayne zum ersten Mal sah.

Unverhofft stand er vor meinem Tisch. »Kid«, sagte er, »von dir habe ich das eine oder andere gehört. Laß uns nach dem Dinner einen heben. Ich warte auf dich in der Bar.«

Dann ging er davon. Er hatte diesen stelzigen Gang, mit kurzen Schritten. Es war der Gang, den ich von der Leinwand kannte. Der Mann schien mir unermeßlich groß. Ich sah ihm nach. Und es ist dieses Hinter-ihm-Hersehen, das am Anfang der Geschichte steht, die Richard mir entlocken will. Aber ich werde einen Teufel tun und sie ihm erzählen. Weil ich nämlich beim Hinterhersehen nicht allein gewesen bin. Auch Ben Barzman und Joe Losey sahen ihm nach. »Tu's nicht«, flüsterte Joe mir in mein Ohr, und Bens Frage hörte sich verzweifelt an: »Soll dein Wort denn nichts mehr gelten?«

Ich suchte die Tür zur Küche und fragte den Koch, ob er Olivenöl und einen Löffel abzugeben hätte. Das schwarze Gesicht unter der Kochmütze sagte Worte, die ich nicht verstand. Dann stellte der Mann eine Flasche Maisöl vor mich hin. Ich hielt mir die Nase zu und schluckte drei große Löffel von dem Zeug und ging in die Bar. Der kleine Raum war zum Bersten voll mit Männern von der Paramount. John Wayne stellte mich, über den Lärm hinweg, mit lauter Stimme vor. Dann orderte er beim Barmann die erste Runde: »Brandy. Französischen. Dreistöckig.« Ich sagte, daß mir ein Einfacher genügen würde, was ihn mürrisch machte, und nach einigem Hin und Her einigten wir uns auf den ersten Kompromiß bei der Suche nach einer Basis für die neue Freundschaft: Ich bekam einen Doppelten ins Glas, und der Dreifache war für Duke. Er sagte: *»Bottoms up!«* und leerte sein Glas in einem Zug. Ich ließ mir den Martell über die Zunge laufen.

»Trink aus«, sagte Duke.

Ich sagte: »Mach' ich ja, aber langsam.«

»C'mon«, sagte Duke, *»be a man.«*

Ich sagte: »Mit dem Begriff ›Mann‹ hab' ich immer andere Qualitäten in Zusammenhang gebracht.« Aber das führte zu nichts anderem als zu einer zweiten Runde Cognac und zu einer dritten, und irgendwann sagte Duke: »Kid, ich wünschte, dein Land hätte den Krieg gewonnen.«

Ich saß auf dem Barhocker und hatte ein Bein am Boden und es wurde hell vor meinen Augen, und ich wußte nicht, was jetzt zu sagen war. Dann rettete ich mich in ein Lachen. In ein großes. In ein Lachen von der Art, die den Lacher mittendrin, und beim Tief-Luft-Holen, zum Verschlucken bringt.

Duke sah mich aus engen Augen an. Versteinert. Sein Mund

stand offen. Schließlich sagte er: »Du hältst das wohl für einen Witz?«

»Ja«, sagte ich, »und zwar für keinen guten.«

»Ich glaube, daß ich dir den Witz wohl mal erklären muß.«

»Nein«, sagte ich, »es ist nicht nötig, daß wir lang darüber reden.«

Duke sagte: »Auch wenn es dir nicht nötig scheint, werde ich dir den Witz erläutern.« Dann forderte er von dem Barmann »zwei Dreistöckige«, und zu mir sagte er: »Ich hab' mir immer gewünscht, daß dein Land *gemeinsam mit uns* den Krieg gewinnt.« Er hielt mir sein Glas entgegen. »*Bottoms up.*«

Wir tranken. Mein Kopf sagte, du kannst das nicht trinken nennen. Drück es lieber so aus: Ihr spült das Zeug ganz sinnlos runter.

Duke begann seine Theorie zu entwickeln. »Der ganze Krieg wäre für die Menschheit am besten so verlaufen.« Er streckte den kleinen Finger seiner rechten Hand hoch und drückte ihn mit dem Daumen seiner linken Hand nach hinten. »Roosevelt hört endlich auf, diesem gottverdammten Stalin unsere Tanks und Trucks und unsere Flugzeuge zu schicken. Verstehst du?«

»Ich verstehe.«

Er drückte mit seinem Daumen den Ringfinger nach hinten. »Die Deutschen stoßen bis nach Moskau vor. Wenn der Winter einsetzt und die Kampfkraft der deutschen Soldaten nachläßt, greifen Roosevelt und Churchill ein.« Duke sah zu mir herunter. »Ich glaube, du weißt, worauf ich hinauswill.«

»Aber ja. Nicht schwer zu raten.«

»Eben.« Sein Daumen schob jetzt den Mittelfinger in Position. »Gemeinsam mit den deutschen Truppen werfen Ike und Patton und Montgomery ihre Armeen den Bolschewiken entgegen. Die Ruskies sind um die Zeit bereits ausgeblutet. Ihre Vernichtung ist eine Frage von Tagen. Von unseren Boys müssen kaum mehr welche ins Gras beißen. Wenn alles vorbei ist, haben wir den Kommunismus ausgeräuchert. Ein für alle Mal. Wir haben ihn *gemeinsam* ausgeräuchert. Die Welt ist ein besserer Platz zum Leben.« Seine Hand legte sich schwer auf meine Schulter. »Du verstehst?«

Ich nickte. Der Cognac war hoch in meinen Kopf gestiegen. Ich nahm es hin. Ich sagte mir, du nimmst es verwunderlicherweise gerne hin.

Duke schob sein leeres Glas auf der Bartheke in meine Richtung. Ich sah in dem Glas die Kolonne seiner Panzer.

»Sag mal, was du jetzt denkst.«

»Gar nichts«, sagte ich. »Der Cognac ersetzt derzeit bei mir die Gedanken.«

Duke nickte. »Ich wette, du hältst mein Szenario des letzten Krieges für verrückt.«

»Ja«, sagte ich. »Ziemlich verrückt.« Es fiel mir auf, wie still es war. Ich sah mich um. In der entfernten Ecke saß ein Mann von der Paramount. Die anderen Stühle waren leer. Auf allen Tischen lagen Bierdosen und Pappbecher zwischen Aschenbechern, die voll mit Kippen waren. Der einsame Mann von der Paramount stierte in sein Bier.

Duke sagte: »Heißt das, mein Szenario gefällt dir nicht?«

»Nein.« Ich mußte ihm das eingestehen. »Gefällt mir nicht.«

»Überhaupt nicht?«

»Nicht im geringsten.«

Duke lachte. Sein Lachen war hell. Und kam in kurzen Stößen. Ich sah ihm in die Augen. Sie waren rot gerändert. Nur in der Mitte waren sie noch blau.

»Warum starrst du mich so an?« wollte er wissen.

»Deine Augen«, sagte ich.

»Was ist damit?«

»Sie sind rot.«

»Na wenn schon.«

»Und gütig.«

»Gütig?« Er dachte nach. »Überrascht dich das?«

»Ja«, sagte ich. »Sehr.«

Er legte mir seine Hand auf den Kopf. »Du bist ein guter Kerl.« Die andere Hand lag auf der Theke. Sie war breit, mit kräftigen Fingern und braunen Flecken in der Haut. »Kid, wir haben eine gute Zeit vor uns.« Er rieb seine Pranke durch meine Haare. Dann nahm er sie von meinem Kopf. »Falls wir das hier überleben.«

»Wie meinst du das?« fragte ich. »Überleben?«

»Die nächsten Monate in diesem Afrika werden etwas bringen, das keiner von uns beiden kennt«, sagte Duke. »Ich sitze vollkommen im Freien, auf dem Kotflügel vom Fängerwagen, und du hast keinen Schutz in deinem lächerlichen Jeep. Hinter uns, im Kame-

John Wayne. Howard-Hawks-Film *Hatari*. Momella, 1960/61

rawagen, fegt Howard Hawks durch das Büffelgras.« Er lachte
wieder. »Howard, der Unerbittliche. Er wird uns in die Herden
jagen. Mittenrein. Ich meine, mittenrein zwischen die Büffel. Oder
zwischen andere wilde Biester.«

Er schlug mit der Faust auf den Tresen. »Da wir grad von Howard sprechen«, rief er, »Rechnung bitte! Alles auf mich. Zeit für
den Strohsack.«

»Was? Schon?«

»Aber ja. Um fünf Uhr ist die Nacht zu Ende.«

»Ach was.« Ich lachte vor mich hin. Dann lachte ich ihm ins Gesicht. Voll ins Gesicht. »Hör mal, Duke, die Nacht ist jung.«

Diese Stunde ist jetzt lange her. Es ist Ewigkeiten her, als ich in ein Gesicht gelacht habe, das jetzt nicht mehr lebt. Damals, in der Bar vom Lake Manyara, lebte das Gesicht, und hinter meinem Lachen hab' ich die Frage verstecken wollen, wie wohl der Teufel heißt, der mich auf meinem Barstuhl reitet. Das ist so eine deutsche Redensart, hab' ich mir gesagt, dieses Wort vom Teufel, der den Menschen reitet, und zu meiner Entschuldigung konnte ich nicht anführen, daß es der Teufel Ben Barzman war, der mich geritten hat, denn Barzman hat geschwiegen. Ebenso wie Joe Losey schwieg. Losey schwieg ganz sicher voller Angst, als er mich zum Barmann sagen hörte: »Shibani, schenk noch mal 'n paar Brandies ein, ab jetzt geht das auf meine Rechnung, und du mußt die Dinger dreistöckig machen, genauso wie zuvor.«

Duke sah auf die beiden Gläser zwischen uns, voll bis zum Rand. »Laß genug sein«, sagte er. »Ich kann nicht mehr.«

Jetzt, in dieser Stunde, wo ich mir Richard Brooks ansehe, und sein Warten auf eine Geschichte spüre, die ich ihm nicht erzählen will, weiß ich, wer der Teufel war, der mich geritten hat. Der Teufel trug mein Gesicht. Und meinen Namen.

»*C'mon, Duke*«, sagte der Teufel von ganz tief innen in mir drin, »*be a man!*«

Duke grinste. Er erinnerte sich an diesen Satz. Sei ein ganzer Mann! Es war sein Satz gewesen. Wie viele Gläser war der Satz jetzt alt? Mit einem breiten Grinsen schüttelte Duke Wayne den Kopf. Über sich. Und über mich. Und folgte dem Gesetz der Männer. Seiner Männer. Er folgte seinem ungeschriebenen Gesetz bei diesem Glas. Und bei dem nächsten.

Für das Bild der Stunde, die dann kam, läßt mich die Erinnerung allein. Ich kann nichts mehr finden. Kein Bild. Keinen Ton. Keine Tür, die offen steht. Kein Afrika, mit seiner Nacht, vor einer sinnlos abgesperrten Tür.

Und dann liegt Duke am Boden.

Mit diesem Bild sind alle anderen Bilder wieder da. Ein Barhocker liegt neben Duke. Das schwarze Gesicht des Barmannes zeigt Erschrecken. Auch der Ton kommt in meinen Kopf zurück. »Shibani? Wer hat ihn gestoßen?«, und Shibani sagt: »Niemand, der Bwana ist von ganz allein gefallen, ist ja sonst keiner hier.«

Ich taste an der Schlagader nach Dukes Puls. Und sage mir: Schlägt bißchen schnell. Ist aber sonst okay.

In der Safarijacke steckt ein Zimmerschlüssel. Der Anhänger ist ein geschnitzter Büffelkopf. Über sein breites Horn ist ›38‹ gemalt. Ich greife den Klotz von Mann bei seinen Handgelenken. Zerre ihn nach draußen. Shibani versteckt sich hinter seinem Tresen. Der Weg, den Korridor entlang, ist ohne Ende. Zimmertüren sind auf abwehrende Weise verschlossen. 32. 34. Ob hinter den Türen die Schauspieler bei Frauen liegen? Unter der Nummer 36 setze ich mich zu Duke. »Hör mal zu, ich kann nicht mehr, wieviel wiegst du bloß, du Klotz?«

»Dreihundertzehn.«

Ich seh' mich um. Ist er das selbst gewesen? War das seine Stimme? Der Gang ist finster. Rechts rauf finster. Links rauf auch. Und ohne Menschen. Also weiterzerren. Schleifen. Stöhnen. Unter dem Klotz von Mann liegt ein ausgetretener Juteläufer. Irgendwann ist die Nummer 38 über meinem Kopf. Ich ziehe Duke in sein Zimmer. Und lasse ihn am Boden liegen. Auf das Bett kann ich ihn nicht heben. »Dreihundertzehn? Nicht achtzehnhundert? Duke, ich wette, wenn's um dein Gewicht geht, mogelst du.«

Er atmet tief. Und ruhig. Schläft. Lächelt sogar in seinem Schlaf.

»Ich will dir mal was sagen, Duke. Es ist nicht fair von mir gewesen. Denn… ich hab' in der Küche 'n paar Löffel Öl geschluckt.«

Das nächste Bild meiner Erinnerung ist von Rand zu Rand mit einem Gesicht gefüllt. Das Gesicht ist schwarz. Die Augen sehen ängstlich aus. »Wach auf, Bwana! Ich hab' dir Tee gebracht.«

Vor dem Fenster ist es hell. Mein Schädel dröhnt. Es ist mein Herz, das den Schädel dröhnen macht. Ich lasse Wasser in die Badewanne laufen. Kaltes Wasser. Strecke mich in dem kalten Wasser aus. Ertränke das Dröhnen meines Schädels in dem kalten Wasser. Zähle bis dreißig. Tauche wieder auf. Dann renne ich nach draußen. Unter dem Kliff stehen die Flamingos. Die Luft ist kühl. Beißt in meine nasse Haut. Ich lehne mich an das kalte Glas der Tür. Was du jetzt brauchst, sage ich zu mir, ist ein Dauerlauf. Dreimal rum um das Gebäude. Wenn du's schaffst, noch ein paar Runden mehr.

Das Hotel scheint sich endlos lang hinzustrecken. Ich renne. Renne. Schneller. Schneller. Vor der Küchentür riecht es nach Kaffee. Der Mann, der mir das Maisöl gab, tritt in die Tür. Starrt mich an. Schlägt die Hände vors Gesicht. Prustet. Hinter dem Koch taucht Shibani auf. Ein paar Schritte weiter kann ich hinter mir seine Sandalen auf dem Kiesweg hören. Ich bleibe stehen.

»Was ist los, Shibani?« Der Barmann schlägt die Augen nieder. Hält mir ein Wischtuch hin. »Shibani, sag mal, was es gibt?« Die Lippen vor mir lassen gelbe Zähne sehen. »Bwana… du bist nackt.« Gemächlich gehen wir zu meiner Tür zurück. Shibani hält mir, über den ganzen Kiesweg hin, sein Wischtuch vor die Lenden.

Im Speisesaal ist kaum mehr einer an den Tischen. Ich setze mich zu Duke. Er schiebt mir eine Thermoskanne mit dem Kaffee rüber. »Hier. Du wirst das brauchen.«

Beim Drehen gibt es einen ganzen Morgen lang nichts für mich zu tun. Ich sitze in meinem Jeep bei einem Eukalyptuswald. Rechts von der Gangschaltung hängt ein Radio in Eisenbändern. Über Kurzwelle höre ich das Geschrei der Männer auf den Kamerawagen. Hawks brüllt Duke Wortfetzen entgegen: »Abstand halten… Giraffenbulle… Lasso… Höher schwingen…«

Mittags wird es heiß. Beim höchsten Sonnenstand ruft Hawks nach mir. »Ich brauch' dich jetzt. Hol dir einen großen Baobab ins Fernglas. Er steht allein. Am Südende vom trockenen Sodasee. Ungefähre Richtung: elf Uhr. Von deinem Standpunkt aus gesehen. Von deinem Eukalyptuswald. Bestätige den Baobab.«

Ich drücke auf die Taste an dem Mikrophon. »Hab' den Baobab. Bin in zehn Minuten da.«

Ich treibe den Jeep durch hohes Gras. Der Fahrtwind macht mein Buschhemd trocken. Eine Spur von Salz malt weiße Kringel in das Hemd. Von ganz weit draußen seh' ich Duke auf seinem Truck. Er thront hoch über den beiden Kamerawagen. Ich bring' den Jeep ganz nahe ran an seinen Sitz. Aus dem Tritt auf die Bremse wird ein wildes Schleudern. Eine hellgraue Wolke hüllt uns ein. Duke schluckt den Staub. »Entschuldige«, rufe ich zu ihm rauf, »ich hab' das nicht gewollt.«

»Macht nichts, Kid«, brüllt er zurück. »Wir sind ja beide neu in diesem Land.« Er hält mir seine Feldflasche entgegen. »Hier. Was-

Howard Hawks. Momella, 1960/61

ser. Kalt. Gieß viel von dem Zeug in dich rein. Wir sind beide ziemlich ausgetrocknet von der letzten Nacht.«

Das war sie, die Geschichte, an die ich mich nicht gern entsinne.

Brooks stand vor mir. Unzufrieden. Ungeduldig. »Es hat den Anschein, daß du über Duke nicht reden willst.«

Ich sah durch die offene Tür zu Moon Horse in der Küche hin. »Richard, die Sache ist komplizierter, als du glaubst.«

Er holte sich einen Stuhl und schob ihn auf den Platz am Tisch, den die Deckenlampe dunkel ließ. »Schwer zu verstehen, daß du mit Duke gut ausgekommen bist.«

»War aber so.«

Moon Horse machte in der Küche Lärm mit einem Kuchenblech. Ich sagte: »Der Junge braucht den Teig nicht in die Luft zu schleudern. Er kauft den Pizzaboden fertig. Tiefgefroren.«

Brooks lehnte sich über den Tisch hinweg zu Luv. »Ist dir schon mal aufgefallen, daß wir Amerikaner nie so richtig wissen, wie wir mit diesen Germans umzugehen haben?«

»Nein, das ist mir nicht aufgefallen«, sagte sie.

»Wie ist das gewesen?« wollte Richard darauf von ihr wissen. »Hat er dich gleich in sein Land verschleppt?« Er grinste. »Ich meine, hat er dich das erste Mal gesehen und hat gesagt: *I love you, baby*, und schon mußtest du zu ihm in sein Land ziehen?«

»Er hat mich das erste Mal gesehen und hat gesagt *I love you, baby*, aber dann hat die Geschichte anders geendet.«

»Erzähl mal, wie sie geendet hat.«

»Er hat gesagt *I love you, baby*, und ich habe gesagt: Also wenn das so ist, dann nimm mich gleich mal in dein Land mit.«

»Und dann hast du da mit ihm gelebt?«

»Ja. Gern und lange da gelebt.«

Er nickte. »Gern und lange.«

»Wir haben eine Wohnung dort«, sagte sie. »In Hamburg.«

»Und du fühlst dich wohl in diesem Hamburg.«

»Mehr als du glaubst. Kann sein, daß es an meinen Ahnen liegt. Das waren Deutsche. Die eine Seite. Die andere Seite waren Schotten.«

»Ich nehme an, du hast auch Deutsch gelernt.«

»Ja«, sagte sie. »Vielleicht solltest du das auch mal tun.« Brooks fuhr sich durch die Stoppelhaare. »Ich meine, wenn du die Leute in so einem Land begreifen willst.« Den letzten Satz hatte sie noch angehängt, etwas verlegen, und eilig. Richard ließ nicht erkennen, was er dachte. Luv stützte die Ellbogen auf den Tisch und legte ihr Gesicht zwischen beide Hände. Brooks sagte zu ihr: »Irgendwann, da erzählst du mir mal, was das deiner Erfahrung nach für Menschen sind, diese Deutschen.«

Luv stöhnte leise. Sie griff unter den Tisch und preßte mein Knie. Ihr Gesicht sagte: Die Frage hat er nicht mir gestellt, die Frage ist an dich gerichtet, du tust mir leid, immer wieder diese gleichen Fragen. Dann strich sie mit den Händen über ihren kurzen Rock. Danach saß sie still am Tisch, wie ein wohlerzogenes Mädchen.

Sie wußte sehr gut über mich Bescheid. Und auch die Ausfragerei, die jetzt kommen würde, war ihr geläufig. Sie hatte die gleichen Fragen hundertmal gehört, in den verschiedensten Ländern, und wer ihr geduldiges Gesicht betrachtete, mußte denken, meine Antworten seien für sie neu. Ich nehme an, daß bei der Ausfragerei ihr Spaß höchstens in dem Rätselraten stecken konnte, wieviel ich erzählen wollte, und an welcher Stelle sie hören würde, wie eine Tür ins Schloß fällt. Ein anderer Spaß mußte für sie darin liegen, vorauszuahnen, was das für eine Tür sein wird. Eine von der Art, die leicht ins Schloß fällt? Oder eine schwere? Eine Eisentür?

An einem Abend, es ist lange her, vor Beginn einer Talk-Show, hatte ich zu ihr gesagt, was ich bei Moltke mal gelesen hatte: »Ich weiß, was ich sage. Aber ich sage nicht alles, was ich weiß.«

Sie hatte überrascht aufgelacht. »So ein Mädchen wie ich, aus dem Mittleren Westen, denkt da ganz genauso, auch wenn sie diesen Moltke nie getroffen hat.«

»Duke hat sich geirrt«, sagte Brooks. »Du bist kein Commie.« Er stieß sein Glas an meines. »Ich habe mir von der Columbia in Frankfurt mal sagen lassen, was du so angestellt hast in deinem Leben.« Über sein Gesicht lief ein Grinsen. »Sei deshalb nicht gleich böse.«

»Bin kein bißchen böse«, sagte ich. »Und was hat Frankfurt dir erzählt?«

»Interessante Sachen«, meinte er. »Zum Beispiel, daß du mit fünfzehn zum Film gekommen bist. Bei der Ufa. In Berlin.«

»Und was noch?«

»Der Film hat geheißen *Junge Adler* und war ein Propagandafilm«, sagte er. »Für Hitler. Und für seine Nazibande.«

Luv zuckte zusammen. Sie hatte mitangehört, wie eine Eisentür ins Schloß gefallen war. Eine schwere Eisentür.

TRAUM UND SPIEL UND STERBEN

Von klein auf gab es zweierlei, was ich mir für meine erwachsenen Jahre vorgenommen hatte: Ich wollte immer schreiben. Und ich wollte immer fliegen.

Der Traum vom Fliegen begann an einem Sonntag in der Kirche. Sie war aus Backstein, gehörte den Protestanten und stand in einem Ort mit Namen Biesdorf, am östlichen Stadtrand von Berlin.

Das Jahr war 1933. Reichspräsident von Hindenburg hatte den Österreicher Adolf Hitler zum Reichskanzler gemacht.

Ich war fünf Jahre alt, also noch nicht in der Schule, und verliebt in meine Mutter. Ihr Name war Auguste Krüger, geborene Meier, alle Welt nannte sie Gustchen, und sie galt als die schönste Frau im Ort. Mein Vater, Max Krüger, sagte, die Leute hätten recht. Sieben Jahre vor mir war meine Schwester Ilse auf die Welt gekommen. Der Unterschied an Jahren machte uns das Leben schwer. Oftmals waren wir uns nahe. Zu anderen Zeiten fühlten wir uns fremd.

Spätestens seit dem Tag, als die Frau des Pfarrers mein Talent für ihre Laienspielgruppe entdeckte, war Gustchen Krüger stolz auf ihren Sohn. In der Adventszeit wurde mir die Rolle eines Hirten zugedacht. Mein mickeriger Körper steckte in einem Schafsfell, das gewöhnlich vor dem Bett meiner Eltern lag. Sobald die Pfarrersfrau das Zeichen gab, leuchtete im hohen Raum des Kirchenschiffes ein Papierstern auf. Ich hatte auszurufen: »Sehet her, ihr Hirten! Sehet den Stern von Bethlehem!« Mehr Text wurde mir nicht zugetraut.

Den Altar hatte die Pfarrersfrau in einen Felsen umgewandelt, und sobald ich mit dem Ausruf fertig war, hatte ich furchtsam an das Pappmaché gelehnt zu stehen. Dort stand ich für den Rest des Krippenspieles, das für mein Gefühl recht lang geraten war. Auf dem Felsaltar lag ein kleiner Jesus. Er glänzte silbrig und lag mit dem Rücken auf zwei flachen Holzleisten, die ein Kreuz ergaben. Die Leiste unter den Armen des Gottessohnes war ungewöhnlich breit geraten und ähnelte der Tragfläche eines Flugzeuges, das die Bezeichnung JU 52 trug.

Eberhard Krüger. Berlin-Biesdorf, 1934

Es wuchs in mir der Wunsch, den Christus zu berühren, was mir am zweiten Adventssonntag gelang, weil ich mich absichtlich verfrühte. Eine Stunde vor dem Gottesdienst war die Kirche menschenleer, weshalb ich mich allein fand mit dem kleinen Christus auf dem Kreuz. Ich nahm ihn in die Hand und brachte ihn auf dem Felsaltar in Startposition. Unter lautem Brummen ließ ich ihn anrollen. Dann sprang ich die Altarstufen hinunter und streckte meine Hand hoch in die Luft. Angstvoll festgeklammert hing mein magerer Körper von den Tragflächen herunter, und ich sah der JU 52 zu, wie sie hoch über mir durch den kalten Winterhimmel des Kirchenschiffes flog.

Bei meinem zweiten Flug war ebenfalls kein Copilot in der Maschine. Und auch dieses Flugzeug war ›handgemacht‹. Eine Bande Dreizehnjähriger lernte in dem Handgemachten fliegen. Der kleinste der Bande war ich. Gustchens ganzer Stolz. Sie hatte ihn, einer vermeintlich großen Ehre wegen, in eine fremde Welt hinausgeschickt.

Die Fremde hatte einen Namen: Allgäu. Anfangs sah ich die Schönheit dieser Landschaft nicht. Anfangs war ich mit eintausendfünfhundert anderen Jungen in einem riesigen Steinbaukasten eingesperrt. Der Führer hatte ihm den Namen ›Ordensburg‹ gegeben. Die Burg stand pompös über der Ortschaft Sonthofen.

In die grauen Mauern waren Knaben einmarschiert, die der Führer ›meine Söhne‹ nannte. Das Stakkato seiner Gedanken zog in unsere Köpfe ein. Wir waren seine Schüler. Wir waren Adolf-Hitler-Schüler. Tag und Nacht wurden wir nach seinen Anordnungen gedrillt: »In meinen Ordensburgen wird eine Jugend heranwachsen, vor der sich die Welt erschrecken wird.« Das war die Anordnung. Sie ging in gleicher Brutalität weiter: »Eine gewalttätige, herrische, unerschrockene, grausame Jugend will ich. Schmerzen muß sie ertragen. Es darf nichts Schwaches und Zärtliches an ihr sein. Das freie, herrliche Raubtier muß erst wieder aus ihren Augen blitzen.«

Max und Gustchen Krüger verehrten Adolf Hitler. Sie vertrauten ihm. Und als der es forderte, schickten sie ihm den Sohn. Des Führers Vorstellungen von einer Jugend der Herrenrasse hatten sie nicht gelesen, und was sie Gustchens Jüngstem angetan hatten, konnten sie nicht ahnen. Sie ahnten seine Verzweiflung nicht. Die Eltern hielten ihn für stolz.

Das Elternhaus in Biesdorf mit den Großeltern im Fenster. Um 1935

Ich war dreizehn Jahre alt geworden und wußte nicht, wie ich mit meiner Verzweiflung leben sollte. Es war nichts Gewalttätiges in mir. Nichts Grausames. Nichts Herrisches. Und die Zärtlichkeit, die verboten war, saß tief in mir drin. Ich entdeckte zwar, daß ich unerschrocken war. Das schon. Und war überrascht darüber. Auch Schmerzen konnte ich ertragen. Schmerzen am Kopf, am Körper. Aber nicht die Schmerzen auf der Seele. Die Schmerzen der Seele machten mich halb blind. Und krank. Und füllten mich mit Wut. Ich brüllte mein Heimweh an den Tannen hoch.

Doch es führte kein Weg aus der Ordensburg heraus. Ich lernte, daß auch mit Qual zu leben war. Am Vormittag stopfte ich mich mit allem voll, was Schüler auf einem Gymnasium lernen. Geschichte, Latein, Geographie, Physik, Mathematik, Kunstgeschichte, Biologie. Am Nachmittag wurde ich im Gebrauch von Waffen ausgebildet, an Handfeuerwaffe, MG und Sturmgewehr. Ich wurde in die Grundzüge der Strategie des Krieges eingeweiht. Ich lernte fechten, boxen, Walzer tanzen. Und dann ging der erste meiner beiden Träume in Erfüllung. Unerwartet. Unverhofft. Ich lernte fliegen.

Ordensburg Sonthofen

Militärische Zucht und Doppelleben hinter grauen Mauern. 1941–1945

Der Schulleiter kündigte das Unerwartete an, so nebenbei, als ob es gar nichts wäre. Er sprach beim Appell davon. Vor der ganzen Mannschaft. Vor allen tausendfünfhundert. Angetreten im Quadrat. Alle braun und schwarz gekleidet. In Reih und Glied. Auf hellem Kies. In einer kalten Morgenluft. Die Erzieher standen uns gegenüber, militärisch ausgerichtet. Sie bildeten eine lange Reihe. Über ihnen hing die Fahne. Schlapp. Von den Bergen kam kein Wind.

Der Schulleiter gab die Parole aus. Die Parole gab es jeden Morgen neu. Der Schulleiter hatte einen ungewöhnlich kleinen Kopf und zusammengepreßte Lippen. Nach der Parole sprach er vom Musikzug. Von den Trommlern und den Pfeifern. Und von den Fanfaren. Er sagte, daß sie für den hohen Besuch zu üben hätten. Für den Reichsarbeitsminister Dr. Ley. Am nächsten Montag werde der Vertraute des Führers durch das hohe Tor im Turm Einzug halten. Dann sprach der Schulleiter von dem Unerwarteten. Er warf uns die Worte knapp und klar entgegen: »Flugschule … Segelflieger … Freiwillige vor.« Ich machte den Schritt nach vorn schneller als die anderen.

Wenn Südwind war, lag ich mit den anderen Flugschülern bei einem Steilhang, weit oben, an der Kante. Wir sahen einem Bussard zu, wie er in dem Aufwind segelte, den ganzen Hang entlang, auf und ab, ohne einen Flügelschlag.

An einem anderen Tag zeigte uns der Bussard, daß über einem hellgelben Kornfeld warme Luft nach oben steigt, und als wir sahen, wie er in Kreisen segelte und sich von der warmen Luft in die Höhe tragen ließ, sagten wir, das machen wir ihm nach. Irgendwann werden wir ein Flugzeug haben, und dann machen wir das dem Bussard nach. Wir müssen aber darauf achten, daß wir nicht rausfallen, an den Rändern, aus dieser unsichtbaren Blase heißer Luft, die den Namen ›Thermik‹ hat.

Im Spätsommer gaben sie uns den Marschbefehl. Wir fuhren mit der Bahn zu einem Ort mit großen Bauernhäusern. In allen Fenstern blühten rote Geranien. Auf dem Schild am Bahnhof stand: Krumbach im Allgäu. Von der Jugendherberge aus konnten wir die Kirche sehen. Am Ortsrand stieg ein Höhenzug nach oben. Er hatte saftig grünes Gras. In den Hügeln weideten braune Kühe. Wir stiegen zwischen den Kühen nach oben und konnten, weit entfernt, die Alpen sehen. Oben auf dem Kamm stand das Flugzeug. Es lehnte, auf die linke Fläche abgekippt, über einem Steilhang, inmitten einer ebenen Wiese.

Die Bezeichnung ›Flugzeug‹ ist ein wenig hoch gegriffen für den Apparat. Selbst das Wort ›Segelflugzeug‹ trifft nicht zu. Das Holzgerippe mit den Leinwandflächen war ein Gleiter. Ein Schulgleiter, genau gesagt. Er trug die Bezeichnung SG 38. Der Pilot saß auf einem Holzbrett, vorne, vor der Fläche. Den Knüppel hatte er zwischen seinen Knien. Darunter waren nur noch die Pedale für das Seitenruder. Ein Fahrwerk gab es nicht. Zum Rutschen bei Start und Landung diente uns eine Kufe.

Der Start war eine simple Sache. Die Maschine stand über dem Steilhang, auf der ebenen Wiese, nahe an der Kante. Unser Fluglehrer stützte die Fläche seitlich ab. Hinten, unter dem Höhenruder, lag die Haltemannschaft, vier kräftige Kerle, die ihre Hakken ins Gras stemmten und mit den Händen die Holme über dem Sporn umklammerten. Am Rumpf, vorn, unter dem Piloten, hatte die Startmannschaft zwei dicke Kautschukseile eingeklinkt. Zu einer Startmannschaft gehörten zwölf Flugschüler. Wenn der Pilot rief »Ausziehen!«, schulterten sie die dicken Seile, sechs Jungens links, sechs Jungens rechts, und gingen den Steilhang hinunter. Sie zogen die Gummiseile zu einem breiten ›V‹ auseinander und warteten darauf, daß sie sich strafften. In dem Moment brüllte der Pilot »Laufen!«, woraufhin sich die zwölf den Steilhang hinunterstürzten, bis die Seile zu schwingen begannen, bis der Pilot der Haltemannschaft sein »Los!« nach hinten rief, bis die vier Kerle unter dem Höhenruder dem Piloten seine Freiheit gaben.

Das war ein Spaß! Das war ein großer Schrei! Wie ein Stein von der Schleuder eines Knaben, so wurde der Gleiter steil nach oben in den Himmel hochgejagt. Der Fahrtwind sang in der Verspannung, und ich summte dazu die zweite Stimme. Manchmal sang ich auch mein eigenes Lied. Ich saß da vorn, unter der breiten Fläche, wahrhaft vogelfrei, auf dem dünnen Sperrholzbrett. Um mich herum war Sommerluft. Unter mir das grüne Land. Vor mir, am Horizont, die Alpenkette. Ich saß da vorn wie auf einem Stuhl im Freien. Es war der schönste Stuhl der Welt. Es war ein Stuhl, der fliegen konnte.

Wenn ein Brief aus Biesdorf kam, sprach daraus die Angst: »Die Luft hat keine Balken! Sei nur recht vorsichtig, damit Du uns nicht stürzt!« Ich dachte, daß es keinen Grund zur Sorge gab. Beim allerersten Start, das geb' ich zu, da hatte ich noch Angst. Weil ich allein war auf dem Sperrholzbrett. Der Fluglehrer stand weit unten, hinter mir, irgendwo in diesem vielen Grün. Der grobschlächtige Mann mit den Knollenfingern hätte mir nicht helfen können, wenn ich jetzt einen Fehler machte.

Und so einen Fehler macht ein jeder. Meiner hatte mit der Trimmung zu tun. Die Trimmung bei dem SG 38 war – wie soll ich sagen? – primitiv. Einen Stabilisator, den der Pilot verstellen kann, gab es bei dem Gleiter nicht. An seiner Stelle ließen wir Gewichte an dem Gitterrumpf einrasten, vorn oder hinten, je nach dem eigenen Gewicht. War ein Junge breitschultrig und hochgewachsen, dann brauchte er zwei Trimmgewichte hinten. Ein Leichtgewicht wie Gustchens Stolz klinkte vier Trimmgewichte vorne ein.

An einem Tag mit Föhn hatte ich vergessen, die Gewichte umzuhängen. Vor mir war ein Bursche gestartet, den wir ›den Dikken‹ nannten. Er gehörte nicht zu der kleinen Gruppe mit der Uniform der Adolf-Hitler-Schule. Sein Zuhause war eine Apotheke in der Stadt Füssen. Der Dicke flog mit vier Trimmgewichten hinten. Bei meinen Starts aber hatten alle vier Gewichte vorn zu hängen. Und das hatte ich an dem Tag vergessen. Die Gewichte hingen hinten. Ich spürte das. Beim Start. Sofort. Schon als die Kufe sich vom Boden löste. Die Jungens an den Kautschukseilen warfen die Arme in die Luft und brachten sich in Sicherheit. Mein Gleiter nahm keine Fahrt auf. Wie eine reife Pflaume hing er in der Luft. Der Schreck saß mir im Hals. Wie lange noch, bis das Trudeln kommt? Rückwärts? Absturz? In die Wiese? Ich drückte den Knüppel bis zum Anschlag vor. Der Gleiter nahm die Nase runter. Ging in Normalflug über. Und blieb nun Ewigkeiten in der Luft. Weit entfernt vom Landekreuz, dem eigentlichen Ziel, graste eine Herde Kühe. Ich und mein Gleiter näherten uns der Herde lautlos. Die Braunen mit den fetten Eutern hörten unser Kommen nicht. Ich brüllte den Biestern meine Angst entgegen. Sie schreckten auf. Sahen den fliegenden Drachen, der sich lautlos auf sie stürzte. In Panik stoben sie davon. Polternd setzte der Drache – mittendrin in ihrer Herde – seine Kufe in das Gras.

Eine Stunde später wurde ich bestraft. Startverbot. Bis auf weiteres. Ich sagte mir, es hätte schlimmer kommen können. Beim Appell mußte ich vortreten. Und wurde angebrüllt. Der Fluglehrer stand nahe vor mir. Schnaubte: »Wer einen Flugapparat des Führers in Gefahr bringt, gehört von Rechts wegen in den Knast.« Das war 1941. Zwei Jahre später opferte Hitler seine gesamte 6. Armee. Weder der Fluglehrer noch sein Schüler haben das vorausahnen können, doch als ›Mann und Maus und Wagen‹, wie sie es damals nannten, in Stalingrad vernichtet waren, ist mir mein leichtsinniger Umgang mit einem ›Flugapparat des Führers‹ wieder in den Sinn gekommen.

Am Abend nach der Landung, mittenrein in den Galopp von Kühen, habe ich das Erlebnis aufgeschrieben. Ich sagte mir: Es geht nicht anders, du mußt den Traum vom Schreiben mit dem Traum vom Fliegen in Verbindung bringen. Die beiden sind wie Pech und Schwefel. Allerdings war das nicht der erste Schreibversuch. Meine allererste Geschichte hatte ich aus dem Schmerz heraus geschrieben. An jenem Abend, als mir befohlen worden war, in Gustchen Krüger nicht länger verliebt zu sein. »Benimm dich endlich wie ein echter deutscher Junge! Wer noch mit Dreizehn an die Schürze seiner Mutter denkt, wird nie ein Mann! Er bleibt ewig eine feige Memme!«

Meine zweite Geschichte war eine von Pech und Schwefel. Damit will ich sagen, die Geschichte hatte mit dem Segelflug zu tun. Und mit dem Bussard, von dem ich eben schon erzählte. Ein Gewitterregen hatte den Bussard auf dem hohen Wipfel einer Tanne erwischt. Ich sah ihm zu, wie er da saß und triefte. Es schien mir, daß er fror. Als die ersten Strahlen durch die Wolken kamen, streckte der Bussard seine nassen Schwingen aus und hielt sie zum Wärmen in die Sonne. Dann machte er sich auf den Weg zum Kornfeld hin. Der weiße Schulgleiter lag festgezurrt im Gras. Regen tropfte von den Flächen. Der Bussard glitt über der Maschine langsam durch den Himmel. In der Thermik segelnd, ohne einen Flügelschlag zu tun, ließ er sich vom Südwind und der Sonne seine Schwingen trocknen.

Die nächsten Geschichten sind in Sonthofen entstanden. Nachts, nach dem Zapfenstreich. In meinem Zimmer standen vier Betten. Mit dem Schreiben mußte ich warten, bis der Atem der drei anderen Jungens fest und ruhig ging. Meine Freude am Schreiben wurde mein Geheimnis. Ich wollte es nicht teilen. Es mußte reichen, daß ich das Fliegen mit anderen Jungen zu teilen hatte.

Wenn ich mein Geheimnis unaufspürbar schützen wollte, brauchte ich ein Versteck. In einem Raum mit Eichendielen und vier Spinden und vier Betten und einem Tisch war das nicht leicht. Die Erzieher fanden alles. Einer von ihnen war besonders schlimm. Sein Name war Petersen. Wir nannten ihn Paike. Er kam wie ein Spürhund in die Zimmer. Immer wieder. Auf leisen Sohlen. Seine Augen waren schwarz. Und stechend. Ich hatte Angst vor ihm. Ständig. Jahrelang. Er stieß die Tür auf, und wir vier Jungens standen stramm. Dann wühlte er in den Spinden. Wühlte in unseren Sachen. Ich sagte mir, Paike darf sich nicht in dein Geheimnis wühlen. Also rollte ich die beschriebenen Blätter auf. Und steckte sie in eine dicke Rolle aus Pergament. Den Sommer über hatte das Pergament in Krumbach gehangen. Es war der Bauplan für einen Schulgleiter. Ich stellte die Rolle aufrecht in meinen Spind. Den Schriftzug SG 38 drehte ich nach vorn.

Am selben Abend ging ich in die Bibliothek hinüber. Es war

der Abend, an dem die Verstrickungen in meinem Leben ihren Anfang nahmen.

Während der letzten Stunde vor dem Zapfenstreich kam ein Fremder durch die Eichentür zwischen den bunten Bücherrücken. Er hielt einen braunen Ledermantel achtlos in der Hand. Sein Anzug war von besonderer Eleganz. Das Schuhwerk hatte dicke Gummisohlen. Der Fremde kam aus einer Welt, die ich nicht kannte.

Wie er so durch den breiten Raum lief, sah er unbekümmert aus. Arme schlenkernd. Freundlich. Neugierig. Von innen strahlend. Er war der Meinung, daß ihn sein Eindringen in diesen stillen Raum seinem Ziel ein Stück näher bringen würde. Doch was er wirklich anrichtete, das konnte er nicht wissen. Er war der Überbringer von Verwirrung. Wegbereiter für ein erregend neues Leben. Anstoß für Abenteuer. Für Aufruhr der Gefühle. Für Liebe. Spiel. Angst. Doppelleben. Tod. Von dem Auftrag, den er für mein Leben hatte, konnte auch ich nichts wissen. Wir waren beide ahnungslos.

Der Fremde lief in gerader Linie auf mich zu. Er nannte seinen Namen. Alfred Weidenmann. Regisseur beim Film und auf dem Weg durch viele Schulen, wo er jene fünf Burschen zusammensuche, die in seinem Film die großen Rollen spielen sollten. Dann erzählte er von der Ufa, von dem schönen Leben in Berlin und von der Schulleitung der Ordensburg, die ihn hatte wissen lassen, daß der Adolf-Hitler-Schüler Eberhard Krüger bei Sonnenwendfeiern die Gedichte des Baldur von Schirach besser als jeder andere zur Geltung brachte.

Der Fremde schlug mir einen Handel vor: Ich tu ihm den Gefallen, bei der Ufa Probeaufnahmen mit ihm zu machen, und er tut mir den Gefallen, bei der Schulleitung zwei Wochen Sonderurlaub in Berlin herauszuschlagen, und zwar im Elternhaus von Biesdorf, denn schließlich sei das nun mal so im Leben: Eine Hand sei dazu da, die andere zu waschen.

Ich mochte den Mann. Er redete ein bißchen, wie die Schwaben sprechen, und seine Augen waren fröhlich, hinter Brillengläsern, braun und offen. Als ich dann im Zug saß, auf dem Weg zu ihm, sagte ich mir, der Mann hat nicht wissen wollen, ob es dir auf der Ordensburg gefällt. Das war der erste Strich in der Spalte

Rolle »Bäumchen«. Ufa-Film *Junge Adler.* Babelsberg 1943

›Positiv‹ für ihn auf der Schiefertafel, die ich im Kopf mit mir herumtrug. Den nächsten Strich bekam der Fremde wegen der Fahrkarte für die Eisenbahn. Ich saß mit meinen kurzen Hosen in den Polstern eines Abteils der ersten Klasse. Mir gegenüber hatte es sich ein General der Artillerie bequem gemacht. Er las die Abzeichen an meiner Uniform. Dann wollte er wissen, ob Adolf-Hitler-Schüler ständig in der ersten Klasse reisen. Ich sagte ihm, die anderen nicht, ich schon, weil ich aus einem ungewöhnlich reichen Hause stamme.

Gustchen Krüger ließ ihren kleinen Stolz nicht aus den Augen. Mein Vater strahlte. Ilse sagte, wenn sie dich haben wollen, solltest du die Rolle wirklich spielen. In der Filmhalle von Babelsberg meinten die Beleuchter, so ein Scheinwerfer habe zehn Kilowatt,

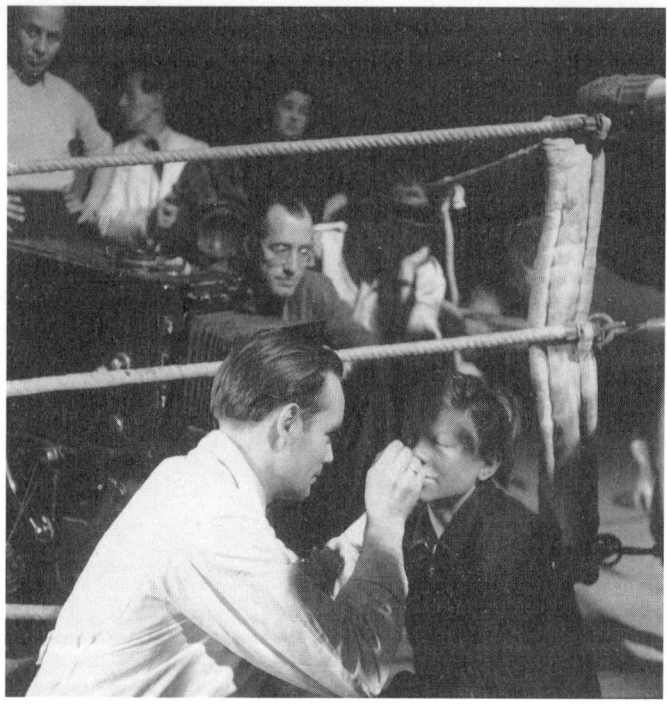

Probeaufnahmen für *Junge Adler*. Neben der Kamera: Regisseur Alfred
Weidenmann. Ufa-Studios Babelsberg, 1943

und ich solle ja nicht in das blaue Licht der Kohlestifte gucken, denn
wer da reinguckt, werde irgendwann mal blind. Die Probeaufnah-
me war ein Kinderspiel. In der Halle nebenan drehte Hans Söhnker. Als Weidenmann sagte, die Probe mit mir sei jetzt im Kasten,
ging ich hin und sah Söhnker zu. Ein paar Monate danach sollten
wir Freunde werden. Es wurde eine enge Freundschaft. Bis zu seinem Tod. Im Frühjahr 1943 stand das alles noch in den Sternen.

Am Ende der ersten Woche sagte Weidenmann, die Rolle des
Komikers in seinem Film sei meine. Wenn ich wollte. Ich wollte
nicht. Eine Arbeit, die damit anfängt, daß ein Maskenbildner dein
Gesicht schminkt und dir die Lippen rot anmalt, war was für
Mädchen. Für mich war das nichts. Weidenmann gab nicht auf.

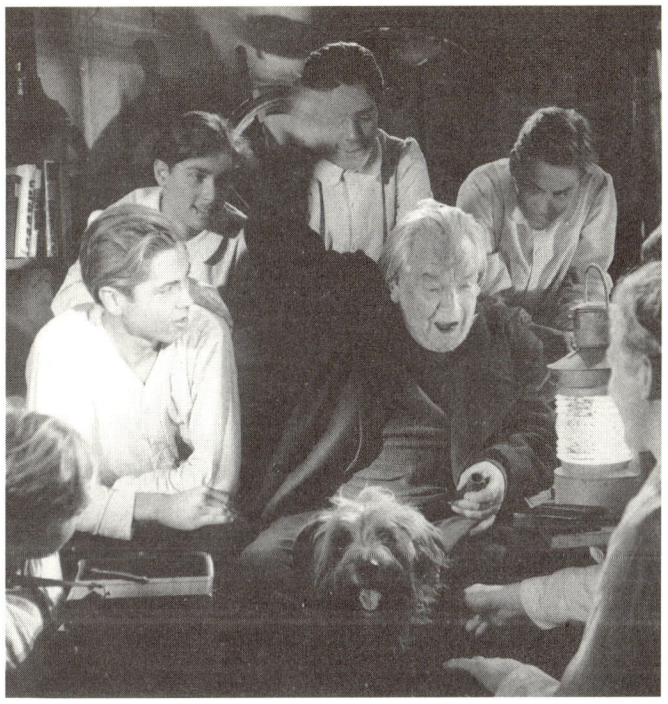

Albert Florath. Volksschauspieler und Nazigegner. Vorn links: Eberhard Krüger. *Junge Adler*. Babelsberg, 1943

»Wie wär's mit einer Leica? Dein Vater sagt, du hast schon immer eine Leica haben wollen.« Als er erfuhr, daß ich alle meine Sonntage im Kino verbrachte, sagte er: »Ich laß dir jeden Abend nach der Arbeit einen Film vorführen, in einer privaten Projektion, ganz für dich allein.« Das war was anderes, dachte ich bei mir. Ich sagte ja. Der Mann hatte mich gekauft.

Im Sommer begannen wir zu drehen. Ich blieb ein halbes Jahr beim Film. Die Leica habe ich nie bekommen. Die privaten Filmvorführungen wurden zu meinem ganzen Glück. Sie wurden auch zu einer tödlichen Gefahr. Denn die Filmvorführungen von Babelsberg veränderten mein Leben.

Es begann gleich in der Vorbereitungszeit. An einem späten

Morgen ging Weidenmann mit mir vor die große Halle. »Wie ist das?« meinte er. Es fiel mir auf, daß er ungewöhnlich leise sprach. »Mußt du jeden Tag in deiner Uniform hier antanzen?« Ich verstand die Frage nicht. »Andere Jungs kommen in Räuberzivil hierher«, sagte er. »Dieser Dietmar von Schönherr beispielsweise. Hast du den schon mal in seiner HJ-Uniform gesehen? Oder Gunnar Möller? In ihren bunten Sachen sehen die ganz anders aus. Fröhlicher. Viel fröhlicher als du mit deinem ewig braunen Hemd.« Der Mann begann mich zu verwirren. Meine Uniform war das Ehrenkleid des Führers. Und ich sagte ihm das auch. Außerdem hatte ich keine bunten Hemden. Die Uniform der Ordensburg war alles, was ich besaß.

»Na, wenn das so ist«, sagte der Regisseur, »dem kann abgeholfen werden.«

Er lief mir voraus zu einem Gebäude, das er ›Fundus‹ nannte. In drei langen Reihen, von der Decke bis zum Linoleumboden, hing Männergarderobe aus den verschiedensten Jahrhunderten und in allen Farben. Ein Mann, der einen grauen Kittel trug, paßte mir einen Sommeranzug an. Und ein paar braune Schuhe. Dann warf er mir noch zwei Hemden zu. Und schließlich einen schmalen Gürtel.

»Na also«, sagte Weidenmann. Ich sah im Spiegel, daß ich mich verändert hatte.

Abends, in der S-Bahn, auf dem Weg nach Haus, sagte ich mir: Das neue Bild von dir ist eine äußerliche Sache. Mal sehn, was Ilse dazu sagt.

Nach der Veränderung des Äußeren setzte die Veränderung in meinem Inneren ein. Sie zog sich über Wochen hin.

Es begann in einem Vorführraum. Ich saß in einem roten Sessel. Alle anderen Sessel waren leer. Der erste Film, den sie mir zeigten, hieß *Amphytrion.* Als er zu Ende war, ging ich zu Albert Florath. Er saß bei einer Flasche Wein in der Kantine. Ich näherte mich dem Mann nur zögernd. Er war ein berühmter Künstler. Die Leute nannten ihn einen Volksschauspieler. Ich hatte ihn seit Jahren schon verehrt. Der Mann mit den langen weißen Haaren saß allein in der Kantine. Um diese Stunde waren die Filmleute von Babelsberg längst auf dem Weg nach Haus. Albert Florath wollte wissen, wie mir *Amphytrion* gefallen habe. Ich dachte mir: Der alte

Mann muß müde sein, wahrscheinlich liegt es daran, daß er so leise spricht. Ich sagte, daß ich begeistert sei von diesem Film, und
sprang auf, weil ich vormachen wollte, wie Paul Kemp als Götter-
bote Merkur auf Rollschuhen durch den Olymp hastet, aber Albert
Florath griff meinen Arm und zerrte mich in den Stuhl zurück.
»Nicht so laut!« herrschte er mich an. »Der Kellner und die kalte
Mamsell sind hinter dieser dünnen Tür da! In der Küche!«

Ich verstand ihn nicht und sagte, was ist denn schon dabei,
warum kann mich nicht jeder hören, und der alte Schauspieler
zischte zu mir hin: »Weil der Film verboten ist!« Ich überlegte, verboten, wieso das, und Florath sagte leise: »Weil der Regisseur ein
Jude ist.«

Das war ein harter Schlag. Jude! Und so ein guter Film! Gemacht von einem Juden! In Sonthofen sagten sie, daß die Juden
Deutschlands Unglück sind. Ich hörte Florath flüstern: »Es darf
nie herauskommen, daß du den Film gesehen hast.«

Am nächsten Abend gab es wieder einen wunderbaren Film.
Urlaub auf Ehrenwort. Es war eine Geschichte vom Ersten Weltkrieg, die ein unerlaubtes Entfernen von der Truppe zum Inhalt
hatte. Und wie am Abend vorher schon mußte ich am Ende zur
Kantine laufen. Florath sah wieder einsam aus. Er schenkte mir
von seinem Wein ein, in ein grünes Glas. »Ich kann in deinen Augen lesen«, sagte er. »Ich lese darin, wie gut dir der Film gefallen
hat.« Die gleiche Müdigkeit wie vierundzwanzig Stunden vorher
schon machte seine Stimme leise. »Nun spring aber nicht gleich
wieder auf! Erspar mir deinen lauten Zauber! Es ist nämlich
besser, wenn niemand erfährt, daß du den Film gesehen hast.«
Ich saß wie erstarrt. Verboten? War auch dieser Film verboten?
Der alte Mime nickte. Ich fragte ihn, ob auch der Regisseur eines
Films, der unter Frontsoldaten spielte, Jude sei, und er sagte: »Ja,
so ist es, leider.«

An manchen Abenden, wenn Albert Florath im Schauspielhaus zu spielen hatte, wartete der Aufnahmeleiter auf mich, vor
dem Gebäude mit den Schneideräumen, oder Alfred Weidenmann kam gegen Ende eines Films in den dunklen Vorführraum.
Doch meist war es Florath, der mich beim Wein erwartete. »Du
hast jetzt eine ganze Reihe von dem gesehen, was verboten ist. Ich
kann nur hoffen, daß du schweigen kannst. Wenn die Gestapo je

erfährt, welche Filme du gesehen hast, rettet dich kein Gott vor dem KZ. Auch deine Ordensburg kann dir dann nicht helfen. Und wir anderen gehen mit dir drauf.«

Ich fragte ihn: »Was ist das, ein KZ?« Und er sagte: »Ein Konzentrationslager. Dein Führer hält seine politischen Gegner dort gefangen. Und die Juden.« Mehr wollte er dazu nicht sagen. Am nächsten Abend gab es einen neuen Film. Ich ahnte jedesmal im voraus, daß auch dieser Film verboten war.

Später, auf dem Weg zum S-Bahnhof und wegen der Verdunkelung vorsichtig durch die finstere Nacht stolpernd, erzählte ich ihm leise, wie atemlos ich gewesen sei, als *Metropolis* über die Leinwand lief oder *Kohlhiesels Töchter* und *Das indische Grabmal*, woraufhin Florath von Männern sprach, die er zu seinen Freunden zählte. »Lubitsch«, sagte er, »Siodmak, Eichberg, Schünzel oder Litwak. Alle mußten fliehen.« Manchmal legte er seinen Arm auf meine Schulter. Einmal sagte er: »Alles Freunde, alles Juden.«

Später, zwischen Fremden in der S-Bahn stehend, eine Stunde lang bis Biesdorf, dachte ich darüber nach, ob es nicht unsinnig sei, Floraths Juden in einen Topf zu werfen mit den Juden, die »unser Unglück sind«.

Dann, an einem anderen Abend, saß Hans Söhnker neben Florath in der Kantine. Als er mir die Hand gab, hielt ich sie eine Weile fest. Ich hatte an dem Abend einen Film gesehen, der *Dr. Mabuse, der Spieler* hieß, und bevor ich sagen konnte: »Der Film hat mich beeindruckt, aber der Film hat mich auch verwirrt«, mußte ich warten, weil ein Kellner sich an den Tischen zu schaffen machte, die ein Stück weiter hinten in dem Raum standen. Über den Tischen war ein Fresko auf die Wand gemalt. Es zeigte Filmkameras und Scheinwerfer und darunter stand: ›Suum cuique‹.

Hans Söhnker fragte mich: »Weißt du, was das heißt?«, und ich nickte: »Jedem das Seine.« Dann mußte ich lachen.

»Warum?« fragte Florath, und ich wartete, bis der Kellner den Raum verlassen hatte, bevor ich sagte: »Weil wir selbst auf lateinisch leise sprechen.«

Söhnker sah mich lange an. Ich sagte mir, er unterzieht dich einer Prüfung. Als er zu sprechen begann, lächelte er: »Ich weiß seit langem, daß dir meine Freunde Filme zeigen, die Adolf Hitler dem Volk vorenthält.« Er legte eine Hand auf Floraths Arm. »Und

Hans Söhnker. Ufa-Star und Fluchthelfer der Gefährdeten. Helmut-Käutner-Film *Große Freiheit Nr. 7.* Hamburg, 1943/44

ich habe Abbi gebeten, dir einen Film von Fritz Lang zu zeigen. Der Mann ist kein Jude. Es kann sein, daß sich ein paar Tropfen jüdischen Blutes in seinen Adern finden lassen. Doch das geht den meisten von uns Deutschen so. Seit Caesars Legionen den Rhein aufwärts marschierten, fließt römisches Blut in unseren Adern. Und da jüdische Händler, Bankiers und Künstler seit Hunderten von Jahren sich das Land mit den Bayern und den Kölnern und Berlinern teilen, ist auch hier das gleiche zu vermuten. Es würde mich nicht überraschen, wenn im letzten Jahrhundert die eine oder andere der Söhnkerschen Frauen sich einem reichen Juden hingegeben hätte. Hitlers Gefasel von den Ariern, von der Herrenrasse, ist nichts anderes als genau das: Gefasel.«

Es erschreckte mich, so etwas zu hören. Ich wollte widersprechen, aber Söhnker winkte ab. »Der Film, den du heute abend gesehen hast, muß dich verwirrt haben. Fritz Lang greift in seinem *Dr. Mabuse* die Thesen Adolf Hitlers an. Deshalb ist der Film verboten worden. Deshalb ist Fritz Lang geflohen. Er hat es vorgezogen, Deutschland zu verlassen, weil er Anti-Nazi ist.«

Ich war wie betäubt. Das Wort Anti-Nazi lief in meinem Kopf herum. Ich starrte Söhnker an. Anti-Nazi. Was war das für ein Wort?

Später stiefelte ich hinter den beiden Filmstars durch die Dunkelheit. Sie redeten davon, wie schön die Zeiten gewesen waren, als sie noch nicht S-Bahn fahren mußten. Als die Nazis ihnen die Autos noch nicht gestohlen hatten. Als die Heeresführung noch glaubte, das Zusammenbrechen der Ostfront sei auch ohne die Autos von Florath und Söhnker zu verhindern. Als Herr Hitler noch behauptete, seine Soldaten würden sich die Füße in Rußland nicht erfrieren.

Ich trottete hinter den beiden her. Sie gaben sich diesmal keine Mühe, ihre Stimmen zu senken. Wollten sie, daß ich hören konnte, was sie sich zu sagen hatten? Durch meinen Kopf wirbelten verworrene Gedanken. Wie im Sturm. Was die beiden da besprachen, war Verrat.

In der S-Bahn schummerten die Deckenlampen in ihrem halben Licht. Die Fensterscheiben waren mit dicker Farbe blau getüncht. Es durfte kein Licht nach draußen fallen. Beim Einlaufen in den Bahnhof Friedrichstraße heulten die Sirenen. Jeden Abend. Die britischen Bomber kamen immer um die gleiche Zeit. Am Schiffbauerdamm war ein tiefer Bunker. Ich saß in dem Schweißgeruch von Frauen und Soldaten und überlegte, ob ich Söhnker trauen konnte. Und Florath. Als Antwort sagte ich zu mir: Bei keinem anderen fühlst du dich wohler. Die beiden sind gut zu dir. Sie nehmen dich als ihresgleichen. Sie vertrauen dir. Ihre Augen leuchten. Sie können lachen. Von den anderen kannst du das nicht sagen. Von denen in Sonthofen sagst du das nicht. Die in Sonthofen brüllen. Exerzieren. Strafen. Überleg mal, ob sie dir Vertrauen schenken. Nein. Vertrauen nicht. Die Erzieher lachen nicht mit dir. Vor ihren Augen hast du Angst. Zuneigung hast du bei den Erziehern nie gekannt. Von den Erziehern kommen nichts als harte Sätze. Nichts als die Aufforderung zur Pflichterfüllung.

Nach der Entwarnung lief ich die Linden entlang nach Osten. Der Alexanderplatz stand in Flammen. Die Frankfurter Allee war nur in der Mitte frei von Schutt. Hinter dem Straßenrand kam weißer Rauch aus Trümmern. Der Weg zu Fuß nach Biesdorf wurde lang.

Florath und Söhnker sprachen in den kommenden Monaten immer offener zu mir. Ich erfuhr, wie sehr sie Hitler verachteten. Sie sagten, seine braunen Truppen ekelten sie an. Sie sagten, dieser Himmler wird wegen seiner Verbrechen eines Tages aufgeknüpft. Du kannst uns glauben, sagten sie, der Widerstand im Volk wächst. Bei manchen Gesprächen lief ich ihnen davon. Es war unmöglich, weiter zuzuhören. An dem Tag, als mir der Schulleiter den Marschbefehl nach Berlin, zur Ufa, in die Hände drückte, hatte ich geglaubt, das ganze Volk liebe unseren Führer. Der Lehrer in der Volksschule hatte es gesagt. Mein Vater hatte es gesagt. Die Lehrer im Gymnasium ebenso. Für uns Schüler auf der Ordensburg war er der Held, der unser Volk aus der Versklavung von Versailles befreit hatte.

Ich lief wie betäubt an den Filmhallen entlang.

Söhnker aber sagt, die Wahrheit sieht ganz anders aus. Hitler befreit das Volk nicht aus Versklavung. Im Gegenteil. Er versklavt das Volk. Er hat den Reichstag angesteckt, weil er das Ermächtigungsgesetz erzwingen wollte. Das Ermächtigungsgesetz gibt ihm alleinige Gewalt. Macht ihn zum Diktator. Mit dem Gesetz versklavt er unser Volk. Und wenn ein Deutscher anderer Meinung ist oder mit der Regierung über neue Wege reden will, sagt Söhnker, dann fliegt er ins KZ. Wird umgebracht. Nicht nur die Juden werden in den Lagern umgebracht. Auch unsere Schriftsteller. Sozialdemokraten. Wissenschaftler. Kommunisten. Und wenn die Gestapo herausfindet, was wir denken und was wir tun, sagt Söhnker, du und ich und Florath, dann bringt dieser Hitler auch uns auf genau die gleiche Weise um.

Zu meiner Verwirrung war die Furcht gekommen. Ich war fünfzehn Jahre alt und hatte über zwei Wahrheiten in meinem Leben nachzudenken. Über die von Sonthofen. Und über die von Babelsberg. Ganz allmählich gab es in mir eine Veränderung. Ich sagte mir: Wenn dir einer seine Wahrheit mit Gewalt aufzwingt und du um dein Leben fürchten mußt, dann kann das nicht deine Wahrheit sein.

Ich hatte mich entschieden. Was Schule, Jungvolk und Elternhaus mir in zehn Jahren anerzogen hatten, fiel in den nächsten

Wochen von mir ab. Ich begann ein Doppelleben. Wenn wir überleben wollten, durfte ich in Biesdorf die Verwirrung, die mich
nachts nicht schlafen ließ, niemanden erraten lassen.

Lange Zeit danach, als der Krieg vorüber war, habe ich neben
Abbi Florath und Hans Söhnker in verschiedenen Filmen mitge-
spielt. Über die Jahre unserer Begegnung, der Taten, der Verzweiflung und unserer Ängste damals haben wir nur zögernd sprechen
wollen. Nur beim ersten Mal. Nur beim ersten Wiedersehen. Danach hat uns eine Scheu befallen. Es gab kein »Weißt du noch, damals?« zwischen uns. Die schlimmen Jahre lagen hinter uns. Die
Verbrecher waren ausgelöscht. Wir hatten überlebt. Mehr war
nicht zu sagen.

Zwischen Söhnker und mir blieb im Abstand der Zeit noch eine
Frage offen. Jetzt, beim Schreiben der Geschichte, fällt mir wieder
ein, wie sehr mich diese Überlegung jahrelang beschäftigt hat.

»Wie ist das gewesen, Hanne«, fragte ich ihn, »aus welchem
Leichtsinn heraus habt ihr euch damals eingeredet, daß ihr mir
vertrauen könnt?«

Als ich das fragte, hatten die fünfziger Jahre erst vor kurzem
begonnen. Wir saßen im Ratskeller von Göttingen beisammen.
Am Tage hatten wir ein paar Szenen für den Film *Mein Freund, der
Dieb* gedreht. Die Frau, die wir beide liebten, war Vera Molnar. Bei
dem Abendessen im Ratskeller saß sie nicht mit uns am Tisch.

»Wer soll das gewesen sein, der dir vertraut hat?« fragte er und
grinste dabei. »Und in welchem ›Damals‹?«

»Du und Abbi«, sagte ich, »in dem Damals von 1943.«

Er schob seinen Teller beiseite und sagte: »Dieser Ratskeller
hier hat einen Rachenputzer, der dir die Kehle wegbrennt. Wir
sollten ihn bestellen. Aber nur, wenn du dich traust. Er heißt
Strichbimborumbockforzulorum. Ich nehme an, eine Bande von
Studenten hat dieses Göttinger Feuerwasser so getauft.«

Ich sagte: »Weich mir nicht aus. Ihr beide seid ein großes Risiko eingegangen. Abbi ebenso wie du. Hältst du es nicht für ungewöhnlich, wenn ihr einem Jungen aus Sonthofen erzählt, was für
ein Verbrecher sein geliebter Führer ist? Ich hätte euch der Gestapo ausliefern können.«

Er holte Luft in seine Lungen, tief, durch die Nase, wie Schauspieler es tun. »Ich habe nie mehr darauf zurückkommen wollen.«

Er sah mich quer über den Tisch hinweg an. »Abbi und ich waren damals schon lange in Gefahr. Als du mit deinen kurzen Hosen und dem braunen Hemd aufgetaucht bist, haben wir dich ins Vertrauen gezogen. Fortan warst auch du in Gefahr. Dieser Schritt hat mein Gewissen belastet. Für lange Zeit.« Er wischte mit beiden Händen Brotkrümel an unseren Tellern vorbei und über die Tischkante hinweg.

»Wir sind mit dir kein Risiko eingegangen«, fuhr er fort. »Abbi hatte dir seine Freundschaft angeboten. Du hast sie glücklich angenommen. Der alte Fuchs hat dich nach allen Seiten ausgefragt. Er hat dich in verschiedenen Situationen ausprobiert. Zwei Monate später lag dein Charakter vor ihm wie ein offenes Buch. In dem Buch stand zu lesen, daß du einen Freund niemals verrätst.« Er kreuzte die Arme vor der Brust. »Und noch etwas. Du hattest schon früh aufgehört, ein Risiko für uns zu sein. Ich nehme an, du willst auch das noch wissen.«

»Ja«, sagte ich. »Vielleicht brauchen wir dann nie wieder daran zu denken.«

Hanne nickte. »Laß uns das als Abmachung betrachten.« Bei den nächsten Sätzen ließ er mich nicht aus den Augen. »Denk an die verbotenen Filme«, sagte er. »Abend für Abend hast du sie dir angesehen. Abend für Abend hast du dich mehr in unserem Netz verstrickt. Ganz zu Anfang hättest du deinen Kopf noch aus der Schlinge ziehen können. Doch du hast uns nicht verpfiffen. Je mehr Wochen ins Land gingen, desto mehr wurdest du zum Mitschuldigen. Zu dem Zeitpunkt haben wir uns gesagt, daß es Zeit ist, dir über Hitler und seine Bande die Augen zu öffnen. Wir haben kein Blatt mehr vor den Mund genommen. Du hast dir die Wahrheit über Dachau angehört, über die Massaker in Polen und in der Tschechoslowakei, aber du bist nicht zur Gestapo gelaufen. Und so bist du, mein Junge, ganz allmählich, Schritt für Schritt, einer von uns geworden. Einer aus dem Untergrund. Einer, der Kurierfahrten nach Konstanz macht. Und zwar angetan mit der Uniform eines Adolf-Hitler-Schülers. Einer, der allein wegen seiner Uniform den Kettenhunden von der SS niemals verdächtig scheint. Einer, der in Konstanz eine bestimmte Straße findet und Frau Soundso aufspürt und zu der alten Dame sagt: ›Zweimal Sperrgut. Im Gepäckwagen. Dienstag. Nachtzug nach Berlin.‹«

Einer von Hitlers 1500 Söhnen.
Hans Söhnker brauchte seine Uniform

Hanne holte eine Packung Senior Service aus der Tasche und steckte mir eine Zigarette zwischen die Lippen.

»Deine Uniform war dein Schutz. Dein eigener. Von meiner Seite hat ein Schutz nicht kommen können. Mein Gewissen litt darunter. Ich versuchte mein Inneres damit zu betäuben, daß ich dich über den Hintergrund deiner Aktionen kaum etwas wissen ließ. Diese Maßnahme entsprang der Vorsicht, die uns damals alle

Zwei Überlebende. Söhnker und Krüger in dem Helmut-Weiß-Film
Mein Freund, der Dieb. Göttingen, 1950

lenkte. Ich weiß nicht, ob du in diesen Tagen einmal mit Biggie
Horney gesprochen hast, aber in den Jahren damals wurde davon
gemunkelt, daß sie ein paar Verlorenen hatte helfen können, und
Gustav Knuth soll ein Spezialist für Dachböden geworden sein,
auf denen Flüchtende versteckt werden konnten, doch Genaues
wußten wir nicht. Wir wollten nichts Genaues wissen. Je mehr wir
wußten, desto gefährdeter wären wir gewesen. Alle. Auch du.

Deshalb hat das Je-weniger-desto-besser-Prinzip auch für dich gegolten. Aus dem Grund habe ich dich niemals zu meinem Landhaus mitgenommen, zu den Menschen, die sich dort verbargen.
Ich konnte allerdings nicht ahnen, daß die alte Dame in Konstanz
dir schon bei der ersten Kurierfahrt alles ausplappern würde.« Er
schüttelte den Kopf, und ich hielt ihm mein Feuerzeug entgegen.
Wir rauchten. Schweigend. Eine ganze Weile.

»Ich werde den Schreck niemals vergessen«, sagte er dann.
»Du kommst zurück von der ersten Fahrt und sagst zu mir: ›Ich
weiß, was das für ein Sperrgut ist, Dienstag, im Gepäckwagen versteckt, mit dem Nachtzug aus Berlin! Juden sind das, du hältst sie
versteckt, in deinem Keller, in deinem Landhaus, und am Dienstag werden sie in die Schweiz geschmuggelt, aber jetzt sitzen sie
noch irgendwo bei dir im Keller.‹« Er zog den Rauch tief in seine
Lungen. »Wenn du nur wüßtest, wie bleischwer der Schreck damals in mir gesessen hat!«

Es muß dieser Schreck gewesen sein, diese Unruhe, die ständi-
ge Angst vor dem Unheil, die das Denken von Söhnker während
der letzten Jahre der Hitler-Diktatur bestimmten. Er verwandte
seine Energie immer weniger darauf, den Verfolgten zu helfen. Im
Winter '43 auf '44 richtete er sein ganzes Augenmerk auf unser
Überleben. Er machte sich daran, einen Schutzwall aus Gedanken
um uns zu errichten. Hinter Söhnkers Mauern sollten wir nicht nur
vor der Gestapo sicher sein. Der Schutz war auch für den Fall gedacht, daß ein Mensch aus den eigenen Reihen unter Folter unsere Namen nennen würde.

Am Ende der Dreharbeiten von *Junge Adler* stand eine Drohung:
meine Rückkehr nach Sonthofen. Ich fürchtete mich davor. Es lag
mir daran, in Babelsberg zu bleiben. Die Schauspielschule der Ufa
hätte mich genommen. Doch Söhnker wollte davon nichts wissen.

»Die Ordensburg ist für dich Abrahams Schoß. Deine Schulleitung hat dir einen Marschbefehl in die Welt der Filmleute gegeben. Also sind sie wohl ahnungslos, da unten im Bayerischen.
Ihr Doktor Goebbels hat versäumt, sie wissen zu lassen, wie ›politisch unzuverlässig‹ seine Berühmtheiten bei der Ufa sich ver-
halten können. Man wird es als Treue zum Führer auslegen, wenn
du hinter deine Klostermauern zurückkehrst. Da du als Charakter

eher schweigsam bist, wirst du die Leute nicht darüber aufklären, von welchen Verbrechen der obersten Führung du erfahren hast. Und es ist anzunehmen, daß die Erzieher dir – in ihrer Ahnungslosigkeit – keine Fragen stellen.«

»Ja«, sagte Florath. »Abrahams Schoß.«

»Im Gegensatz zu hier«, sagte Söhnker. »Goebbels wird immer mißtrauischer. Immer hysterischer. Jedenfalls, wenn er an die Ufa denkt. Leute wie uns sieht er mit der großen Lupe an. Neulich, in Hamburg, hat Käutner mit Hans Albers und mir im Hafen gedreht. Für seine *Große Freiheit Nummer Sieben*. An keinem der Schiffe hing eine Hitlerfahne. Dafür aber waren alle Masten mit dem Hamburger Wappen hochgetoppt. Wenn der Hinkefuß das sieht! Wenn dieser Goebbels das sieht, wird er verrückt! Er hat schon damit angefangen, junge Regisseure bei der Ufa einzuschleusen, allesamt Leute ohne Talent, dafür aber mit großen Ohren.«

»Hanne hat recht«, sagte Florath. »Goebbels weiß, daß der Krieg verloren ist. Er wittert überall Verrat. Nicht nur unter den Generalen. Auch im Volk. Nun sucht er die Verräter. Nicht nur im Volk. Auch unter Künstlern. Ganz besonders bei der Ufa. Ganz besonders unter uns.«

»Ich will, daß du lebst«, sagte Söhnker. »Vertrau uns, die mit der Gefahr umzugehen wissen. Geh auf die Ordensburg zurück.«

Ich ging zurück. Nicht alle Erzieher waren ahnungslos. Paike Petersen stellte Fallen. Ich stapfte nicht hinein. Die nächste Zeit verbrachten die Schüler des Jahrgangs '28 mit Vorbereitungen auf ein vorgezogenes Abitur.

Anfang 1945 mußten wir unsere Waffen fassen. Die Fahrräder aus dem Keller holen. Die Tornister packen. Den Marschbefehl entgegennehmen. Das Papier war auf eine Kaserne in Todtnau ausgestellt. Todtnau liegt im Schwarzwald. Der Abschied von der Ordensburg ist mir nicht schwer gefallen. Als wir auf unseren Rädern durch das große Tor nach Sonthofen hinunterrollten, drehte ich mich nicht um.

In Todtnau übergaben uns die Erzieher der SS.

Die Einheit trug den Namen Panzergrenadier-Division Nibelungen. Als Adolf Hitler seinen Selbstmord plante, waren wir, seine Sechzehnjährigen, seine Söhne, an der Front. Wir gruben uns am Donauufer ein. Starke Panzerverbände der Amerikaner rollten auf uns zu. Hanne Söhnkers Schutzwall aus Gedanken nützte jetzt nichts mehr.

Nach dem ersten Gefecht, im Morgengrauen, lag ich als Unverletzter zwischen vielen Toten. Schon am nächsten Tag brachte die SS Ersatz nach vorn. Es waren Bauernburschen aus dem Bayerischen, flüchtig an der Waffe ausgebildet, keiner mehr als sechzehn Jahre alt. Wir lagen in Erdlöchern und krallten uns an Ackerfurchen fest. Das Trommelfeuer der Artillerie riß die Bauernburschen in den Tod. Ich schoß auf jeden, der seine Waffe auf mich richtete. Einmal war es ein Flame, der mir sein Sturmgewehr entgegenhielt. Er war ein Söldner. Ein Schinder. Ein Mörder. In der Uniform der SS. Ich mußte schneller sein, wenn ich überleben wollte. Als ich das Feuer aus der Mündung seiner Waffe sah, hatte ich ihn bereits getroffen. In der Nacht quälten mich keine Träume. Es war eine Sache der Selbstverteidigung gewesen.

Die Amerikaner, wenn sie zu meinem Erdloch wollten, waren kleine Figuren in der Landschaft. Ich schoß auf sie, um sie von mir fernzuhalten. Ihre Gesichter habe ich nie gesehen. Nicht bis zu diesem einen frühen Morgen. Nicht bis zu diesem Spähtrupp. Tief im Wald. Die Feinde kamen langsam, sorgsam sichernd, eine Schneise hoch. Ich lag gutgetarnt im Unterholz. Ein Amerikaner nach dem anderen lief durch mein Visier. Groß. Deutlich sichtbar. Ahnungslos. Ich sah die Gesichter. Sah die Augen. Aufgeworfene Lippen. Schwarze Haut. Mein Herz hämmerte wild. Ich spürte das Hämmern in dem Reisig unter mir. Und vermochte nicht zu schießen. Die Erzieher hatten mich darauf gedrillt, kaltblütig zu sein. Viele Jahre hatten sie darauf verwendet. Doch der Mörder, den sie wollten, steckte nicht in mir. Ich war zum Mörder nicht gemacht. Die Amerikaner liefen ungehindert weiter. Sie stießen auf ein Dorf in der Etappe. Bei einem Feuergefecht gab es viele Tote. Auch unter den Söldnern der SS.

Der Schuldige war sofort gefunden. Ich wurde einem SS-Richter vorgeführt. Hochverrat. Feigheit vor dem Feind. Das Urteil lautete auf Tod. Ein SS-Sturmbannführer mit hohen Orden widersetzte sich der Exekution. Er machte mich zu seinem Melder. Sein Unterstand war weit vorgezogen. Bei jedem Dauerfeuer jagte er mich über den freien Acker vor dem Unterstand.

Am zweiten Tag kroch ich nicht zu ihm zurück. Im Chaos der

Schlacht am Donaubogen fiel es mir nicht schwer, zwischen den Fronten zu überleben. In Sonthofen hatten sie mir beigebracht, listenreich zu sein. Das kleine wilde Tier, das sie abgerichtet hatten, wußte jetzt seine Waffe und seine Listen gegen das Netz der Fänger einzusetzen.

Die Zeit von Furcht und Tod und Überleben habe ich lange Jahre nicht beschreiben wollen. Nicht im Gespräch mit einer Frau. Auch nicht im Gespräch mit Freunden. Auch nicht als Geschichte auf Papier. Ich dachte mir, es sei besser, zu vergessen. Als mir das nicht möglich war, habe ich das Erlebte aufgeschrieben. Ich gab dem Manuskript den Titel *Junge Unrast*. 1983 ist das Buch bei Bertelsmann erschienen.

Vor dem Abmarsch aus Sonthofen, beim Packen meiner Siebensachen, hatte ich in dem engen Tornisterboden keinen Platz für meine geheimgehaltenen Schreibversuche gefunden, und die Blätter wären nach der Schlacht im Donaubogen sowieso zerfetzt zurückgeblieben, weil der Tornister zerfetzt zurückgeblieben war, in einem Rapsfeld und bei hellem Sonnenschein. Ich bedauere den Verlust. Wie gern würde ich sie heute lesen! Was steckte wohl in den Geschichten, die ein Junge schrieb, der ich einmal gewesen bin? Würde ich beim Lesen lächeln? Tränen spüren? Ein Streichholz an die Blätter halten? Oder hätte ich die Geschichten in einem kalten Nachkriegswinter neu gefaßt und sie Ernst Rowohlt zugeschickt?

Ich wurde siebzehn. Hitler war tot. Bald danach war der Krieg zu Ende. Amerikanische Soldaten nahmen mich gefangen. Ich blieb drei Tage bei ihnen hinter Stacheldraht. Dann gaben sie mir die Gelegenheit zur Flucht. Ich machte mich auf den Weg nach Hause. Zu Fuß. Von Lofer in Tirol nach Biesdorf bei Berlin. Es gab viele Hindernisse auf dem Weg. An der Donau hat mich ein Fährmann an das Nordufer gebracht. Die Fränkische Saale war nur schwimmend zu durchqueren. Wegen der Militärpolizisten wanderte ich in der Nacht. Und schlief am Tage. Mein Essen habe ich mir oft erbettelt. Oft gestohlen. Am Wegrand lagen Felder, Trümmer, Schienen, klare Seen, zersplitterte Kanonen und verschwiegene Wälder. Es war der Frühsommer 1945. Es war ein langer Weg. Es war der Frühsommer meiner Wanderjahre.

MUTTER

Ich brauchte vierunddreißig Tage bis Berlin. Die Stadt lag in Trümmern. In den Gärten von Biesdorf hatten Bomben und Granaten die Erde aufgewühlt. Zerfetzte Bäume standen neben Häusern, die ohne Dächer waren.

Gustchen Krüger lebte. Ich fand sie in einer engen Unterkunft. Sie war schwerkrank. Die Augen schienen mir erloschen, ausdruckslos. Ihren Mann hatten die Sowjets abgeholt. Weil Max Krüger Mitglied der Nationalsozialistischen Deutschen Arbeiterpartei gewesen war. Weil er ein Ingenieur gewesen war, der Lokomotiven konstruierte.

In der Stadt aus Trümmern, die unser Nachlaß wurde, wollte ich rasend vor Wut die Spuren meines Vaters finden. Die Suche endete im Nichts. Es war mir nicht vergönnt, ihm noch einmal zu begegnen. Sein Leben endete in einem Lager der Sowjets.

Ich hatte Max Krüger verehrt, geliebt, es scheint mir nicht denkbar, daß ein Sohn seinen Vater bedingungsloser lieben konnte, doch in der Hoffnungslosigkeit von 1945 brauchte ich seine Antwort auf Fragen, die mich zu verbrennen drohten. »Warum nur«, hatte ich ihn fragen wollen, »warum, um Gottes willen, hat deine Generation Hitler und seine Verbrecherbande in den Reichstag wählen können? Und warum habt ihr ihm, schon drei Monate später, mit dem Ermächtigungsgesetz das Mittel zu totalitärer Willkür, zur Auslöschung unserer Kultur, zur Vernichtung unserer Hoffnung in die Hand gegeben?«

Meine Fragen blieben ungefragt. An Mutter habe ich sie nicht richten können. Sie war zu krank. Zu verletzt. Zu beschämt. Zu ausgelöscht. Gustchen Krüger war allein geblieben. Von ihrer Tochter fehlte jedes Lebenszeichen. Sie hatte zuletzt in Schlesien gearbeitet, bei der Organisation Todt, und seit die Ostfront zusammengebrochen war, galt Ilse als vermißt. Über mich sagte Mutter, daß mein Bild an einem stillen Frühjahrstag von der Wand gefallen sei. Max Krüger hatte an dem Tag geweint. In seinem Aberglauben nahm er das zersprungene Glas als eine Mitteilung über den Tod des Sohnes an der Front.

Max und Gustchen Krüger. Silberhochzeit. Biesdorf, 1944

Als Mutter mich draußen vor ihr Fenster treten sah, griff sie sich voller Erschrecken an den Mund. Dann lief ein Leuchten über ihr Gesicht. Ich packte ihre paar Habseligkeiten zusammen und brachte sie aufs Land. Wir hatten Verwandte in einem Dorf mit Namen Wrexen, in der Provinz Waldeck, am Rand von Hessen und Westfalen. Unsere Verwandten waren Fabrikarbeiter, mit einem Schwein im Stall und ein paar Ziegen. Andere arbeiteten als Tagelöhner und hatten einen Gemüsegarten hinterm Haus. Die Verwandten versprachen, Gustchen gesundzufüttern.

Ein paar Tage später sagte ich ihr, daß ich mich auf den Weg nach Hamburg mache, und weil kein Geld in meiner Tasche ist, springe ich in Scherfede auf einen Kohlenzug. Ein Mann braucht Arbeit, sagte ich zu ihr, braucht einen Beruf, und Mutter fragte, was das wohl für ein Beruf sein solle, in einem Land aus Schutt und Asche. Als ich sie in den Arm nahm, weinte sie.

BUCHHÄNDLER UND STATIST

Der Zug war die ganze Nacht hindurch gerollt. Als er nicht weiterfuhr, ließ ich mich von dem Waggon auf die Schienen fallen. Ein paar Brocken Kohle fielen mit. Die ersten Minuten lag ich da, wie tot. Ich dachte: Tot zwischen Schienen. Die Muskeln waren steif. Kalt. Wie Eis. Im Kopf saß Schmerz. Wie von spitzen Messerklingen. Die Hände auf den Schienen waren schwarz. Ich dachte: Und dein Gesicht? Auch schwarz? Mit weißen Augen in dem schwarzen Staub?

Später rappelte ich mich auf. Wo war die Stadt? Da drüben. Hinter den Bombentrichtern. Bei den Mietshäusern. Bei den toten Fensteraugen unter grauen Wolken. Die Stadt lag ein Stück in Richtung West. Der Schotter stank nach Urin. Meinen Einzug in Hamburg hatte ich mir anders vorgestellt.

Hinter dem Verschiebebahnhof war ein Kiosk. Auf einer Zeitung der Militärregierung konnte ich das Datum sehen. Es war der 2. Oktober 1945. Ich erschrak. Morgen war Mutters Geburtstag. Ich hätte bis zum Geburtstag bei ihr bleiben sollen. Langsam ging ich der Stadt entgegen.

Zwei Wochen später traf ich Felix Jud. Der Mann hatte eine Buchhandlung. Die Dachstühle in seiner Straße waren ausgebrannt. Meine freien Stunden verbrachte ich zwischen seinen Büchern. Es wurde meine zweite Zeit des Lesenlernens. Felix ist mein Lehrmeister geworden. Er lehrte mich mit Sorgfalt, Bücher auszuwählen.

Der Winter unserer Begegnung ist jetzt lange her. Und Felix ist schon lange tot. Er wurde sechsundachtzig Jahre alt. Es wird Zeit, die Geschichte von uns beiden aufzuschreiben.

Wir gaben ein ungleiches Paar ab. Zwei Komiker. Wer uns sah, mußte so denken. Ich hatte ein Kindergesicht und ungeschnittenes Haar und steckte meist in einem dunklen Mantel, der hinter mir auf dem Boden schleifte. Felix war schmal, mager, mit einem langen Gesicht und einer langen Nase. Und mit Augen, die ein wenig schielten. Seine Augen fielen jedem Menschen auf. Weil sie gütig waren.

Das Erbe der Nazis. Hamburg, 1945

Auch unsere Vergangenheit war ungleich abgelaufen. Mit den Lagern, in denen wir gewesen sind, ist das kurz und knapp erklärt. Ich war bei den Amerikanern hinter Stacheldraht gewesen. Felix hatte das Konzentrationslager in Neuengamme überlebt.

Es gab eine Gemeinsamkeit, die uns verband. Wir beide, der eine sechsundvierzig, der andere siebzehn Jahre alt, waren bettelarm.

Felix war ein Freund der Künste. Und der Künstler. Theaterleute mochten ihn. Sie saßen oft bei ihm herum, und von den Alten am Theater wurde erzählt, daß sie die zwanziger Jahre nicht vergessen konnten. »Denk nur mal an 1923«, sagte in der Garderobe einer. »In dem Jahr hat Felix seine Bücherstube in den Colonnaden aufgemacht.« Ich kann also sagen, daß es die Liebe des Buchhändlers zum Theater gewesen ist, die uns zusammenführte.

Ich sah Felix Jud zum erstenmal bei einer Probe. Im Theater. Bei Shakespeares Zähmung einer Widerspenstigen. Der Buchhändler hatte einen Teil des Morgens im Parkett verbracht. Am Ende der Probe hörte ich den Regisseur von der Bühne rufen: »Felix, komm doch rauf!« Der Regisseur war Helmut Käutner.

Seine Widerspenstige war Hilde Krahl. Und Gustav Knuth studierte den Petrucchio ein.

Es war meine Absicht gewesen, Schauspieler zu werden, gleich nach der Ankunft mit dem Kohlenzug, aber als sie mich endlich auf die Bühne ließen, war ich Statist.

Gleich am ersten Tag stieß ich auf Texte, die ich nicht kannte. Das Buch lag auf dem Inspizientenpult. William Shakespeare hatte es geschrieben. Auf der Ordensburg war Goethe durchgenommen worden, Schiller, Gerhart Hauptmann. Doch von Shakespeare hatte die Schulleitung nur *Hamlet* zugelassen. Jeden Morgen, auf der Probe, las ich am Inspizientenpult seine Sätze flüsternd mit. Ich träumte mich in diesen Petrucchio hinein. Und hatte Kätchen in den Armen. Die Stunden auf der Bühne waren gut. Voller Spannung. Voller Knistern. Das Knistern ging von Kätchen aus. Ich stand beim Pult, tief im Dunklen, und ließ die Frau nicht aus den Augen. Sie trug ein langes weißes Kleid. Der Stoff ließ ihren Körper ahnen. Ich war in die Frau verliebt. Schon seit Ewigkeiten. Schon seit einem Sonntag. Und dem nächsten. Und dann wieder einem Sonntag. Seit diesen Nachmittagen. In Sonthofen. Wenn sie mir für Sonntag einen Urlaubsschein gegeben hatten. Wenn im Kino unten, im Dorf, Hilde Krahl zu sehen war. Auf der Leinwand. Jetzt aber hatte ich sie nahe vor mir. Jeden Morgen. Sechsmal in der Woche. Das war Glück. Bei jeder Probe trollte ich im steilen Bühnenlicht als ein Bediensteter um sie herum. Doch die Krahl hat nie zur Kenntnis genommen, daß es mich gab. Auch nicht in späteren Jahren. Ein Leben lang haben sich unsere Wege nicht wieder gekreuzt.

Als Felix auf die Bühne kam, stellten sich die drei Berühmtheiten um den mageren Mann herum. Das Gesicht des Buchhändlers leuchtete in einem fahlen Rot. Er hielt den Hut hinter seinem Rücken. Dann küßte er der Krahl die Hand. Ich sagte mir, daß ich den Mann nicht leiden kann. Dann fragte ich mich, wie das wohl ist, wenn sie ein Lächeln für dich hat und du beugst dich über ihre Hand.

Ich blieb an dem Tag weit im Dunkeln. Auf der Hinterbühne. Lange Zeit. Als ich davonging, nahm es keiner der berühmten Leute wahr. Zehn Jahre später würde ich unter Käutners Regie einen modernen Hamlet spielen. Mit Knuth sollte ich lebenslang freundschaftlich verbunden sein. Doch im November '45 konnte der Statist Eberhard Krüger das bei seinem Gang durch das Bühnendunkel nicht ahnen.

Käutner machte die *Widerspenstige* zum Ereignis. Auf dem Weg zu Dichtung, Glanz, Lautenklang und Farben mußten die Besucher über Trümmer steigen. Die Nächte waren kalt. Und finster. Ein Stück weiter hinten, Richtung Alster, trat das alte Schauspielhaus aus der Dunkelheit hervor. Von seinen hohen Fenstern fiel Licht auf das Trottoir. In den Türen standen Trauben englischer Soldaten. Am Bühnenhaus parkten Militärlastwagen mit den Dekorationen durchreisender Ensembles aus Stratford, Cardiff oder Burnham on Crouch.

Die *Widerspenstige* eröffnete auf Anordnung der Militärregierung in einem schmucklosen Gebäude auf der Westseite des Hauptbahnhofs. An der Fassade stand der Schriftzug ›Besenbinderhof‹. Während der Weimarer Republik hatten die Gewerkschaften darin getagt.

Die *Widerspenstige* alternierte mit *Antigone.* Wenn die *Widerspenstige* gegeben wurde, kam Felix Jud nach dem Applaus oftmals zu den Stars in die Garderobe. Es kam vor, daß wir uns an der Bühnentür begegnet sind. Der Bühnenportier war ein Kriegsversehrter mit Beinprothese. Neben seinem Glasgehäuse hatte die britische Besatzungsmacht Fotos aus dem KZ Bergen-Belsen ausgestellt. An einem Abend sah mich der Buchhändler vor den Bildern stehen. Sein Blick machte mich verlegen. Ich war nicht wegen der Fotos stehen geblieben. Die Bilderwand hatte schon seit Wochen da gehangen. Das Grauen auf den Fotos hatte mich erschreckt. Ich hatte mir alles angesehen. Alles. Gleich in den ersten Tagen. Jetzt, Wochen später, nahm ich das Grauen kaum mehr wahr.

Der Buchhändler ging an mir vorüber. Auf der Probebühne hatten sie gesagt, daß er im KZ gewesen sei. Ich sah auf meine Schuhe. Sie stammten noch vom Militär. Von der SS, genau gesagt. Und mein Warten in dem Gang hatte mit den Fotos von Bergen-Belsen nichts zu tun. Ich stand jeden Abend in dem Gang. Meiner heimlichen Geliebten wegen. Sie hatte einen wunderbaren, stolzen Gang. Wenn sie an mir vorüberging, verneigte ich mich leicht: »Gute Nacht, Frau Krahl, kommen Sie gut heim«, und danach öff-

Hilde Krahl. Schauspielerin. Heimliche Liebe eines Statisten.
Walter-Reisch-Film *Die Mücke*, 1954

nete ich ihr die Bühnentür. Jeden Abend. Einmal schenkte mir die
Frau ein kleines Lächeln. Niemand hat das je gesehen. Und ich
nahm mir vor, es niemals jemandem zu sagen.

Das nächste Stück war *Ein Glas Wasser* von Scribe. Den Bol-
lingbroke spielte Werner Hinz. Auch er wurde ein Freund von
Felix Jud. Dieser Schauspieler war ein Star von eigenwilligem Format. Er strahlte Kälte aus, Macht und Intellekt. Fünfzehn Jahre
später, bei Dreharbeiten mit ihm, habe ich verwundert mitangesehen, wie warmherzig der Mann war, im Leben, und wie er dennoch im nächsten Augenblick, vor der Kamera, eine arrogante
Kälte um sich legte, die mich frieren machte.

Damals, 1945, im November, stand ich mit Werner Hinz auf
derselben Bühne, jedoch schweigend, untätig, an der Gasse links,
in einem blauen Rokoko-Kostüm. Auf dem Kopf hatte ich eine Allongeperücke. Darunter war das pausbäckige Gesicht eines Berliner Bollejungen zu sehen. Unter der Allongeperücke sah ich wie
ein Mädchen aus.

In den ersten Dezembertagen wurde es kalt. Bitterkalt. Im Besenbinderhof gab es *Volpone* von Ben Johnson. Den Namen hatte ich noch nie gehört. Ebensowenig wie den Namen des Übersetzers: Stefan Zweig. Ein Schauspieler, der Heini Göbel hieß, erklärte mir, daß Zweig ein berühmter Dichter gewesen sei, ein Jude. Die Nazis hätten seine Werke verbrannt, woraufhin er in Südamerika Selbstmord begangen habe, zusammen mit seiner Frau. Ich war in dem Stück ein Bediensteter des Volpone, ein Neger, der lange Zeit untätig auf der Vorderbühne lag. Die Probe war meist gegen zwei Uhr aus. An einem grauen Nachmittag mit Eisregen traf ich den Buchhändler auf Bahnsteig 1 am Hauptbahnhof. Er sprach mich auf meinen Mantel an, der aus dunkelblauer Wolle war und mir bis zu den Füßen ging.

»Ein Erbstück meines Vaters«, sagte ich, »das einzige, das er mir hinterlassen konnte.«

Die S-Bahn ließ auf sich warten. Als sie kam, standen wir bis zum Dammtor-Bahnhof voreinander im Abteil. Ich erzählte ihm, daß ich die Rothenbaumchaussee nach oben müsse, und er sagte, da hätten wir den gleichen Weg, denn seine Wohnung sei am Klosterstern.

Wir schlugen die Mantelkragen hoch und stiefelten frierend die Rothenbaumchaussee entlang. Bei einem Baum mit gelber Rinde blieb ich stehen. Auf der anderen Straßenseite war der Radiosender der Militärregierung. Der Baum wuchs zwischen Trottoir und Rinnstein. Es war ein Ahornbaum. Seine kahlen Äste reckten sich breit in den eisigen Himmel. Die Bomben hatten den Baum nicht zerfetzt.

Ich gab dem Buchhändler die Hand und sagte ihm, da drüben, in dem Sender, gebe es für mich Arbeit. Nicht immer. Ab und an. Als Sprecher. Beim Jugendfunk. Felix wollte wissen, ob das für ein Leben reicht, und ich sagte, ja, denn für jede Sendung gibt's da drüben fünfundzwanzig Mark. Der Schulfunk zahlt etwas mehr. Manchmal bis zu vierzig. Wenn's vierzig gibt, ist das ein warmer Regen. Denn es ist so: Von den drei Mark am Abend als Statist kann ich nicht leben.

Felix Jud war geschickt im Fragen. Auf dem Weg vom Hauptbahnhof zum Sender hatte er schon herausbekommen, wie es um mich stand. Ich hatte Vertrauen zu dem Mann. Es lag an seinen Augen. Und was gab es da schon groß über mich zu sagen? Wenn ich Sonthofen wegließ und die Zeit beim Film und die Kurierfahrten für Söhnkers Flüchtlinge zur Schweizer Grenze hin? Wenn ich das wegließ, blieb nicht viel. Eine kranke Mutter höchstens. Kein Beruf. Über meinen Traum vom Schreiben könnte ich erzählen. Das ja. Aber über den verrückten Traum vom Fliegen nicht. Weil die Alliierten angeordnet hatten, daß ein Deutscher niemals wieder in die Nähe eines Steuerknüppels kommt. Was also blieb? Die Beschreibung einer Heimat? Daß ich aus Berlin kam, hatte er selbst herausgehört.

»Auch die gute Schule höre ich heraus«, hatte der Mann gesagt. Er trug an dem Morgen keinen Hut. Sein schütteres Haar war naß geworden, glänzend von den Eisflocken, die über der Straße tanzten. »Welche Bildung haben Sie genossen? Wer Schauspieler werden will, sucht sich vermutlich ein humanistisches Gymnasium aus.«

Ich konnte hören, wie mir das Herz zum Hals hochsprang. Weil es keinen Ausweg gab. Ich sagte mir, diese Frage bleibt dein ganzes Leben, der Buchhändler ist nicht der erste, der nach deiner Schule fragt. Wenn bloß das Herz nicht solche Sprünge machen würde.

»Ich habe drei Schulen kennengelernt«, sagte ich. »Die Volksschule, das Jahn-Real-Gymnasium in Berlin, und die dritte Schule war eine Besonderheit.« Ich legte den Kopf in den Nacken und sah zu dem dicken Ast hoch, den der Krieg nicht zerfetzt hatte. Dann sagte ich: »Ich habe Schwierigkeiten mit der Antwort.«

»Nur zu, Sie junger Mensch, nur zu!« Sein Wintermantel war schwarz. Ich suchte nach einer Spur des Davidsterns, den er sicher vor seiner Verhaftung hatte tragen müssen, aber es war keine Verfärbung in dem Stoff zu sehen. Er trug auch das rote Dreieck nicht am Revers. Ein rotes Dreieck auf weißem Grund hätte ihn als ehemaligen KZ-Insassen ausgewiesen. Wer von uns im Vorübergehen an einem Mantel das rote Dreieck sah, senkte eilig seinen Blick.

»Im Theater heißt es, daß Sie Jude sind.« Die Eisflocken setzten sich auf mein Gesicht. Ich konnte spüren, wie die Flocken tauten.

»Stimmt nicht«, sagte der Buchhändler. »Ich *heiße* Jud.« Er lächelte. »Jedoch, ich *bin* es nicht.«

»Aber… Sie waren im KZ«, sagte ich. »Herr Käutner hat auf der Probebühne davon gesprochen.«

»Das stimmt«, sagte er, »denn in Neuengamme wurden Deutsche auch dann willkommen geheißen, wenn sie nicht jüdischen Glaubens waren.« Aus seiner Kehle kam ein dumpfes Lachen. »Also, wie steht es mit der Antwort?«

»Die zweite Schule war in Bayern, in Sonthofen, ganz genau gesagt. Es war die Adolf-Hitler-Schule.«

Felix Jud richtete sich auf. Der kalte Flockenregen hatte ihn dazu gebracht, nach vorn gebeugt zu stehen. Jetzt stand er steif. Kerzengerade. Die runden Augen verloren ihre Güte. Sein Blick ließ nicht von mir ab.

»Erstaunlich«, sagte er. Danach sah er verwundert aus. »Und die da drinnen...« Er deutete mit dem Kopf zum Sender. »Die Engländer... Die lassen einen jungen Menschen an ihre Mikrophone, der in seinem Kopf die Parolen einer Nazi-Ordensburg herumträgt?«

»Auf Anhieb haben die Engländer mir die Arbeit nicht gestatten wollten«, sagte ich. »Der Personaloffizier hat mich ziemlich angefaucht.«

»Das will ich meinen.« Felix Jud hob das Kinn. Sein Mund stand ein wenig offen.

»Wir haben uns gestritten.«

»Worüber? Wenn's gestattet ist...«

»Über ein Versprechen«, sagte ich. »Über ein wichtiges. Die Engländer hatten es abgegeben. Und ich hatte die Einlösung gefordert.«

»Wie ist das zu...«

»BBC London«, sagte ich. »Die Nachrichten in deutscher Sprache. Sie erinnern sich? Die Sendungen fingen immer mit Beethoven an, mit den Paukenschlägen, mit der Fünften.«

»Nein, ich erinnere mich keineswegs. Leider...«, sagte der Buchhändler. Dann lachte er. »In Neuengamme gehörte die Genehmigung für das Abhören von ›Feindsendern‹ leider nicht zu den Gepflogenheiten der um unser Ergehen recht bemühten Gastgeber.«

Ich sah in sein Gesicht und war verlegen und wünschte mich weit fort. »Wenn mich nicht alles täuscht«, fragte der Buchhändler weiter, »ließ Hitler das Abhören sogenannter ›feindlicher Propaganda‹ mit dem Tode bestrafen. Ihnen aber, seinen Schülern, sollte er es gestattet haben?«

»Auf keinen Fall«, sagte ich schnell. »Es war so: Ich bin einmal zum Film abkommandiert worden. Ein halbes Jahr lang. Nach Babelsberg. Zur Ufa.«

»Und da haben Sie die BBC abgehört?«

»Die Schauspieler haben BBC gehört. Also, einige von ihnen. Und ich dann auch.«

»Das ist alles äußerst ungewöhnlich«, sagte der Buchhändler, »Sonthofen und BBC und Film.«

»Ja«, sagte ich, »besonders Film.«

»Erzählen Sie«, sagte Felix Jud. Und entschuldigend fügte er hinzu: »Wenn Sie mich nicht als zu neugierig erachten.«

»Es gab da einen jungen Regisseur. Alfred Weidenmann ist sein Name. Ob er den Krieg überlebt hat, weiß ich nicht. Damals jedenfalls ließ ihn die Ufa seinen ersten Film drehen, und die Hauptrollen sollten fünf Lehrlinge in einer Flugzeugfabrik sein. Ich wurde einer von den fünfen, der Komiker unter ihnen. Alfred Weidenmann meinte, ich hätte Talent, und auch der Chef der Ufa hat das gesagt, sein Name ist Wolfgang Liebeneiner, und deshalb will ich es jetzt einmal am Theater versuchen.«

»Erstaunlich«, sagte Felix Jud. »Und wie geht die Geschichte weiter?«

»Hilde Krahl«, sagte ich.

»Was ist mit ihr?«

»Sie ist die Frau von Liebeneiner. Ich weiß nicht, ob Sie das haben erfahren können, damals in …«

»O doch«, sagte der Buchhändler schnell. »Ich bin durchaus im Bilde.«

Ich sagte: »Wenn Sie bedenken, es gibt im ganzen Land nur Trümmer, und Millionen und Millionen Menschen, aber so gut wie keine Briefpost, und die Telefondrähte hängen von zerfetzten Masten runter, also, man kann getrost Chaos zu diesem Schlamassel sagen, und in diesem Schlamassel war Wolfgang Liebeneiner eine Stecknadel im Heuhaufen, aber die Stecknadel aufzustöbern ist mir das Leichteste von der Welt gewesen.«

»Junger Mensch, Ihr Abstraktionsvermögen erreicht mich unerwartet.« Er hatte die Stirn hochgezogen. Die Falten unter seinem nassen Haar machten dicke Wellenlinien. »Um es deutlich zu sagen, Sie verwirren mein Gemüt.«

Seine Art, sich auszudrücken, brachte mich zum Lachen.

»Woher die Heiterkeit?«

»Ich habe noch nie so einem Menschen zugehört, so einem, wie Sie es sind.«

»Heuhaufen und Stecknadel«, sagte er. »Was hat es damit auf sich?«

»Also, damals bei der Ufa habe ich keinen Schauspieler aus mir machen lassen wollen, und als letztes Angebot hat Wolfgang Liebeneiner einen Pakt mit mir geschlossen: Wenn ich es mir anders überlegte, komme ich in sein Büro. Danach sorgt er dafür, daß aus mir was wird. Das war im Sommer 1944, und wir saßen in einem Luftschutzkeller. Er hatte für den Film eine festliche Premiere angeordnet, in Berlin, doch die Bomber der Amerikaner hingen zu Hunderten am Himmel. Es war hellichter Tag, aber sie hingen zu Hunderten am Himmel. Wir saßen unter dem Kino, im Luftschutzkeller, und die Bomben haben schrill gebrüllt, und wenn sie zerfetzt sind, haben sie den Keller beben lassen. Als wir wieder an die Sonne kamen, schossen Flammen von einer Plakatfassade in den Himmel hoch. Aus einem Berg von Schutt kam grauer Rauch. Der Stumpf einer zerborstenen Backsteinsäule lag auf einem buntbedruckten Frauenkleid. An der Hausecke hing ein Balkon, seitlich abgebrochen, neben einer Palme. Die andere Straßenseite brannte. Ich konnte keine Sirenen von Krankenwagen hören. Das war sonst nicht vorgekommen. Sonst schrien sich die Sirenen der Krankenwagen nach jedem Angriff kurzatmig durch die Straßen.

Ich rannte durch den Qualm zum Kudamm hin. Bei der Treppe zur U-Bahn runter stand Alfred Weidenmann. ›Komm schnell‹, sagte er, ›wir müssen nach Schöneberg. Die anderen Jungs sind schon vorgefahren.‹ Er lachte: ›Der kleinen Betriebsstörung wegen findet die Premiere in einem anderen Ufa-Kino statt.‹

Wir stiegen in den U-Bahn-Schacht. Wolfgang Liebeneiner habe ich an dem Tag nicht mehr getroffen. Auch nicht in dem Jahr danach. Ich habe ihn erst wiedergesehen, nachdem ich ihn hier in Hamburg aufgestöbert hatte.«

»Also gut«, sagte Felix Jud. »Die Bombenangriffe haben wir gottlob hinter uns. Wie steht es nun mit dem Heuhaufen?«

Ich sah ihn an und sagte mir, wann spürst du endlich mal,

wenn der andere leidet? Wenn er daran denkt, wie er von seiner KZ-Baracke aus die Bomber sah und sich fürchtete, weil es keinen Luftschutzkeller gab?

»Herr Jud, ich habe wohl zuviel gequatscht. Von den Bomben meine ich.«

»Ein wenig. Jedoch – es macht nichts.«

»Hat sich wohl angehört wie einer, der sich selbst beweint.«

»Das hat es sich. Aber – es macht nichts. Sehen Sie eine Möglichkeit, nunmehr zum Heuhaufen zu kommen?«

Ich mußte wieder über ihn lachen, und er lachte auch. Und dann sagte ich: »Das Wichtige bei der Geschichte war der Hinweis, der Fingerzeig. Im letzten September hab' ich den bekommen. Ich war zu Fuß nach Berlin gewandert und habe meine Mutter rausgeholt. Mein Vater war in einem Lager bei den Russen. Ich habe Mutter überredet, nicht in der Sowjetzone auf ihn zu warten. Warten konnte sie auf ihn genausogut im Westen. Als ich das sagte, schüttelte sie den Kopf. Sie war schwer krank geworden, seelisch krank, denn von Heimkehrern wurde ihr berichtet, ihr Mann würde das Lager der Sowjets kaum überleben. Auch ihr Körper war krank geworden. Sie war geschwächt. Und das Laufen bereitete ihr Schmerzen.

Es gab nur ganz selten mal einen Zug von Berlin aus in den Westen, und wenn ein Zug aus dem Bahnhof Reinickendorf rollte oder von Halensee aus, dann war er mit alten Leuten brechend voll, und die jüngeren Leute hingen draußen dran wie Trauben.

Ein Mann im Soldatenmantel hat mir geholfen, meine Mutter auf das Dach zu hieven, und da haben wir die ganze Fahrt gelegen. Wegen der Tunnel lagen wir manchmal flach auf den Bäuchen, und in den Kurven hab' ich Mutter festgehalten. Sie hat sich kein bißchen gefürchtet, sie fand alles wunderbar, was ihr Sohnemann da mit ihr machte.

Kurz vor Helmstedt hielt der Zug, und wir mußten durch Wiesen laufen und durch einen Wald, also über die grüne Grenze, wie die Leute sagen. Für meine Mutter war das schlimm, die Schmerzen brachten sie fast um, und im Wald haben uns drei Soldaten von der Roten Armee erwischt. Bei mir gab es nichts zu plündern. Was ich besitze, trag' ich als Wäsche auf dem Leib, aber Mutter hatte noch eine Armbanduhr, ein Geschenk von meinem Vater aus der Verlobungszeit, und als der Rotarmist ihr die vom Handgelenk riß, weinte sie. Auf dem Waldboden lagen andere Flüchtlinge. Die Rotarmisten hatten uns zusammengetrieben wie eine Herde Schafe. Wir durften erst weiterlaufen, also Richtung Westen über die Grenze gehen, als die Rotarmisten nichts mehr zu plündern fanden.

Zwischen ein paar Frauen lag, ein wenig mit Reisig zugedeckt, eine, die einen jungen Körper hatte. An ihrem Rücken konnte ich ihr Zittern sehen, wie im Fieber, und es war klar, daß sie eine Sterbensangst hatte, vor der Vergewaltigung. Ich gab ihr meine Soldatenmütze und auch den Mantel und sagte zu dem Mädchenrücken, wenn sie die Haare unter die Mütze steckt, sieht sie wie ein Junge aus.

Wie sie sich nun von mir in den Mantel wickeln läßt und ihre hellen Haare unter die Soldatenmütze steckt, ist sie ganz besonders hübsch, was aber nicht so wichtig ist. Wichtig ist, daß ich sie kenne. Und daß sie sagt, auch ich bin ihr nicht fremd. Weil sie bei der Ufa war. Auf der Schauspielschule. Mit Else Bongers als Lehrerin, und da ist dann der Hinweis gekommen, der Fingerzeig: Die Hübsche sagt: ›Professor Liebeneiner ist nach Hamburg geflüchtet. Freunde haben ihm Unterschlupf gewährt. An der Elbchaussee. An die Hausnummer hat Else Bongers sich nicht erinnert, aber es soll eine Villa sein, weiß mit blauen Fensterläden, nur ein Stück von einer Kirche mit Namen Klopstock weg und dann in Richtung Blankenese, auf der rechten Straßenseite an der Elbchaussee.‹

Das war der Fingerzeig. Und es soll mir keiner sagen, daß es nicht so ist. Da flüchten Tausende von Menschen in den Westen, und an dieser langen Grenze treffe ich, mitten im Wald, ein Mädchen, das mir sagt, in welcher Stadt, in welcher Straße, in welcher nicht zerbombten Villa, hinter welcher Farbe von Fensterläden Wolfgang Liebeneiner wohnt.

Ich habe mir gesagt: Nimm den Hinweis, wie er ist. Die Entscheidung ist gefallen. Du gehst zum Theater.

Was zu tun blieb, war nur wenig: Mutter in die Zone der Amerikaner bringen, wo sie sicher war. Ich mußte sie auf dem Land abliefern, bei Verwandten, bei denen es was zu essen gab. Dann blieb mir noch, einen Kohlenzug auszumachen, der mich nach Norden bringt.«

Felix Jud lachte auf. »Parzifal!« Er wischte sich mit flacher Hand die schmelzenden Flocken aus dem Gesicht. »Wie sich doch die Bilder zweier liebenswerter Narren gleichen! Gahmuret, der Vater, stirbt im Dienste eines heidnischen Herrschers im weit entfernten Osten. Herzeloyde, die Mutter, muß blutenden Herzens mitansehen, wie es ihren kleinen Ritter in die Welt hinaustreibt.« Er lächelte mir zu. Seine Lippen wurden breit dabei. »Sagen Sie, erstaunlich träumerischer junger Freund, hat Ihre Frau Mutter – vor des Sohnes Reise in die Welt ritterlicher Hanseaten – Ihnen ein buntes Flickengewand genäht? Stülpte sie ihrem kleinen Parzival – auf dem Weg zur Burg des Gurnemanz – die schellenbehängte Narrenkappe auf?«

Der Mann brachte mich erneut zum Lachen. Ich fand, daß es zum Kringeln war, wie er seine Geschichte vortrug. Zum Kringeln, das war so ein Ausdruck, den ich aus meiner Kindheit kannte. Gustchen Krüger, die Schöne aus Biesdorf, hatte den Ausdruck oft gebraucht.

Der Buchhändler sah auf seine Armbanduhr. »Parzifal sagt Ihnen wohl nicht viel.«

»O doch. Ich nehme an, daß Sie von Richard Wagner sprechen«, sagte ich, »von der Oper *Parsifal.* Man hat uns einmal hineingeführt. Ich glaube, es wurde ›Bühnenweihefestspiel‹ genannt. Darf ich Ihnen die Wahrheit sagen? Ich bin eingeschlafen.«

Er legte den Kopf in den Nacken: »Obgleich es doch so lärmend zugeht! Bei diesem Lieblingskomponisten des großen Führers!«

Ich sagte: »Ja, ich weiß.« Und er sagte: »Mit Wagner hatte ich Sie nicht in Verbindung bringen wollen. Im Gegenteil! Mir war Wolfram von Eschenbach in den Sinn gekommen.«

Ich überlegte, ob er absichtlich auf die Uhr gesehen hatte, und sagte mir: Bring die Geschichte jetzt zu Ende. Erzähl ihm den Rest der Geschichte von Liebeneiner. Und von Hilde Krahl.

Es ist gut gewesen, wie sie da in dem Haus gestanden hatte, bei der Klopstockkirche. Und die Schiebetür war zugegangen. Hinter ihr gab es Kissen. Ein ungemachtes Bett. Dann hatte sie die Tür zugeschoben. Langsam. Ihr Gesicht war eng geworden. Enger. Und am Schluß war nur noch ihre Nase da. Ihr Mund. Ihr Mund hatte gelächelt.

Ein paar Wochen später, auf der Probebühne, war da kein Zeichen des Erkennens auf ihrer Seite. Sie hatte sich nicht daran erinnern wollen, wie ich vor ihr, in dem Zimmer, stand.

»Parzifal, Sie träumen!« Das Bild der Widerspenstigen zerriß. »Wie steht es mit Ihrem Stundenplan?« wollte der Buchhändler wissen. »Wann müssen Sie im Studio sein?«

Am Turm des Militärsenders, auf der anderen Seite der Rothenbaumchaussee, war eine große Uhr. Ich sah, daß mir noch Zeit blieb. Noch gut anderthalb Stunden, und ich sagte dem Buchhändler das auch. Der Mann stand mit gesenktem Kopf in der eisigkalten Luft. Er deutete zur nächsten Straßenecke. »Da vorne, an der Werderstraße, hat im Souterrain eine Kaffeestube aufgemacht. Wir könnten uns zum Aufwärmen an Heißgetränk und Muckefuck ergötzen.«

Das Café hatte sechs Tische. Ein paar alte Frauen wärmten sich die Hände an gelblichen Tassen. In der Mitte des Raumes stand ein Kanonenofen. Daneben lagen kleingehackte Wurzelstücke. Sie waren in Zeitungspapier gewickelt. Aus einem Lautsprecher kam leise Operettenmusik. Ein Tenor sang ›Auch ich war ein Jüngling im lockigen Haar, an Mut und an Hoffnungen rei-hei-heich‹. An einer dunklen Wand stand eine Theke mit zwei gläsernen Vitrinen. Sicher wurde früher einmal Kuchen darin zur Schau gestellt.

Der Wirt sagte, er sei erfreut, Felix Jud zu sehen. Er gab uns einen Tisch bei einem Fenster unter der Rothenbaumchaussee. Über uns liefen Hosenbeine hin und her. Männerhosen. Frauenhosen. Sie waren aus Militärstoffen gemacht, flaschengrün eingefärbt. Alle Hosen waren gleich. Felix Jud bestellte Muckefuck.

Der Wirt beugte sich ein wenig vor. »Ich könnte ein paar echte Bohnen mit hineintun«, sagte er verschwörerisch. Felix hob abwehrend die Hand. »Bedauerlicherweise ist uns ein derart kostspieliger Genuß nicht vergönnt, mein lieber Herr Wollenfleet«, sagte er, »es mangelt uns am schnöden Mammon.«

Der Mann ließ nicht erkennen, was er dachte, und ging davon.

»Würden Sie mir nun die Freude bereiten und die Geschichte mit Ihrem Ritt auf dem Kohlenzug zu Ende bringen?« sagte der Buchhändler. »Wann und in welcher Verfassung haben Sie Ihren Ritter Gurnemanz in der Villa mit den blauen Fensterläden vorgefunden?«

Ich sah den Kopf mit dem nassen Haar über den Tisch hinweg an und dachte mir: Du mußt dich glücklich schätzen. Wer bist du schon, daß so ein Mann sich um dich kümmert.

Es war Anfang Oktober, sagte ich. Das Haus in der Elbchaussee fand ich sofort. Im Wohnzimmer sah ich Frau Krahl. Sie stand zwischen einer Schiebetür. Ihr Mann sagte, er erinnere sich sehr wohl an unseren Pakt, und er werde mir auch helfen, jedoch habe er selbst derzeit noch keinen Vertrag für eine Theaterarbeit, und Filme, wie ich mir selbst ausmalen könne, werde es in den nächsten Jahren für uns Deutsche nicht zu drehen geben. Er nahm sich Zeit und schilderte mir die Lage so: Die Sieger seien derzeit damit beschäftigt, Liebeneiners politische Vergangenheit zu prüfen. Wer einmal von dem Propagandaminister Goebbels zum Chef der Ufa bestellt gewesen sei, dürfe sich darüber nicht beklagen. Der Prozeß habe einen häßlichen Namen: *Entnazifizierung*, doch Liebeneiner sei in dieser Sache zuversichtlich. Dann erwähnte er seine Frau. Ihr sei, so sagte er, bereits eine saubere Weste attestiert worden, auch sein Freund Käutner habe den ›Persilschein‹ erhalten, wie die Leute die Unbedenklichkeitsbescheinigung betiteln, und auf den vorzüglichen Gustav Knuth treffe gleiches zu.

Entnazifizierung. Das Wort ging mir im Kopf herum. Ich sagte mir: Wer sich entnazifizieren lassen muß, kann dir nie im Leben helfen. Aber es sollte anders kommen. Liebeneiner setzte, noch in der gleichen Stunde, ein Empfehlungsschreiben für mich auf. Es war an den Leiter des Schauspielhauses gerichtet, Külüs war sein Name, und mein Gönner sagte, seine Zeilen würden ohne Frage einen Termin zum Vorsprechen erreichen.

Vorsprechen? Ich fragte vor mich hin, was das wohl sei, woraufhin Herr Liebeneiner mich etwas ungläubig betrachtete und den Kopf abwendete. Dann schob er die Schiebetür beiseite und ging an Frau Krahl vorüber zu einem Bücherschrank. Frau Krahl saß am Rand des Bettes. Sie sah nicht auf. Sie war damit beschäftigt, einen Strumpf zu stopfen. Einen Männerstrumpf.

Herr Liebeneiner kam mit drei kleinen, dünnen Heftchen in das Wohnzimmer zurück. Auf den Deckblättern stand ›Reclam‹.

»Hier sind drei Theaterstücke«, sagte er. »Grillparzer, Kleist und Schiller.« In jedem der Hefte strich er eine Stelle an. »Ich markiere jeweils einen Monolog für dich, und zwar: den Küchenjungen Leon in *Weh dem, der lügt,* im *Zerbrochenen Krug* den Ruprecht und in der *Jungfrau von Orleans* den Raoul. Du lernst die Monologe auswendig. Alle drei. Studier dir die Rollen richtig ein! Aber gib acht, daß du sie auch unterschiedlich gestaltest! Der Leon ist ein gewitzter kleiner Kerl, und du mußt den Grillparzerschen Humor zur Geltung bringen. Den Ruprecht hat sich Kleist als einen liebenswerten, etwas tumben Bauernjungen vorgestellt, du mußt also die Sätze so langsam sprechen, wie die Gedanken dieses Burschen laufen. Wenn es nun zu dem Raoul kommt, dann legst du den Charakter heldisch an, und in die Sätze bringst du ein wenig Schillersches Pathos. Der Monolog des Raoul wird zwar vor einer Kulisse gesprochen, die Frankreich andeutet, aber du stellst dir den Boten aus Marathon vor, wie der zu Tode erschöpft Athen erreicht und mit stoßweisem Atem, doch voller Stolz Kunde gibt vom siegreichen Ausgang einer Schlacht, in welcher der Gegner zahlenmäßig weitaus überlegen war.«

Ich stiefelte mit den Heften zum Besenbinderhof. Im Büro gab mir die Dame einen Termin für den nächsten Tag. Um neun. Die Monologe habe ich in der Nacht gelernt, im Bahnhofsbunker, auf der Seite der Kirchenallee. Vor dem Betreten der Schleuse habe ich beide Theater sehen können, die schöne Fassade am Schauspielhaus und den Dachstuhl vom Besenbinderhof, und ich habe mir gesagt, daß das ein gutes Zeichen sei.

Eine Nacht im Bahnhofsbunker war umsonst. Sicher durften sie mir kein Geld abnehmen, weil es ja keine Betten gibt, und wenn man die ganze Nacht auf einem Klappstuhl saß, mußte der Stuhl gratis sein. In meinem Brustbeutel war etwas Geld, einundzwanzig Mark und fünfzig, ich hatte mir das beim Bauern in Wrexen mit Holzhacken verdient, aber ich wußte ja nicht, was die Zukunft bringt, und deshalb war es gut, daß ich von dem Notgroschen nichts rauszurücken hatte.

Morgens um neun war das Theater kalt. Und dunkel. Der Intendant saß unten, zwischen Stühlen, in der Finsternis. Ich stand oben, Bühnenmitte, in der gleichen Finsternis. Herr Külüs sagte, der Strom sei ausgefallen, in der ganzen Stadt. Von hoch oben schien etwas graues Licht auf mich. Herr Külüs sagte: »Im Schnürboden steht wohl ein Fenster offen.«

Ich fand, daß es nicht gut war, so ganz allein in dieser breiten, hohen Dunkelheit zu sein. Im Jahr davor, beim Film, bin ich nie allein gewesen. Auch nicht in solcher Finsternis. Im Jahr davor hatte es immer Augen um mich herum gegeben. Die Augen von Alfred Weidenmann, braun, hinter Brillengläsern, der Kopf seitlich an die Kamera gepreßt. Auch Dietmars Augen waren braun. Und die von Gunnar haben meist gelacht. Wenn ich in Augen sehe, ist das Spielen leicht. Dann hole ich mir aus den Augen, was ich für meine Rolle brauche. Die Bilder, die ich dann vor mir sehe, leben. Und wenn die Bilder leben, dann ist die ganze Sache mit der Schauspielerei ein Kinderspiel.

Nun gut, hab' ich mir gesagt, hier gibt es keine Augen, also fang nu' bloß nicht an zu heulen. Und sofort, noch bevor der Intendant mich »um den baldigen Beginn meines Vortrags bitten« konnte, habe ich gespielt. Als ich den Küchenjungen machte, habe ich, um das Schelmenhafte anzudeuten, ausführlich gegluckst. Den Bauernsohn, der seine Eve liebt, habe ich schleppend sprechen lassen und mit einer tiefen Stimme. Als der Raoul an der Reihe war, bin ich auf die Bühne gestürzt, den Arm hoch in die Dunkelheit gereckt, als wäre da ein Schwert in meiner Hand, und schon von weitem habe ich, wie über Schlachtenlärm hinweg und schwer atmend, die Botschaft in den Saal gebrüllt: »Wir hatten sechzehn Fähnlein aufgebracht, Ritter Beaudricour aus Vauculeur war unser Führer ...« Als der Schluß auf mich zukam, als ich die letzten Sätze nahen spürte, ging ich gemessenen Schrittes zur Rampe vor, weil ich mir dachte, es ist gut, die weite Ebene des Schlachtfeldes in Augenschein zu nehmen, denn ich hatte ja nunmehr zu sagen: »Zehntausend Feinde deckten das Gefild'! Die nicht gerechnet, die der Fluß verschlang. Und von den unseren ward kein Mann vermißt.«

So endete die Sache. Von meiner Stirn lief Schweiß. Aus dem Dunkel unter mir war nichts zu hören. Ich fragte mich, ob der Intendant möglicherweise in sein Büro zurückgegangen sei. Doch dann kam seine Stimme.

»Ungewöhnlich«, sagte die Stimme. »Und äußerst originell. Eine bis zur Stunde nie erlebte – ungewöhnlich originelle – Interpretation der Texte unserer Giganten.«

Ich hörte, wie er sich, die Bestuhlung entlang, durch die Dunkelheit dem Gang entgegentastete. »Wie war doch gleich noch mal der Name?«

»Eberhard Krüger.«

»Aus Berlin.«

»Ja«, sagte ich. »Aus Berlin.«

»Was sich hören lassen kann«, sagte der Intendant. »Selbst auf dem Schlachtfeld von Besançon kann sich die Berliner Herkunft des Raoul durchaus hören lassen.«

In der Breite des Ganges klangen seine Schritte sicherer. »Und wer war denn Ihr Lehrer, wenn ich fragen darf? Wer hat Sie in die Kunst der Interpretation eingewiesen?«

»Herr Florath«, sagte ich und spürte meine Lüge. »Albert Florath.«

»O!« kam die Stimme aus der Finsternis. »Ein berühmter Mann! Ein wunderbarer Mime! Sie können sich glücklich schätzen, daß der vielbeschäftigte Abbi Florath Zeit für Sie gefunden hat.«

»Es war nur wenig Zeit«, sagte ich. »Viele Stunden sind es nicht gewesen.«

»Dacht' ich mir's doch«, sagte der Intendant. Er trat jetzt aus der Dunkelheit heraus. In seiner Hand war das Blatt Papier von Wolfgang Liebeneiner. Er hielt es in das graue Licht zu meinen Füßen.

»Sie werden warm empfohlen«, sagte der Intendant. »Wie wär's, wenn Sie noch ein paar Stunden nehmen würden? Und sprechen in einem Jahr noch einmal bei mir vor?«

Das Gesicht vor mir wurde dunkel. Dann begann es sich zu drehen.

»Das wird nicht gehen«, sagte ich. »Leider. In meinem Brustbeutel sind einundzwanzig Mark und fünfzig.« Durch meine linke Hand lief ein Schmerz. Ein Prickeln. Ich spürte, daß mein Herz langsam ging.

»Haben Sie heute schon etwas gegessen?«

»Nein.«

»Und gestern?«

»Gestern, ja. Bei der Bahnhofsmission. Es gab einen Teller heiße Suppe.«

»Kommen Sie.« Der Intendant ging zu einer hohen Tür. Ich lief hinterher. Die Dame an der Schreibmaschine sah nicht von ihrer Arbeit auf. Das Büro des Intendanten war recht groß und hatte ein Fenster, das mit Brettern zugenagelt war. An einem Haken hing ein Wintermantel. Herr Külüs griff in die Manteltasche und brachte eine Stulle zum Vorschein. Sie war in eine Serviette eingewickelt. Herr Külüs schlug den rotkarierten Stoff auseinander. »Ich habe heute auch noch nichts gehabt«, sagte er. »Hier, nehmen Sie die eine Hälfte.«

Zwischen den beiden Scheiben Brot lag ein Stück Schinken. »Liebeneiner schreibt, Sie seien ganz auf sich allein gestellt.« Ich aß sein Brot und nickte.

»Als Schauspieler kann ich Sie nicht gebrauchen«, sagte der Intendant. »Aber ich kann Sie jeden Abend auf die Bühne stellen. Als Statist. Es gibt drei Mark dafür pro Abend.« Er sah mich an. »Also, was ist? Greifen Sie zu?«

»Und wie!« sagte ich und wischte mir die Hände an der Serviette ab. »Ich greife zu.«

Herr Külüs stieß ein Lachen aus. Er hatte eine helle Stimme. »Es soll junge Leute geben«, sagte er, »die haben vom Inspizientenpult den großen Mimen zugesehen und immer wieder zugesehen, allabendlich. Sie haben abgeguckt und abgeguckt, und aus dem einen oder anderen von ihnen soll tatsächlich etwas geworden sein.«

Damit war meine Geschichte fertig. Ich sah den Buchhändler schulterzuckend an.

Felix Jud sagte: »Bravo!«

Er nahm die Hände aus den tiefen Manteltaschen und führte sie zum Mund. Dann hauchte er auf seine klammen Fingerspitzen.

»Bravissimo!« rief er. »Und das ist es wohl, wie Sie es halten. Zusehen und abgucken, damit aus Ihnen einmal ein neuer Hinz werde oder – Ihrem Typus folgend – eher wohl ein junger Knuth.«

Ich sah in sein Gesicht und zögerte, aber er hatte so ein Licht in den Augen, wie einer, der zuhört, mit Zuneigung, und deshalb sprach ich die Gedanken aus, wie sie mir gerade durch den Kopf liefen. »Herr Jud, darf ich Ihnen sagen, was ich wirklich machen möchte in meinem Leben, als Beruf?«

»Nur zu. Ich bin ganz Ohr.«

»Schreiben.«

Das gutmütige Gesicht zeigte Erstaunen.

»Vor vier Jahren habe ich mit dem Schreiben angefangen, ich erzähle Geschichten, auf Papier, und mein Traum ist es, gedruckt zu werden, eines Tages, doch das ist sicherlich sehr viel verlangt.«

»Es hängt davon ab, wie gut Ihre Geschichten sind«, sagte der Buchhändler.

»Ich weiß nicht, ob sie gut sind.« Das war die Wahrheit. »Ich habe sie in Sonthofen zurückgelassen.«

Der Buchhändler war nachdenklich geworden. »Es wird in diesen Tagen viel von einem jungen Schauspieler gesprochen, der nach Hamburg zurückgekehrt ist. Wolfgang Borchert ist sein Name. Er ist nicht nur schwer verwundet von der Front heimgekehrt – er kam auch aus einem Nürnberger Gestapogefängnis, zu Tode geschunden, in seine Vaterstadt zurück. Es heißt, daß er nicht lang zu leben hat. Eine offene Tuberkulose scheint ihn zu vernichten. Ich habe Gedichte von diesem Wolfgang Borchert gelesen. Sie sind sublim. Hier spricht ganz einfach ein Genie. Der Gedichtband wird im nächsten Jahr erscheinen.«

Felix Jud sah zum Fenster hoch. Es ging jetzt kein Mensch mehr daran vorbei. Schneeflocken wirbelten jetzt durch den Himmel.

Der Buchhändler sagte: »Eine gute Bekannte hat mir anvertraut, daß dieser junge Mann mit der Arbeit an einem Theaterstück begonnen hat, es soll darin um Kriegsgeschehen gehen und um die Rückgabe einer unmenschlich belastenden Verantwortung.« Er sah mich an. »Man darf gespannt sein.«

»Herr Jud«, sagte ich, »wenn Sie das so erzählen, verläßt mich der Mut. Rückgabe der Verantwortung. Ich weiß sehr wohl, welche Qual dahintersteckt. Aber es ist mir nicht der Gedanke gekommen, so etwas Quälendes zu schreiben.«

Felix sagte: »Sie sind noch sehr jung. Es wird sich alles fügen. Außerdem ist abzuwarten, wie die Zeitläufte sich entwickeln.«

»Ich weiß«, sagte ich, »die meisten Druckmaschinen sind zerbombt. Im Theater haben sie davon gesprochen. Und was nicht zerbombt ist, wird demontiert und nach England geschafft.«

»Wissen Sie, ein besiegtes Volk tröstet sich mit dem Gerücht«, sagte Felix Jud. Er schloß die Augen. Dann sagte er: »Draußen, auf der Straße, waren Sie im Begriff, vom Abhören sogenannter Feindsender zu berichten. Wie alt waren Sie, als Sie damit in Berührung kamen?«

»Fünfzehn«, sagte ich. »1943 ist das gewesen, in den Ufa-Studios, und es war abenteuerlich, wie diese Schauspieler zusammenhielten. Wie verschwiegen sie waren. Auch mich ließen sie schwören, kein Sterbenswort darüber zu verlieren, daß wir jeden Abend London hörten. Oder Beromünster. Beim Abhören hatten wir den Volksempfänger – und uns selbst – mit Decken zugehängt.«

Felix hob die Augenbrauen hoch. »Ein Adolf-Hitler-Schüler! Und stößt auf Widerständler! Wie ungewöhnlich.«

»Ja«, sagte ich. »Aber, Herr Jud, ich möchte nicht darüber reden.«

Ich sah in seine runden Augen. Der Mann nahm den Blick nicht aus meinem Gesicht. »Sie erwähnten einen Personaloffizier«, sagte er, »einen Engländer, drüben im Sender. Sie erwähnten ein Streitgespräch. Und ein Versprechen. Sie wollten ein Versprechen eingelöst bekommen…«

»Es war das Versprechen, uns zu befreien, verstehen Sie?«

»Nein. Bedaure.«

»Der englische Personaloffizier da drüben hat mich angefaucht. Auf deutsch. Er hat sich angehört wie ein Berliner. Aber aus einer vornehmen Gegend, Wannsee oder so. Er hat gefaucht.«

»Was hat er gefaucht?«

»›Wieso kann einer, der in Sonthofen gewesen ist, ein Sohn des Führers sozusagen… wieso kann der sich wohl erdreisten, von der Militärregierung eine Arbeitserlaubnis anzufordern?‹ Ich habe nichts gesagt. Dann hat er gebrüllt.«

»Was hat er gebrüllt?«

»›Das Gegenteil werde ich tun!‹ hat er gebrüllt. Und daß er jetzt dafür sorgen wird, daß ich auch nicht länger auf eine Bühne darf. Nicht mal als Statist.«

»Erstaunlich«, sagte Felix Jud. »Und auf welche Weise haben Sie ihn umgestimmt?«

»Ich weiß es nicht. Es kann sein, daß ich auch gebrüllt habe.«

»Nicht möglich!«

»Ich hatte Angst vor dem Mann.«

»Weil er Engländer ist?«

Ich schüttelte den Kopf. »Weil er Offizier ist. Weil er mich angebrüllt hat. Weil Offiziere mich immer angebrüllt haben. SS-Of-
fiziere. Erzieher auf der Ordensburg. Aber auch schon früher habe
ich die Angst verspürt, beim Jungvolk, vor dem Fähnleinführer.
Die Angst ist etwas gewesen, womit ich habe zurechtkommen müssen. Damals. Und jetzt wieder. Der Engländer war Offizier. Und
hat gebrüllt. Es hatte sich also nichts geändert.«

»Das ist schlimm«, sagte Felix Jud. »Es ist bedauerlich, wenn
Sie es so sehen.«

»Der Offizier hat mich verurteilt«, sagte ich. »Sie können es mir
glauben, daß sich nichts verändert hat.«

»Verurteilt?« Der Buchhändler wollte mir jetzt nicht mehr glauben. Ich konnte das an seinen Augen sehen. »In welcher Hinsicht
hat der Engländer eine Verurteilung ausgesprochen?«

» Die Verurteilung war, daß ich nicht mehr auf die Bühne durfte! Der Offizier hat mir die drei Mark am Abend als Statist verboten!«

»Das allerdings...«

»Wie sollte das denn gehen, Herr Jud? Wie sollte ich dann meine Miete zahlen? Ich habe eine winzige Kammer, ohne Heizung,
mit einem Liegestuhl als Bett. An der Tapete hängt oft Eis. Wenn
ich schreiben will, wärme ich meine klammen Finger über einer
Kochplatte. Nachts, zum Schlafen, ziehe ich mir Vaters Mantel an.
In der S-Bahn, auf dem Weg zur Probe, krampft der Magen. Weil
es für mich kaum was zu essen gibt. Und warum? Wegen der Militärregierung! Für die gilt ›Statist‹ nicht als Beruf. Also – wer keinen Beruf hat, bekommt auch keine Lebensmittelkarte. Ohne die
Abschnitte auf der Lebensmittelkarte gibt es kein Brot zu kaufen.
Nicht eine Scheibe Wurst. Keinen Zucker. Keinen Malzkaffee.
Hinter dem Hauptbahnhof, in der Steinstraße, ist eine Kneipe. Da
gibt mir eine Frau nach der Probe eine Suppe, ohne Marken. Spi-
natsuppe. Oder Steckrüben. Bei der Frau kriege ich auch rote Bete
ohne Marken. Das ist alles, was ich esse. Seit ich in Hamburg bin.
Nun ist das aber so: Umsonst gibt es die roten Bete in der Keller-
kneipe nicht! Ohne die drei Mark kommt keine Suppe in den Teller. Also habe ich dem Engländer gesagt, daß er mich verhungern
läßt, und er hat gefaucht, daß ich Steine klopfen gehen soll. Aus

Siebzehn Jahre.
Ohne Zukunft

den Trümmern Steine bergen, so wie andere Nazis auch! Denn wenn einer Steine klopft, steht ihm eine Lebensmittelkarte zu.«

Ich schüttelte den Kopf und sah über die Rothenbaumchaussee hinweg zu dem Schild neben dem Portal: Radio Hamburg. Britische Militärregierung.

»Steineklopfen«, sagte ich dann. »Ist das vielleicht ein Beruf? Soll ich Steineklopfer sein für die nächsten fünfzig Jahre?«

»Eine deutsche Tragödie«, sagte Felix Jud, »aber von Kleist geschrieben. Nicht von Theodore Dreyser.« Er wischte mit den Händen über den Tisch. »Doch sagen Sie, wie haben Sie den Engländer umgestimmt? Sagen Sie es schnell!«

»Ich habe ihn an das Versprechen von der BBC erinnert: Wir kommen euch befreien! So hat es geheißen. Erst vernichten wir Hitler und seine Helfershelfer, und dann machen wir euch Deutsche frei.«

»Und das hat ihn veranlaßt, seine Beurteilung Ihrer Person zu revidieren?« fragte Felix Jud.

»Nein. Er war empört. Nach wie vor. Er wollte, daß ich sein Büro verlasse. Da habe ich gewußt, daß er ein Verbot ausgesprochen hatte. Und das war dann der Schlußpunkt.«

»Schlußpunkt?«

Ich nickte. »Der Engländer hatte mir das Leben verboten.«

Der Buchhändler sagte nichts mehr. Aber ich glaube, in seinen Augen war ein Lächeln. Ich sah in meine Tasse und sah zum Fenster hoch und fand es schwer, etwas über Tränen zu sagen. Über meinen Zorn. Und das Weinen. Über mein Schluchzen in dem englischen Büro. Ich sagte mir, von dem Schluchzen erzählst du nie etwas. Nie und niemandem. Von deiner Scham, auf dem Weg zur Tür, sagst du nichts. Und auch nicht von dem Umdrehen. Zu dem Engländer hin. Von deinem Zorn auf ihn. Und auch nicht, wie du deinen Zorn hingebrüllt hast zu dem Mann. Laß die Tränen weg, aber sag sonst alles, wie es gewesen ist.

»Sehen Sie, Herr Jud«, sagte ich dann, »es läuft alles auf den Vertrauensbruch hinaus. Der Offizier hat mich rausgeworfen, und auf dem Weg nach draußen hab' ich ihm trotzdem noch gesagt, was ich von ihm und seinen Leuten halte: ›Ich habe Ihren Propagandasendungen vertraut‹, habe ich ihm gesagt. ›Ihre Truppen werden mich befreien, so hat die BBC es versprochen. Und die Tradition der Engländer wird es sein, die mir die Freiheit bringt. Wie aber sieht nun diese Freiheit aus? Die Engländer verbieten mir die Arbeit. Sie ziehen mir die Zukunft unter den Füßen weg, als wär's ein alter Teppich. Und Sie sorgen dafür, daß ich nicht mal eine warme Suppe kriege. Wenn das die Freiheit ist‹, habe ich dem Engländer gesagt, ›dann kann ich sie nicht brauchen. Es wäre mir lieber, die Engländer wären niemals hergekommen.‹«

»Das sind harte Worte«, sagte der Buchhändler. »Ohne die Engländer wären wir Anti-Nazis noch immer in Neuengamme eingesperrt.«

Ich nahm die Hände vom Tisch. Es gab nichts mehr zu sagen. Oben, vor dem Fenster, fuhr ein Lorrie der Briten vorüber. Danach kam ein Autobus heran. Ein Opel Blitz. Er war mit Menschen voll besetzt. Zwischen seinen Schlußlichtern hing ein Holzkohleofen. Ich mußte an einen Erzieher in Sonthofen denken, wie der die Formel an die Tafel schrieb, nach der Rauch von Holzscheiten oder Koks die traditionelle Mischung von Benzin und Sauerstoff im Vergaser ersetzt, doch verstanden hatte ich die Sache nicht.

»Ich frage mich«, sagte Felix Jud, »wie ein junger Mensch mit der Tatsache fertig wird, daß so ein Engländer es schwer hat, die Spreu vom Weizen zu unterscheiden. Schuldige von Unschuldigen. Würden Sie mir sagen, was die nächsten Tage für Sie brachten?«

»Dunkelheit«, sagte ich. »Leere. Einen völlig leeren Kopf. Ich lag auf dem Liegestuhl in meinem Zimmer und starrte Löcher in die Decke und sagte mir, also dann kletter wieder auf einen Kohlenzug und laß dich zurückrattern zu dem Dorf, aus dem du mal gekommen bist. Ein Onkel von mir arbeitet da in einer Papierfabrik. Ich dachte mir, eine Lehrstelle in der Papierfabrik ist besser als in Ruinen Steine zu klopfen, doch dann hat mich der Personaloffizier in sein Büro bestellt und gesagt, die Arbeit sei mir hiermit zugestanden. Allerdings werde er ab jetzt ein strenges Auge auf mich haben. Und dann hat er noch etwas hinzugefügt, was mir gefallen hat.«

»Und was war das, wenn man fragen darf?«

»Er hat gesagt: ›Wir Engländer werden dafür sorgen, daß ihr Deutsche nie wieder eine Waffe in die Hand zu nehmen wagt!‹«

»Und das hat Ihnen gefallen?«

»Ja. Ich habe das dem Offizier auch gesagt.«

»Was haben Sie ihm gesagt?«

»Kann ich das bitte schriftlich haben.«

Der Buchhändler lachte laut auf. »Und dann?«

»Erst hat er mich streng angesehen. Doch dann hat er mir die Arbeitserlaubnis in die Hand gedrückt. Es war ein kleines, grünes Blatt Papier.«

Ich dachte mir, nun ist alles gesagt, warum stehst du nicht auf und gehst rüber in den Sender.

»Ich frage mich, ob es ein Akt der Beichte war, als Sie dem Briten Ihre Jahre in der Eliteschule offenbarten«, sagte er. »Kann es sein, daß Sie Absolution von ihm erhofften?«

»Unsinn«, sagte ich. Und erschrak. »Verzeihen Sie, daß ich so mit Ihnen rede.«

Er wischte meinen Satz mit der Hand beiseite. »Sie hätten lügen können…«

»Alle lügen«, sagte ich. »Alle, die hier über die Straße gehen.«

»Sie hätten sagen können, Sie seien als Kind den Verblendern in Sonthofen übergeben worden und ein Kind trage keine Verantwortung für die Entscheidung seiner Eltern. Ebensowenig wie für die Befehle der Mächtigen.«

Er sah mir zu, wie ich den Kaffee trank, und wartete auf Antwort. Als keine kam, sagte er: »Sie hätten Ihre Haut retten können.«

»Das ist es ja eben«, erwiderte ich, »alle retten nur noch ihre Haut. SS-Leute lassen sich von Zahnärzten die tätowierten Blutgruppen unter ihren Armen wegmachen. Immer wieder höre ich die Leute sagen: Was hätte ich als einzelner schon tun können? Ob einer sechzig ist oder dreißig, keiner ist dabeigewesen. Ich treffe kaum jemanden, der in der Partei gewesen ist. Und wenn, dann war er nur drin, weil er eine Familie zu ernähren hatte. Oder er mußte eine halbjüdische Verwandte schützen. Wo sind denn bloß die Frauen, die sich noch daran erinnern können, wie sie hysterisch Heil! Heil! Heil! riefen und sich ein Kind vom Führer wünschten? Und ich möcht' auch gern mal wissen, wer alle diese Fackelträger waren, am 30. Januar 1933, unter dem Balkon von Hindenburg und Hitler, wenn es sie heute nicht mehr gibt. Ein Volk von Schlappschwänzen ist das geworden!«

Der Buchhändler lachte hell auf. »Das klingt grad so, als wären Sie angewidert von diesem Volk der kleinen Geister.«

»Ja. Bin ich. Angewidert. Was ist denn schon dabei, wenn einer aufsteht und sagt: Ja, ich habe daran geglaubt, an Hitler und wie er die Arbeitslosigkeit beseitigt hat. Oder: Ich habe an ihn geglaubt, weil er Gesetz und Ordnung unter die Leute gebracht hat. Aber ein Verbrechen an meinen Mitmenschen habe ich deshalb noch lange nicht begangen!«

»Lieber junger Mensch, in Zeiten der Furcht ist Würde eine Seltenheit.«

Ich stellte mich ans Fenster und versuchte die Uhr am Sender auszumachen. Es war Zeit zu gehen. Ich kramte meinen Brustbeutel aus dem Militärhemd hervor, aber Felix Jud wehrte ab. »Ich habe viel gelernt an diesem Nachmittag«, sagte er. »Der Muckefuck ist meine Sache.« Er legte einen kleinen Geldschein auf den Tisch. »Sie wissen, wo meine Bücherstube zu finden ist.

Ihnen eine Arbeitsstelle zu offerieren, lassen meine Verhältnisse nicht zu, es ist jedoch meist angenehm geheizt, und wenn Sie wollen, werden wir während des Wartens auf die verehrungswürdige Kundschaft gemeinsam das eine oder andere literarische Werk aufschlagen.«

Auf den Stufen nach oben zum Bürgersteig sagte er: »Ich möchte, daß Sie Tucholsky für mich lesen, *Mutterns Hände.* Sie könnten mir auch den *Prinzen von Homburg* vortragen, jung genug dafür sind Sie ja, und im fortgeschrittenen Zustand Ihrer Bildung lesen wir den *Ulysses* von James Joyce, mit verteilten Rollen.«

Wir gingen von der Werderstraße fort in Richtung Klosterstern. Die nasse Kälte schlug uns ins Gesicht. Wir zogen unsere Köpfe tief in die Mantelkragen ein. Felix sagte unverhofft: »Der Tag wird kommen, an dem Trümmerweiber wieder leichte Sommerkleider tragen.« Er deutete mit dem Kopf zur anderen Straßenseite hin. Ein junges Mädchen lehnte an einem Bretterverschlag. Sie hatte sich in eine Pferdedecke gewickelt. Neben ihr stand das Schild der Bushaltestelle. Ich kannte das Mädchen. Ihr Name war Thessie Kuhls. Ich fand sie hübsch, blond und spindeldürr. Sie arbeitete als Sprecherin im Sender. Felix sah zu ihr hin und sagte: »Ein halbes Jahr vor der Verhaftung hat mir meine Frau einen Sohn geboren. Anfangs habe ich jeden Tag an sie gedacht. Dann verwischte sich die Erinnerung. In ihr lebte nicht mehr nur die eine Frau. Und es entstand die wahre Qual in den Jahren meiner Unfreiheit. Tag und Nacht und Tag und Nacht, auf Ewigkeit war ich fort von dem, was Rilke ›die warmen Kleider schöner Frauen‹ nennt. Nur noch in meinen Tagträumen war mir gestattet, zu berühren, was mich in meinen jungen unbekümmerten Jahren fast zum Wahnsinn getrieben hatte: die zarten Brüste einer Frau, ein fester Rücken, ein hingestreckter Bauch, zwei schlanke Schenkel, das Tor zum Paradies.«

Wie er das so sagte, mochte ich den Mann nicht. Es war eine Sache, wenn ich in meiner dunklen Kammer eine Nacktheit vor mir sah, die eine Frau mit ihrem langen weißen Kleid vor mir verbarg. Doch es war eine andere Sache, wenn dieser Buchhändler bei Tageslicht und mit Worten ungeniert den Körper einer Frau beschrieb.

Ein paar Schritte weiter sagte ich zu mir, es ist besser, wenn du nicht übertrieben kritisch bist. Denn, wen gibt es sonst in deinem Leben? Wer fragt dich Fragen? Wer spricht zu dir? Wer hört dir zu? Keiner. Niemand. Eben. Es ist besser, ihm nicht übelzunehmen, was er da über Frauen sagt.

Von nun an trafen wir uns öfter. Sein Sohn und seine Frau waren nie dabei. Auch seine beiden Töchter nicht. Warum das so gewesen ist, kann ich nicht sagen. Gut war, daß ich nicht mehr von mir erzählen mußte. Jetzt ging die Sache andersrum. Jetzt war es Felix, der erzählte.

»Es war Anfang der goldenen zwanziger Jahre«, sagte er, »als dieser junge Thüringer mit Namen Felix Jud aus dem Erzgebirge sich in das verwirrende Leben großer Städte wagte und auf Vernissagen den Gemälden von Paul Klee und Franz Marc begegnete. Es war die Zeit, als der junge Zuckmayer seine ersten Stücke schrieb, als Erwin Piscator und Max Reinhardt in Berlin großes Theater machten und eine nackte braune Schönheit namens Josephine Baker in erregenden Tänzen zu sehen war.«

Jedesmal, wenn er diese Jahre schilderte, sprach er von sich in der dritten Person Einzahl. Er wollte sich noch einmal durch die Bilder seiner jungen Jahre laufen sehen. Denn das seien die schönsten Jahre im Leben dieses Felix Jud gewesen, als er kaum vierundzwanzig Jahre zählte, aber doch schon an den Colonnaden die Tür zu seiner ersten Bücherstube öffnete und die Passanten wortreich wie ein Rattenfänger vor seine langen Reihen Bücher lockte. Er schwelgte von einem ungezwungenen Leben mit Musik von Louis Armstrong, Tschaikowski, Hindemith, von Sommern voller Erotik am Strand der Insel Hiddensee und von winterlichen Künstlerfesten im Curiohaus, wenn die Hamburger Deerns sich alles andere als steif und prüde zeigten.

Manchmal, bei seinem Schwelgen über eine unvergleichbar schöne Zeit, habe ich mich erinnert, wie Hans Söhnker über die goldenen Zwanziger anderes zu berichten hatte. Da war von Straßengefechten die Rede, zwischen Reichswehr und einem Bund mit Namen Spartakus, und deshalb habe ich Felix einmal gefragt, wie das hineinpassen sollte in sein Bild der schönen Künste, wenn sich zur gleichen Zeit SA-Männer und Kommunisten auf offener Straße mordeten.

Er hatte seinen Zeigefinger an die lange Nase gelegt und sich daran erinnert, daß der junge Erzgebirgler die Kämpfe zwischen Reichswehr und Kapp-Putschisten ebenso hingenommen hatte wie die Prügeleien auf den Straßen: als etwas Unvermeidliches nämlich, wenn so eine verletzlich zarte Blume, wie die Demokratie es nun mal ist, auf dem Boden einer deutschen Geschichte wachsen soll. Auf einer Geschichte, die seit Hunderten von Jahren nichts als Despoten kannte, verschwenderische Monarchien und eine Gehorsam heischende Obrigkeit.

An einem anderen Tag habe ich ihn gefragt, ob Hitler je in Hamburg war, und Felix gab zur Antwort, daß der hohe Besuch einmal stattgefunden habe. Hitler sei bereits Reichskanzler gewesen. Er habe vom Hamburger Rathaus, vom Balkon, gesprochen. Der junge Buchhändler sei hingegangen, sagte er, sein Kopf hatte ihm vor Schmerz zerspringen wollen. Diese grausame Stimme! Das Metallische in ihr! Und die Grammatik! Österreichisch, ungehobelt, fehlerhaft! Dieser Mangel an Ästhetik! Und die braunen Uniformen in der Menge, neben ihm, dem jungen Ästheten. Schweißige Männer. Ungewaschen. Stinkend. Nach Bier und Schnaps und Zigaretten stinkend. Es hatte sich ihm der Magen umgedreht.

Ein andermal, als er von Thomas Mann erzählte, habe ich Felix Jud gefragt, warum er Deutschland damals denn nicht verlassen habe, und zu seiner Antwort hat er wehmütig genickt. »Ich weiß es wohl. Auch Ernst Rowohlt hat mich das gefragt, bevor er ausgewandert ist. Ich hab' es nicht zuwege gebracht, und zwar der Sprache wegen. Ich liebte diese deutsche Sprache. Es war die Sprache meiner Bücher. Das Englische und das Französische sind mir bis heute nicht geläufig.« Er seufzte. »Und so bin ich denn geblieben. Zur Strafe habe ich mitansehen müssen, wie sie zertrampelt worden ist, die zarte Blume Demokratie. Das Erwachen aus dem süßen Traum von Kunst und Freiheit ist fürchterlich gewesen. Das Erwachen ist in einem Kino über mich gekommen.«

»In einem Kino?«

Felix nickte. »Beim Betrachten der Wochenschau.«

Als er das sagte, hatte er einen Zug von Bitternis um den Mund. »Lach nur über mich«, sagte er, »es ist tatsächlich so gewesen, gleich 1933, als ich mir die Wochenschau betrachtete und Deutsche sah, die einen Scheiterhaufen angezündet hatten. Sie warfen die Werke unserer großen Dichter auf den Scheiterhaufen. Ich mußte mitansehen, wie die Flammen nach den Büchern von Franz Werfel griffen, nach den Büchern von Erich Kästner, Stefan Zweig, Christian Morgenstern, Kurt Tucholsky und vielen, vielen anderen. Ich war erst vierunddreißig Jahre alt und vermeinte dennoch, mein Dasein sei an seinem Ende angekommen. Im Grunde war es das wohl auch, das Ende. Es scheint, als hätte ich das Ende mit eigenem Bemühen herbeigeführt. An einem Vormittag, als ich vom Verhör bei der Gestapo kam, war mein Gemüt recht finster. Ich habe ein Plakat bemalt und bin mit dem Plakat am Bollerwagen durch die Innenstadt gezogen, auf das Plakat hatte ich geschrieben: ›Jud bleibt Jud.‹

Die Zeit bis zur Verhaftung ist in meiner Erinnerung wie eine große Nebelbank. In verwischten Konturen sehe ich an manchen Tagen einen blauen Halmastein im Knopfloch meiner Jacke stecken, und wer mich nach der Bedeutung dieser ungewohnten Dekoration fragte, erhielt zur Antwort: ›*Pour les Semites.*‹

Das Ende meines verträumten Lebens stand bevor. Es wurde mir von einem zynischen Schicksal durch das Gesicht einer Künstlerin verkündet. Als mich die Schergen holten, kam uns im Treppenhaus Inge Meysel entgegen. Das Entsetzen in ihren Augen habe ich mit mir in die Zelle nach Fuhlsbüttel genommen. Der Rest, wie Shakespeare sagt, ist Schweigen.«

Anfang November probten wir im Besenbinderhof das Weihnachtsmärchen. Herr Külüs entschied, daß wir *Schneewittchen* gaben. Ich hatte in dem Stück einen Satz zu sagen. Im letzten Akt. Genau gesagt, war es ein halber Satz. Es war der erste halbe Satz, den ich auf einer Bühne sprechen durfte. Er lautete: »... für den edlen Prinzen!« Vor dem Satz mußte ich lange in der Gasse warten. Auf der Bühne lag Schneewittchen. Sie hatte noch ein Stück von dem vergifteten Apfel im Mund. Aber das konnten die Kinder im Saal da noch nicht sehen. Das Apfelstück fiel Schneewittchen erst später aus dem Mund. Erst mußte der Prinz die vermeintlich Tote küssen. Dann fiel das Apfelstück heraus. Den Prinzen spielte Hermann Genschau. Er war der jugendliche Held am Schauspielhaus. Ich machte seinen Hellebardenträger. Der

Garderobier hatte mir ein grünes Wams gegeben. Dann gab es noch einen zweiten Hellebardenträger, er hieß Alfred Etzold und trug ein gelbes Wams. Schneewittchen lag in der Bühnenmitte aufgebahrt. In einem Sarg aus Glas. Ich fragte mich, wo die Bühnentischler das Glas aufgetrieben hatten, denn die meisten Fenster in der Stadt waren mit Brettern zugenagelt. Um den Sarg herum trauerten die sieben Zwerge. Der älteste Zwerg wurde von dem Schauspieler Kurt Condé gegeben. Wenn Herr Condé laut aufschluchzte und die Hände vors Gesicht schlug, hatte Alfred Etzold aufzutreten. Er stieß die Hellebarde auf den Waldboden und rief: »Macht Platz…« Woraufhin ich die Bühne betrat, ebenfalls meine Hellebarde in den Boden rammte und Etzolds Satz mit den Worten beendete: »… für den edlen Prinzen!« Nun betrat Herr Genschau die Szene. Er tat dies gemessenen Schrittes, kniete vor der schönen Toten nieder, machte seinem Schmerz durch einen lauten Seufzer Luft und küßte das geliebte Mädchen. Der Rest der Szene ist bekannt. Nach dem Happy-End sangen wir ein Weihnachtslied. Alle. Das Liebespaar, die Zwerge und die beiden Hellebardenträger. Wir sangen dreistimmig. Dann trat Knecht Ruprecht auf die Bühne, und der Vorhang fiel.

Die Adventszeit war gut für mich. Der Garderobier hatte aus dem Wald bei den Alsterdörfern einen Tannenzweig für die Statistengarderobe mitgebracht, und weil der Requisiteur eine elektrische Kerze dazustellte, kam Weihnachtsstimmung in den Raum mit dem langen Tisch vor nackten Spiegeln. Der andere Grund war mein erster halber Satz im Märchen. Der Statistenobmann sagte: »Wer eine Sprechrolle hat, erhält eine Mark mehr.« Dann zählte er sieben Mark vor mich hin. »Vier Mark für *Schneewittchen* am Nachmittag«, brummelte er, »und abends drei Mark für *Volpone.*«

Alfred Etzold sagte: »Heute nacht lebe ich verschwenderisch. Auf'm Weg nach Hause kauf' ich mir 'ne Zigarette.« Ich sagte, daß er dann nur noch eine Mark für zu Hause hätte. »Für eine englische nehmen die Tommies dir sechs Mark ab.« Aber Etzold zuckte mit den Schultern. »Na wenn schon.«

In dem Monat traf ich Felix oft in der Kaffeestube Rothenbaum, Ecke Werderstraße. Auf jedem Tisch stand eine kleine Kerze. Sie waren auf Untertassen festgetropft. Die Kerzen waren kurz und dick und vielfarbig. Felix sagte: »Das nennt man ›marmoriert‹.«

»Ich habe sie zusammengegossen«, sagte der Wirt. »Meine Frau hat im Luftschutzkeller einen Schuhkarton gefunden. Das Ding war voll mit Kerzenstummeln.«

Felix wartete, bis der Wirt gegangen war. Dann sagte er: »Es wird Zeit, daß wir mit deinen Nachhilfestunden in deutscher Literatur beginnen. Du sollst endlich alle Bücher lesen, die Hitler dir verboten hat. Oder denkst du darüber anders, mein junger Eberhard?« Er beugte sich zu seiner Aktentasche hinunter und nahm ein Buch heraus.

»Ich habe meinen Namen geändert«, sagte ich. »Drüben, im Sender.«

Felix sah mich fragend an.

»Von Eberhard zu Hardy«, sagte ich.

»Hardy…«

Ich nickte. »Abgekürzt«, sagte ich. »So wie Wilhelm zu Willi. Oder Rudolf zu Rudi.«

»Tatsächlich«, sagte er, »und warum?«

»Beim Jugendfunk sind Briefe angekommen. Aus der Sowjetzone. Einige Leute wollen wissen, ob ich der Eberhard Krüger aus Berlin-Biesdorf bin, der nach Sonthofen gegangen ist.«

»Ja aber… wie können die Leute…«

»Ganz einfach«, sagte ich. »Am Ende einer Sendung werden die Namen der Sprecher genannt. Und jetzt fragen sich die Hörer, wie viele Eberhard Krügers es in der britischen Zone wohl so gibt.«

»Ach so ist das«, sagte Felix Jud, »aber du hast dir doch nichts zuschulden kommen lassen.« Er hielt das Buch aus seiner Aktentasche versonnen in seinen Händen. »Oder?«

»Nein«, sagte ich, »aber der Leiter vom Jugendfunk, er heißt übrigens Gustav Döring, meint, das hat uns gerade noch gefehlt, daß die Sowjets ihre Nasen in unsere britischen Angelegenheiten stecken.«

»O, jetzt begreife ich«, sagte Felix.

»Und außerdem habe ich den Namen Eberhard nie leiden können. Ich mußte nur deshalb damit rumlaufen, weil mein Großvater so hieß.«

Felix sagte: »Das ist natürlich eine andere Sache.«

Der Wirt brachte die Kanne Muckefuck und goß ein. Felix

lächelte. Es war ein breites Lächeln. Felix hob seine Tasse. »Hardy Krüger«, sagte er leise. »Ich trinke auf die Stunde deiner Geburt.«

Wir ließen die Tassen aneinanderscheppern und tranken. Das Zeug war bitter. Ich frage mich noch immer, warum wir Geld dafür gegeben haben. Felix mochte den Ersatzkaffee. Daran hat es wohl gelegen. Er sagte: »Eines Tages wird es wieder richtigen Kaffee geben. Kaffee und Literatur, die beiden gehören nun einmal zusammen.« Er schloß die Augen und nahm noch einen Schluck. »Frag mich einmal«, sagte er dann, »vermittels welchen Lehrmaterials wir deine Nachhilfestunden bestreiten wollen?«

»Vermittels welchen Lehrmaterials wollen wir meine Nachhilfestunden bestreiten?«

»Mein lieber, neugeborener Hardy! Du sitzt einem Piraten gegenüber, der vor vielen Jahren, und bei Nacht und Nebel, seine Schätze aus den Regalen der Bücherstube nahm und sie in eisernen Truhen im Erdreich vergrub. Unauffindbar hat er sie vergraben, verstehst du wohl? Unauffindbar für seine Feinde! Für Grobiane, die braune und schwarze Uniformen trugen. Der Pirat hat sie im Holsteinischen vergraben, in der schlauen Annahme, daß die feindseligen Grobiane auf der Suche nach dem unermeßlichen Schatz den Garten eines Mietshauses am Hamburger Klosterstern umpflügen würden. Und so geschah es auch. Als die Kerle nichts fanden, steckten sie den Piraten in ihr Verlies und warfen den Schlüssel fort. Doch es kamen Retter, die den Schlüssel fanden, freundliche Heere aus anderen Ländern. Sie hängten die Grobiane in einer Stadt mit Namen Nürnberg an sehr hohe Galgen. Als das geschehen war, wanderte der Pirat ins Holsteinische und grub die Truhen mit seinen unschätzbaren Werten aus.« Er legte das Buch, das er sorgsam in den Händen gehalten hatte, neben die Kerze. Es sah abgegriffen aus. Zerfleddert. Oft gelesen. Unansehnlich. Auf dem Deckel waren schimmelige Flecken.

Felix sagte: »*Schloß Gripsholm*«. Er legte beide Hände auf das Buch. »Tucholsky war Jude. Ein Berliner Original. Deine Berliner Kodderschnauze erinnert mich an ihn. Tucholsky hat die Nazis mit seinen Schriften bereits bekämpft, als Hitler noch in stinkigen Münchner Bierkneipen seine gefährlichen Ideen unter die ersten seiner Anhänger brachte.«

Felix schlug das Buch auf. »Es ist ein Liebesroman, ein auto-
biographischer. Die Geschichte ist in einer Ferienreise in Schweden angesiedelt. Schweden hatte es Tucholsky angetan. Als die
Nazis die Weimarer Republik zertrampelten, rettete er sich dorthin. Zwei Jahre später brachte er sich um, in Schweden, aus Heimweh, wie ich glaube. Tucholsky muß gedacht haben, daß dieser
größenwahnsinnige Österreicher nie mehr aus Deutschland zu
vertreiben ist.«

Mein Lesenlernen bei Felix Jud hatte begonnen. Er war ein Lehrer, der nicht lehrte. Was ich zu lernen hatte, mußte ich mir in den
Büchern selber suchen.

Im ersten Winter meiner Begegnung mit einer unbekannten
Welt gab es keine Biographien über unsere toten Literaten, und
die Überlebenden hatten ihre Memoiren noch nicht verfaßt. Beim
Lesen entstanden in mir viele Fragen. Ist Thomas Mann vertrieben
worden? Oder ging er seines Gewissens wegen ins Exil? Warum ist
Erich Kästner in Berlin geblieben? In welchem Land hat Lion
Feuchtwanger seine Trilogie *Der Wartesaal* geschrieben? Ich gab die
Fragen an Felix weiter. Und lauschte seiner Antwort. Immer wie-
der. Stundenlang. Und sagte mir, ein Student im Hörsaal der Universität kann kaum das lernen, was ich hier erfahre.

Felix hatte nicht nur Belletristik im Holsteinischen vergraben.
In den Schatztruhen war auch seine Bibliothek über den Ersten
Weltkrieg und die Weimarer Republik. Selbst Flugblätter hatte er
gesammelt. Manche waren grün verschimmelt. Ich fand ein Doku-
ment über die Abstimmung im Reichstag über Hitlers Ermächtigungsgesetz. Fast alle Konservativen hatten mit Ja gestimmt. Hitlers Sturmabteilungen hatten den Plenarsaal umstellt, und die
Abgeordneten fürchteten um ihr Leben. Mit Erregung las ich, wie
die Sozialdemokraten Mut bewiesen hatten. Sie sagten nein zu
dem Gesetz der Knebelung und gingen ins KZ. Ich las, wie die
Führung der deutschen Kommunisten ihre Mitglieder verriet und
nach Moskau floh. Ich begann die Verblendung zu verstehen, in
der sich 1933 ein Volk in die Arme der Nazis geworfen hatte. In der
Büchersammlung des Felix Jud standen die Antworten auf alles,
was ich in den Trümmern von Berlin meinen Vater hatte fragen
wollen.

Die Bücher, damals, in der Bücherstube, haben einen Bann um mich gelegt. Vieles hat mich verwirrt. Über manches bin ich froh gewesen. Felix hat gesagt: »Du hast jeden Grund, froh zu sein. Die ersten siebzehn Jahre deines Lebens waren der sprichwörtliche Gang durchs Feuer. Was jetzt kommt, kann nur besser werden.«

Die Nächte verbrachte ich mit Schreiben. In meiner engen Bude. Unter einer Deckenlampe, die fahles Licht auf meine Seiten warf. Einmal hat Felix mir einen chinesischen Gedichtband mitgegeben. Eine Zeile darin hatte es mir besonders angetan: »Beim Scheine meiner kleinen Lampe seid ihr ganz weiß geworden, ihr gelben Chrysanthemen.«

Wenn ich eine Geschichte für gut hielt, legte ich sie Felix auf den Tisch. Er gab sich jedesmal Mühe, mir nicht den Mut zu nehmen: »Du bist ein begabter Erzähler, ganz zweifelsohne.« Oder, ein andermal: »Fingerübungen! Wie ein Pianist es hält! Das ist es, was auch für einen Autor wichtig ist! Es wird sich auszahlen, eines Tages, wenn du weiter übst und übst und übst.«

Ich machte weiter Fingerübungen. Im Theater hatte ich wieder eine Sprechrolle bekommen. Das Stück war *Katharina Knie*. Ein Zirkusstück. Von Carl Zuckmayer. Meine neue Rolle hieß ›das Berberitzche‹. Der Junge war der Zettelkleber für den Zirkus Knie. Er redete ziemlich viel, und deshalb hatte mir Herr Külüs zehn Mark für jede Vorstellung genehmigt.

Eines Abends, als ich dabei war, mir die zerlumpten Sachen des Berberitzche anzuziehen, stürzte Felix aufgeregt in die Statistengarderobe: »Ernst Rowohlt ist aus dem Exil zurück!« rief er. »1938 ist er geflohen. Nach Brasilien. Jetzt aber haben wir ihn wieder. Er macht seinen Verlag von neuem auf, hier in Hamburg. Ernst sagt, daß er zunächst einmal unsere deutschen Autoren druckt, aber unverzüglich danach bringt er die Giganten der Weltliteratur in die Buchhandlungen: Thomas Wolfe, William Faulkner, Ernest Hemingway, André Gide, John Steinbeck ...« Er legte den Zeigefinger an seine lange Nase. »Wo er wohl das Geld hernimmt, um die Rechte der Giganten zu kaufen?« Er fuhr mit der Hand abwehrend durch die Luft. »Ach was, er wird's schon richten! Du solltest einmal sehen, was dieser Rowohlt für ein Taschenspieler ist. Ein Magier. Du solltest einmal beim Wein mit ihm zu-

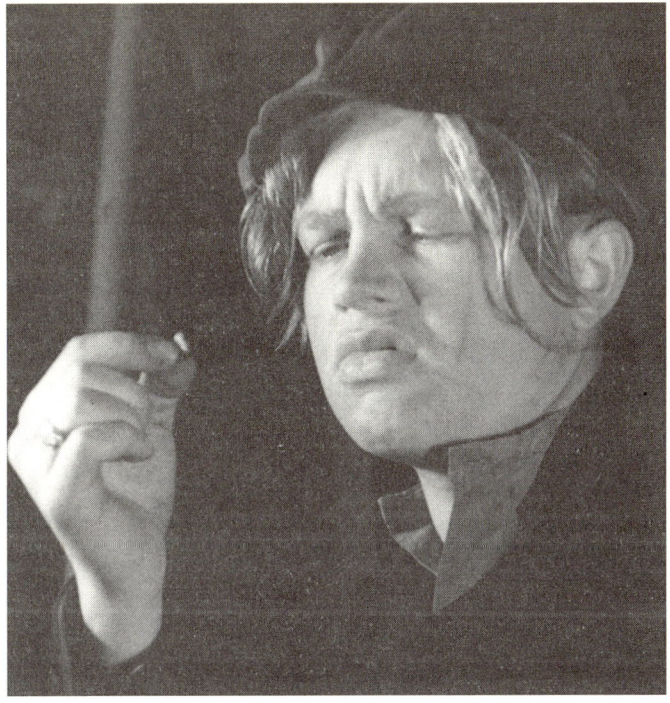

Rolle »Berberitzche« in Zuckmayers *Katharina Knie*. Hamburg, 1946

sammensitzen! Wenn die Flasche leer ist und der Wirt sagt, es gibt nichts mehr, denn die Polizeistunde ist schon lange überschritten, dann frißt dieser Rowohlt aus Protest das Glas. Wirklich wahr! Auf Ehre! Erst beißt er den Rand vom Glas, dann den Stengel, kaut mit Genuß, fordert von dem entsetzten Wirt eine neue Pulle und brüllt mit vollem Mund, daß er das Zeug doch nicht so trocken runterschlucken kann!«

»Und dann?«

»Und dann was?«

»Was macht der Wirt?«

»Na, was soll er machen? Er bringt eine neue Flasche Wein.«

»Und Rowohlt? Was macht der? Mit dem zerkauten Glas in seinem Mund?«

»Na, was schon? Runterspülen! Alle Scherben! Und zwar mit Genuß.«

An einem Nachmittag im Februar brannte die Sonne ein Loch in die Winterwolken. Ich hatte den Buchhändler ein paar Tage nicht gesehen. Er sei krank gewesen, sagte er, Bronchitis. Wir gingen zur Lombardbrücke runter. Er suchte das Ufer nach einem Baumstumpf ab. Dann hielt er sein Gesicht in die Sonne. Ich hockte mich vor ihn auf die Ufermauer. Felix hatte ein Buch für mich in seiner Aktentasche.

»Virginia Woolf«, murmelte er. »Engländerin. Begnadete Dichterin. Litt unter ihrem unscheinbaren Äußeren. Wenn du willst, kannst du sie häßlich nennen. Mit neunundfünfzig Jahren hat sie sich in einem Fluß ertränkt. Was dich interessieren wird, ist die Suche dieser Frau nach dem ›inneren Monolog‹.« Er hielt die Augen geschlossen.

Ich döste vor mich hin. Der Ballindamm da drüben, sagte ich mir, der Ballindamm war sicher mal eine Allee mit Bäumen. Dann haben die Leute aus ihnen Feuerholz gemacht. Sicher war das so. Und sicher wird es am Ballindamm mal wieder Bäume geben. Und dann wird das hier wie im Frieden sein. Ich unterbrach den Gedanken. Unsinn! Ich schüttelte den Kopf. Ist doch Frieden. Wenigstens fast. Richtig Friede ist, wenn da draußen Segelboote sind. Auf der Außenalster. Mit Leuten in den Jollen, ganz in Weiß gekleidet. Und mit Mädchen in den Ruderbooten. Und die tragen bunte Blusen und lachen. Und ihr Lachen springt über das Wasser bis hin zum Ballindamm da drüben. Und…

Felix zerbrach das Bild vor meinen Augen. »Rowohlt hat einen Sohn«, sagte er unvermittelt. Er hielt die Augen immer noch träumerisch geschlossen. Unter seinen Augen waren dunkle Ringe.

»Es muß kurz nach der Jahrhundertwende gewesen sein«, sagte er, »als eine erfolgreiche, von Männern umschwärmte Diva sich dem ungestümen Jüngling Rowohlt hingab. Der Name der Schauspielerin war Ledig. An den Vornamen erinnere ich mich nicht.« Felix öffnete jetzt die Augen. »Ach, das Leben erlaubt sich manchmal wundervolle, dreiste Spiele«, sagte er mit einem Lächeln. »Der Liebesbeziehung entsprang ein Knabe, und da er unehelich geboren war, hieß er, wie das Fräulein Mutter: ›Ledig‹. Sein voller Name wurde als Heinrich Maria Ledig in das Taufregister eingetragen, und heute, achtunddreißig Jahre später, nennen wir ihn alle Heinz Ledig-Rowohlt. Er ist zu einem zuverlässigen Mann herangewachsen, der glasschluckende Verleger ist stolz auf ihn, und soll ich dir mal sagen, warum der Alte so froh ist, diesen Sohn im Verlag zu haben? Dieser Heinz Ledig druckt die Giganten auf Zeitungspapier! Auf Rotationsmaschinen! Im Zeitungsformat! Kannst du ahnen, was dahintersteckt?«

Ich wußte nicht, was dahintersteckte. Felix erklärte es mir. »Die Engländer geben kein Papier für Bücher frei. Druckpapier geben sie nur für Zeitungen, auf großen Rollen, für den Druck auf Rotation. Also sagt dieses Schlitzohr von einem Sohn zu seinem Schlitzohr von Vater: Wir drucken *Die Verliese des Vatikan* als eine dicke Zeitung. Und *Wem die Stunde schlägt* wird genauso in die Buchhandlungen gebracht. Es wird höchste Zeit, daß wir den Wert eines Buches an seinen Texten messen, nicht an Halbleinen oder kartoniert!«

Felix sprach noch lange von dem Rowohlt-Sohn. Dreiundzwanzig Jahre später sollten beide, Heinz Ledig und Felix Jud, eine wichtige Veränderung in mein Leben bringen. Dreiundzwanzig Jahre später machten die beiden aus meinem Traum vom Schreiben Wirklichkeit. An dem Februarnachmittag aber, unter der Lombardbrücke, haben Felix und ich das nicht ahnen können.

Im März 1946 spielten wir Zuckmayers *Katharina Knie* in der Schalterhalle einer Sparkasse von Altona. Der Intendant eines Wandertheaters sah sich die Vorstellung an. Als der letzte Zuschauer in die Nacht hinausgegangen war, blieb er im Eingang stehen. Er sagte zu mir: »Mein Name ist Heidrich. Ich leite die Niedersächsische Landesbühne in Hannover. Wir sind ein moderner Thespiskarren, womit ich sagen will, daß meine Theatertruppe in einem Autobus ganz Niedersachsen bereist. Unsere Dekorationen transportieren wir auf einem Anhänger, hinter unserem Bus. Wer bei mir auftreten will, darf sich nicht zu schade sein, beim Aufstellen der Dekorationen mitzuhelfen. Wir bespielen viele Orte, von Lüneburg bis Hildesheim und von Lamspringe bis hinüber nach Hameln. Ab und an überlassen uns die Engländer richtige Theater, meist jedoch spielen wir in Kinos, in Gaststuben oder in einem Ballsaal. Es ist alles andere als ein bequemes Leben, aber Sie sind ja noch jung. Außerdem haben Sie noch viel zu lernen. Sehr viel. Bei mir können Sie das tun.

Felix Jud. Hamburg, 1979

Eine Wanderbühne ist der beste Tummelplatz für einen jungen Mann, der die Absicht hat, Schauspieler zu werden.«

Der Intendant übernachtete an der Kirchenallee. Am nächsten Morgen gab er mir in der Hotelhalle den Vertrag.

Die Gage hatte er mit zweihundert Reichsmark eingetragen. Unter der Rubrik Rollenfach stand ›Jugendlicher Komiker und Naturbursche‹. Ich sagte zu Felix: »Es muß das ärmste Theater von ganz Deutschland sein! Wer sonst engagiert einen ungelernten Schauspieler? Engagiert ihn für *zwei* Rollenfächer?«

Im Spätsommer 1946 ließ ich Hamburg hinter mir. Als ich das letzte Mal aus der Tür der Bücherstube ging, sagte Felix: »Vor dir liegt ein ganzes Leben. Noch dazu ein Künstlerleben. Mach was Wunderbares draus.«

In den nächsten Monaten geriet mein Traum vom Schreiben in Vergessenheit. An Felix hab' ich oft gedacht. Einmal schrieb ich eine Postkarte an ihn. »Ich grüße Dich aus Uelzen«, stand da drauf, »vom Anfang meiner Wanderjahre.«

Ich zog von Stadt zu Stadt. Von Jahr zu Jahr. Von Theater zu Theater. Von Film zu Film. Zehn Jahre später ließ ich Deutschland hinter mir. Ich fand in London Arbeit. Drehte Filme in Paris. Und dann begann das Abenteuer Afrika. Ich stand am Anfang eines neuen Lebens. In der schönsten Landschaft unserer Welt.

Der Schlüssel zu meinem Weg nach Afrika lag bei Howard Hawks. Seine Filme sind in Hollywood Legende. Wer den Mann sieht, dürr und groß und nach vorn gebeugt, muß an alt gewordene Cowboys denken. Es war Sommer, das Jahr war 1960, und Howard sagte: »Komm nach Tanganjika. Zusammen mit John Wayne. Ihr beide müßt mir wilde Tiere fangen. Vor der Kamera. Ich werd' den Film *Hatari* nennen. Was Suaheli ist und sagen will: Gefahr.«

Wir blieben ein halbes Jahr im Busch. Danach wollte ich nur ungern nach Hollywood zurück. Afrika war mir tief unter die Haut gegangen. Ich kaufte eine Farm. Bei Seen, die Momella heißen. Die Farm hatte den gleichen Namen. Vor meinem Fenster stand der Kilimanjaro, der ›Berg des bösen Geistes‹. Morgens war sein Schnee meist gelb. Manchmal rosa. Oder blau. Mittags hüllte er sein Haupt in Wolken ein. Es kam vor, daß ein Büffel sich an der Holzwand unter meinem Fenster rieb. Es kam auch vor, daß Elefanten durch den Gemüsegarten stapften.

Mein Traum vom Schreiben fiel mir wieder ein. Ich fuhr quer durch die Amboseli nach Norden. In Nairobi fand ich einen Laden, der Schreibmaschinen im Schaufenster hatte. Auf dem Heimweg, im Landrover, stand neben mir eine Underwood.

Vier Jahre später machte ich mich auf den Weg nach Hamburg. Felix war in eine noble Gegend umgezogen. Die Hamburger Bücherstube stand jetzt am Neuen Wall. Hausnummer 13. Als ich

Landesbühne

HANNOVER

SPIELZEIT 1946/47

„EURYDIKE"

Schauspiel in drei Akten von Jean Anouilh
Aus dem Französischen von Helma Flessa

Orpheus	Musikanten einer Wanderkapelle	. . . . . . Alfred Etzold
Sein Vater		. . Karlheinz Bernhardt
Euridyke	Schauspieler einer Provinztruppe	. . . . . Wiltrud Krautz
Ihre Mutter		. . . . . . Luise Barus
Vincent		. . Wolfgang Rottsieper
Matthias		. . Wolf Dieter Seemann
1. Mädchen		. . . . Irene Koss
2. Mädchen		. . . . Eva Hooff

Dulac, Theaterdirektor	. . . . Willy Meyer-Fürst
Hilfsregisseur	. . . . Reinhard Hoyer
Herr Hein	. . . . Kurt W. Schoenewolf
Bahnhofskellner	. . . . Bodo Ahrendt
Die schöne Buffetdame	. . . . Elisabeth Hensel
Autobus-Chauffeur	. . . . Hardy Krüger

Bühnenbild: Herbert Kirchhoff

Zeit: Gegenwart

Das Großfoto wurde von der „Nofota"-Hamburg hergestellt.

Pause nach dem 2. Akt   Spieldauer 2¼ Stunden

Landesbühne

HANNOVER

Robinsons Abenteuer

Ein Theaterstück für Kinder in 6 Bildern von
PAUL MOCHMANN

Spielleitung: Ernst Henkel

Robinson, ein Kaufmannssohn . . . . Hardy Krüger
Freitag, ein Farbiger . . . .
Der Steuermann . . . .
Jack, der alte Matrose . . . .
Jonny, der junge Matrose . . . . Herb
Der Matrose Jim . . . . Wolf-Die
Der Affenvater . . . .
Die Affenmutter . . . . G
Muschi . . . .
Puschi . . . .
Der uralte Papagei . . . . Eli

Bühnenbild: Manfred Mi

Pause nach dem 4. Bild

C. L. Schrader, CDH 84, Hanno

Landesbühne

HANNOVER

Der zerbrochene Krug

LUSTSPIEL VON HEINRICH VON KLEIST

Inszenierung: Kurt Hübner
Bühnenbild: Manfred Miller

Walter, Gerichtsrat . . . . Georg Kugelmann
Adam . . . . Willy Moll
Licht, Schreiber . . . . Kurt W. Schoenewolf
Frau Marthe Rull . . . . Luise Barus
Eve . . . . Irene Koss
Veit Tümpel, ein Bauer . . . . . Peter Strehmel
Ruprecht, sein Sohn . . . . Hardy Krüger
Frau Brigitte . . . . Edith Volkmann
Ein Bedienter . . . . Claus Harms
1. Magd . . . . Elisabeth Hensel
2. Magd . . . . Gisela Addicks

C. L. Schrader · CDH 84 · Hannover

Lehrjahre bei einem Wandertheater. Satz eines Hannoveraners während einer Talkshow von 1995: »Ich kenne ihn noch aus seiner Glanzzeit bei der Niedersächsischen Landesbühne.«

Von Land zu Land, von Film zu Film. Jean-Giono-Verfilmung
Le Chant du Monde/Und die Wälder werden schweigen. Partnerin Cathérine
Deneuve. Regisseur: Marcel Camus. Haute Provence, 1966

Probe zu *Der Flug des Phönix*. Regie: Robert Aldrich. Hauptdarsteller:
Richard Attenborough, James Stewart, Peter Finch, Ernest Borgnine, Hardy
Krüger. Fox Studios, Los Angeles, 1965

oben: Richard Attenborough und James Stewart. *Der Flug des Phönix*.

unten: *Der Flug des Phönix*. Yuma (Arizona), 1965. Der legendäre amerikanische Sensationspilot Paul Mantz setzte brauchbare Teile eines Flugzeugwracks zu einer Rumpfkonstruktion zusammen. Die Maschine war flugfähig.

durch die Tür kam, warf Felix beide Hände in die Luft. Sein Haar war weiß geworden.

Abends saßen wir in meinem Zimmer. Im Hotel Atlantic. Wir tranken Whisky und sahen uns die Segelboote auf der Alster an. Ich legte ein Manuskript vor Felix auf den Tisch.

»Wenn du in Afrika lebst«, sagte ich zu ihm, »dann streckt sich die Zeit vor dir aus, so weit das Auge reicht. Im Busch verlierst du dich in diesem neuen Gefühl für Zeit. Das ist eine wunderbare Sache, nichts ist wunderbarer. Also packst du ein Zelt in deinen Geländewagen und suchst dir einen Platz am Fluß, am See oder bei einem Brunnen der Afrikaner.«

»Und schreibst«, sagte Felix.

»Und schreibst«, sagte ich.

Felix nahm das Manuskript in die Hand.

»Dieses Ostafrika ist voller Mystik«, sagte ich, »voller Naturgewalten. Voller Schönheit. Voller Tiere. Voller Menschen. Und voller Ungereimtheiten. Als die Weißen kamen, haben die Afrikaner den Fremden ihr Land überlassen. Im Tausch dafür haben sie Bibeln angenommen. Sie hielten die Bücher in den Händen. Und schwiegen.«

Felix legte den Zeigefinger nachdenklich an seine Nase.

Ich sagte: »Das Schweigen der Leute war schmerzhaft spürbar. Ich habe in dem Schweigen dieser Leute gelebt. In meinem Kopf ist ein Buch daraus geworden. Eine Chronik.«

Felix schlug die erste Seite auf. ›Momella‹. Ich sah, daß die Blätter vorn im Manuskript gelb geworden waren.

»Momella?« Die runden Augen sahen mich fragend an.

»Es ist die Chronik einer Farm.«

»Deiner Farm.«

Ich nickte. »Es ist kaum möglich, in einem Buch ein ganzes Land zu beschreiben.«

»Ach so«, sagte er. »Wenn ich recht verstehe …« Seine Finger strichen über das vergilbte Titelblatt. »Wenn ich recht verstehe, beschreibst du das Schicksal dieser Farm, und wer die Chronik gelesen hat, beginnt Ostafrika zu verstehen.«

Ich sagte: »Ja, so ist es«, und Felix meinte, in drei Tagen werde er es gelesen haben.

Er hatte meine Arbeit noch in derselben Nacht gelesen. Am

Morgen war er nicht in der Bücherstube. Am Nachmittag begann er mich zu suchen. Im Atlantic gab der Portier mir eine Nachricht: »Komm sofort zu mir. F.« Als ich in den Neuen Wall einbog, stand er in der Tür. »Du schuldest mir einen Drink«, sagte er, »und zwei Taxifahrten.«

Wir gingen zu Michelsen rüber, lehnten uns an die Theke und Felix sagte: »Falls du Champagner bestellen willst, werde ich dich nicht daran hindern.« Ich fragte den Mann mit der weißen Schürze, ob er offenen Champagner hätte, und Felix sagte: »Greifen Sie nach dem teuersten.«

»Du machst die Sache spannend«, sagte ich. »Was sind das für Taxifahrten, die ich dir schulde?«

»Einmal Reinbek und zurück.« Sein Gesicht leuchtete in dem halben Dunkel vor der Bar. »Ich bin zu Rowohlt rausgefahren. Du weißt, seit wir unseren guten alten Ernst begraben mußten, führt Heinz Ledig den Verlag.« Er hielt mir sein Glas entgegen: »Auf deine Chronik. Du hast ein gutes Buch geschrieben.«

Ich atmete tief durch: »Felix, von meinem Herzen hat sich soeben ein Stein gelöst. Seit Tagen habe ich große Furcht vor dem, was du mir sagen wirst.«

Wir stießen an.

»Du hast ein ausnehmend gutes Buch geschrieben«, sagte Felix dann, »und ich habe das Heinz Ledig auch gesagt. Eine Zeitlang habe ich ihn maulen lassen.«

»Maulen?«

»›Schauspieler sollten anderer Leute Texte spielen‹, hat er vor sich hingemault. ›Schauspieler sollten keine eigenen Texte schreiben.‹ Ich habe ihn gefragt, wie das seiner Meinung nach mit Chirurgen ist? Sollte Peter Bamm sein Skalpell in der Hand halten, aber niemals einen Federhalter?«

Felix schluckte den Champagner und ließ den Barmann wissen, daß er nicht gedenke, auf einem Bein zu stehen. »Ich habe Ledig eine Wette angeboten«, sagte er, »hundert zu eins, daß er deine Arbeit nimmt.«

Felix gewann die Wette. Zwei Tage später fuhr ich zu Heinz Ledig. Sein Zimmer war verqualmt. Er hielt mir einen Scheck entgegen. »Tausendfünfhundert. Plus zehn Prozent von jedem verkauften Exemplar. Mehr gibt's nicht.« Dann schüttelte ihn ein harter Husten. Als er wieder Luft bekam, brachte er den Satz zu Ende: »Junge Autoren darf ein Verleger nicht verwöhnen.« Er grinste und legte seinen Federhalter auf den Verlagsvertrag.

Ich setzte mich hinter Ledigs Schreibtisch. Mit Dreizehn hatte ich angefangen, einen Traum zu träumen. Dann hatte ich den Traum vergessen. Jetzt war ich einundvierzig. Der Traum war Wirklichkeit geworden. Ich unterschrieb. Ledig sah mir zu. »Ich habe einen guten Titel für Ihr Buch«, sagte er. »*Eine Farm in Afrika.*«

Im Jahr darauf, 1970, stellte Felix Jud die Chronik in das Fenster seiner Bücherstube.

SCHIEFES BILD

Es war 1977, Mitte Juli, und Bundeskanzler Helmut Schmidt kam zu einem Staatsbesuch nach Washington. Präsident Jimmy Carter hatte ihn und Frau Loki ins Weiße Haus geladen. Die beiden wohnten im Gästehaus der Regierung an der Pennsylvania Avenue. Im Salon stieß der Kanzler auf einen Fernsehapparat. Da er grundsätzlich vom Fernsehen nicht viel hielt, suchte er nach einem Knopf, mit dem das Gerät abzuschalten war. Über den Bildschirm lief eine amerikanische Serie mit dem Titel *Hogan's Heroes*. Zeit der Handlung: Zweiter Weltkrieg. Ort der Handlung: Ein Lager für amerikanische Kriegsgefangene. Handelnde Personen: Deutsche Wachmannschaften, ein Lagerkommandant, amerikanische Gefangene.

Die Serie stützt sich auf den Film *Stalag 17* von Billy Wilder. Ich kenne den Film seit 1952, seit meiner ersten Arbeit in Hollywood. Es war eine Arbeit, die Otto Preminger mir gab. Er machte damals aus dem Theaterstück *The Moon Is Blue* einen Film mit zwei Versionen. Die Darsteller der amerikanischen Version waren William Holden, Maggie MacNamara und David Niven.

Das deutsche Drehbuch hatte Carl Zuckmayer geschrieben und ihm den Titel *Die Jungfrau auf dem Dach* gegeben. Preminger hatte für die deutsche Fassung Johanna Matz, Johannes Heesters und mich nach Hollywood geholt. Wir drehten beide Filme zur gleichen Zeit. In der gleichen Dekoration. In den gleichen Kostümen. Im gleichen Licht. Wenn eine Kamereinstellung mit Niven und MacNamara abgedreht war, stellten sich Heesters und Matz in das gleiche Licht und spielten dasselbe noch einmal auf deutsch. Meine Rolle war identisch mit der von William Holden. Bill und ich wurden sehr schnell Freunde.

Vor unserem Preminger-Film hatte Bill in *Stalag 17* gespielt, und als die Geschichte von den amerikanischen Gefangenen und ihren deutschen Bewachern bei Paramount in einer Privatvorführung gezeigt wurde, nahm Bill mich mit. Er spielte in dem Film den amerikanischen Helden, den Hoffnungsträger, wie die Dramaturgen sagen. Die Rolle des Lagerkommandanten hatte Otto Pre-

Otto Preminger. Auslöser folgenreicher Ereignisse

minger übernommen. Er war der Bösewicht auf Strumpfsocken, und jedesmal, wenn der Adjutant ein Telefongespräch des Führers ankündigte, sprang er eilig in die Stiefel.

Als am Ende der Vorführung die Lichter aufflammten, herrschte in dem Raum mit den bequemen Sesseln Schweigen. Ich hielt das für Ergriffenheit. Und wartete. Und sagte mir: Der Film ist gut. Der einzige Ausrutscher ist Otto. Aber sonst ist das ein wirklich guter Film, nur sollten die Leute deshalb nicht gleich ergriffen sein.

Ich saß in der ersten Reihe. Als keiner das Schweigen unterbrach, warf ich einen Blick zurück. Die anderen saßen bewegungslos in ihren Sesseln. Sie sahen zu mir her. Alle. Auch die Frauen, die mitgekommen waren. Es waren ungewöhnlich schöne Frauen. Ich fragte mich, zu wem sie wohl gehörten. Holden hatte sich tief in seinen Sessel rutschen lassen. Preminger war nicht zu sehen. Wilder musterte mich schweigend. »Sie sind der erste Deutsche, der den Film gesehen hat«, sagte er. »Das wirft ganz neue Fragen für mich auf.«

Bill Holden sagte: »Laßt uns noch auf ein paar Drinks zu mir rübergehen. Ich hab' eine kalte Platte vorbereiten lassen.«

Die Nachtluft hatte den Biß des frühen Jahres. Wir gingen an den riesigen Hallen entlang zu Bills Garderobe. An der Tür war ein Stern angebracht und darunter stand Bills Name. In Hollywood ist die Garderobe eines Stars nicht allein zum Umkleiden gedacht. Nicht wie bei uns, in den Bavaria-Studios oder in Tempelhof, mit Tisch und Stuhl und Kleiderhaken, einem nackten Spiegel mit Glühbirnen ringsherum. Dem Star in Hollywood geben sie ein Apartment mit Salon, Schlafzimmer, Küche, Bad, Bibliothek. Dicke Teppiche legen sie da rein, und Sofas voller weicher Kissen und englische Möbel stehen da, mit schönen Intarsien in dem dunklen Mahagoni. An die Wände hatte Bill schwergerahmte Bilder hängen lassen, Öl, Lithos, Grafiken berühmter Maler. Er sagte, einen Teil seiner Kunstsammlung hätte er in diesem Apartment aufgehängt, in seinem *home away from home*, denn hier verbringe er schließlich mehr Zeit als in der Villa, die das Heim seiner Familie ist, in Beverly Hills.

»Das Wort vom goldenen Käfig muß einem Schauspieler in Hollywood eingefallen sein«, sagte er, und ich gab ihm recht. Der goldene Käfig! An jedem Morgen mußte ich da hinein. In aller Frühe hatte ich im Studio zu erscheinen, selbst wenn sie mich an einem Tag mal gar nicht gebrauchen konnten. Selbst wenn ich drehfrei war, mußte ich mir das Kostüm anziehen und hatte mich in den Stuhl des Maskenbildners zu setzen, und wenn der mein Gesicht bemalt hatte, war ich wieder frei. Diese Freiheit aber wurde geographisch eingeschränkt. Ich durfte das Gelände des Studios nicht verlassen. Meine Freiheit fand in der Garderobe statt.

An meinem ersten Tag in Hollywood fragte ich Preminger, was

der Grund für meine Verbannung in den Käfig sei, und auf seine österreichische Art sich auszudrücken hat er mir erklärt: »Wir Produzenten, allesamt neukapitalistische Amerikaner, haben die Erkenntnis, daß *time money* sei, als elftes Gebot an unsere Kirchentüren nageln lassen. Wollen Sie Einzelheiten wissen? Nun gut, ich werde Ihnen mit der Geduld, die mir eigen ist, das System hier deutlich machen.

Also: Nehmen wir einmal an, es gibt einen Tag, an dem Sie um acht Uhr früh zu drehen beginnen, und David Niven ist an diesem Tag frei. Nehmen wir weiter an, gegen zehn Uhr klagen Sie über Halsschmerzen. Gar über Fieber! Ausgerechnet Sie, dieser junge Mensch, der mir auf der Bühne der Münchener Kammerspiele aufgefallen ist und den ich für deutsch, also für kerngesund gehalten habe!« Er grinste mich an. »Was also, glauben Sie, macht dieser geplagte Preminger?« Seine dicken Lippen standen fragend offen.

»Ich nehme an, er gibt dem jungen deutschen Menschen zwei Aspirin«, sagte ich. »Dann läßt er Niven aus der Garderobe holen.«

»Richtig. Und weiter?«

»Noch bevor David durch die Tür der Halle kommt, läßt der geplagte Preminger eine neue Dekoration ausleuchten. Und dreht mit ihm eine Szene, die für einen anderen Drehtag vorgesehen war.«

»Und nach welchem Gebot, so frage ich Sie, handelt dieser geplagte Preminger?«

Ich tat ihm den Gefallen: »*Time is money*, und Zeit muß ja eine Einheit mit dem Geld darstellen, weil der neukapitalistische Produzent die Ateliermiete nach dem Faktor Zeit gemietet hat, und auch die hundert Techniker hinter der Kamera werden wochenweise engagiert.«

»Wußte ich es doch!« sagte er, wieder mit diesem breiten Grinsen. »Auf Ihre Intelligenz kann ich mich verlassen.« Er hielt mir seine Faust spielerisch unters Kinn. »Meine Frau hätte Sie gern zum Dinner bei uns gehabt. Heute abend. Nur eine kleine Sache, improvisiert. Gene Tierney wird mit uns essen. Sonst kommt keiner. Unser Haus ist in Malibu. Am Pacific Coast Highway. Sie fahren den Sunset runter bis zum Ozean, dann biegen Sie nach rechts, nach Norden …« Er sah auf seine Armbanduhr. »Wir machen das anders. Nach Drehschluß habe ich im Büro noch Post zu unterschreiben. Das gibt Ihnen Zeit zu einem langen Lied unter Ihrer Dusche. Wenn ich fertig bin, ruft Sie meine Sekretärin an. Ich fahre vor Ihnen her.« Er grinste wieder. »Vor lauter Begeisterung über das Versinken des roten Sonnenballes im Meer könnten Sie mein Haus verfehlen. Als Folge würde sich Tierney über Ihre Intelligenz Gedanken machen. Das wäre mir nicht recht.«

Wir drehten *The Moon Is Blue / Die Jungfrau auf dem Dach* nicht bei Paramount, sondern in einem kleinen Studio am Cahuenga Boulevard, und mein Käfig hatte nicht viel Gold, er konnte sich mit dem von Bill nicht messen, aber ich war ja auch kein Star. Immerhin gab es auch an meiner Tür einen Stern. Er war sogar aus Bronze, und darunter war mein Name auf das Holz gemalt. Journalisten, die für deutsche Filmzeitschriften schrieben, sagten: »Das macht schon Eindruck, so ein Name und der Stern.«

Wenn ich morgens früh die Tür aufstieß, stand ich sofort im Zimmer. Es war amerikanisch eingerichtet, sachlich, und hatte ein großes Fenster zu den Hallen hin. Neben dem Fenster war eine Pantry eingebaut, die alles hatte, was ein Junggeselle in seinem Käfig braucht: Eisschrank, Kochplatte, Töpfe, Gläser und Geschirr. Ein Telefon war da, ein Fernsehapparat war da, nur die Bilder an den Wänden fehlten. In einer Kammer, weiter hinten, stand ein breites Bett. Die Dusche hatte imitierten Marmor an den Wänden und gab den Blick auf eine Juke Box frei. In der Musikkiste aus Glas glühten und verglühten Lämpchen in vielen Farben, winzig kleine Perlen, so an die hundert Stück.

Mein anderes *home away from home* war eine kleine Suite in dem ehrwürdigen Chateau Marmont am Sunset Strip. Früher, als die Filme noch nicht sprechen konnten, hatten die Legenden, von Lilian Gish bis John Barrymore, darin gewohnt. Morgens, im Pool, wenn ich vor dem Frühstück ein paar Bahnen schwamm, ließ die Sonne die Hausfassaden ringsum gelb leuchten, und am Abend, nach der Arbeit, funkelten mich vor den Fenstern ein paar Millionen Lichter an.

Diese beiden *homes away from home* lagen viele tausend Kilometer weit von meinem *german home* entfernt. Wenn ich daran dachte, fühlte ich mich gut. Ich war fünfundzwanzig Jahre alt. Ich hatte meine Nase jetzt im Wind.

Das Haus der Premingers stand auf Stelzen. Es begann am Strand und war weit in den Pazifischen Ozean hinaus gebaut. Der Wohnraum war groß und hatte dunkle Wände. Beim Dinner standen auf dem Glastisch Kerzen.

Die Schönheit zweier Frauen lag im Wettstreit miteinander. Mary Preminger hatte das Flackern der Kerzen in den Augen. Gene Tierney saß auf der anderen Seite des Tisches. Sie hatte den Kopf leicht nach vorn gesenkt. In der Spiegelung des Tisches konnte ich ihr Lächeln sehen.

Das Lächeln der Gene Tierney ließ mich an Maria Stuart denken. Und an Mortimer. Ich sah, wie sich der Junge seiner Königin zu Füßen wirft: »Erlaubt, daß ich von mir beginne.« Ich sah die Schottin, wie sie nachdenklich lächelt, dann den Kopf senkt, mit dem Blick zu dem jungen Ritter hin: »Redet, Sir.« Dann sah ich uns beide und hörte Mortimer, wie er beginnt, von seiner Jugend zu berichten:

Ich zählte zwanzig Jahre, Königin,
In strengen Pflichten war ich aufgewachsen,
In finstrem Haß des Papsttums aufgesäugt,
Als mich die unbezwingliche Begierde
Hinaustrieb auf das feste Land …

Der Text in meinem Kopf riß ab. Die dritte Zeile war nicht gut. Ich sagte mir: Das Wort ›Haß‹ willst du in deinem Leben nicht mehr hören. Und ›Papsttum‹ klingt dissonant zu dem Lächeln, das, sich im Glas des Tisches spiegelnd, dir zu gelten scheint. Ich sagte mir: Erzähl das Ganze mal auf deine Weise.

In das Spiegelbild des Tisches schob sich das Gesicht von Otto Preminger. »Wovon träumen Sie?« Seine Glatze leuchtete vor dem dunklen Hintergrund der Wände. Das Bild der Königin im Glas sah zu mir hoch. Ich war verwirrt. »Von Maria Stuart«, sagte ich, »von einer Maria Stuart, wie Schiller sie beschrieben hat.«

»Und die sah wie Gene Tierney aus …«, sagte Preminger. Über seine wulstigen Lippen zog sich ein Grinsen.

»Ja«, sagte ich. »So ungefähr.«

»Gene«, sagte er, »du wirst gleich erleben, daß dieser junge Mensch sich dir zu Füßen wirft. Als Mortimer.«

»Wie romantisch«, sagte Tierney. »Ein Amerikaner würde auf so etwas nicht kommen.«

»Ich habe allerdings den Text verändert«, sagte ich.

»Verändert?« fragte Otto. »Lassen Sie uns hören, wie.«

»Haß und Papsttum sind Worte, die nicht in das Bild passen, das ich mir von unseren Tagen mache.«

Ich wußte, daß Preminger vom Wiener Theater kam. Er war dort Schauspieler und Regisseur gewesen. Als er kaum siebenundzwanzig war, hatte Max Reinhardt ihn zum Direktor des Theaters in der Josephstadt gemacht. Ich brauchte ihn also an den Monolog des Mortimer im Original nicht zu erinnern.

Preminger sagte: »Laß hören, Knabe!«, und ich begann:

Ich zählte fünfundzwanzig Jahre, Königin,
In strengen Pflichten war ich aufgewachsen,
In Gewalttaten des Tyrannen aufgesäugt,
Als mich die unbezwingliche Begierde
Hinaustrieb in ein endlos weites Land ...

Die Königin, noch immer im Spiegelbild des Tisches, hatte Augen, aus denen Unverständnis sprach. Ich hatte den Monolog auf deutsch begonnen. Preminger sagte »Bravo!« und klatschte in die Hände. Dann übersetzte er für seine Frau und für Gene die Sätze Schillers ins Englische. Als er auf meine Änderungen stieß, hatte er sich auch diese Sätze wortgetreu gemerkt. Die Frauen hoben ihre Gläser, und die Königin sagte: »*To Frederic Schiller and Hardy Mortimer.*«

Auch Preminger stieß mit mir an. Ich sah in seine Augen und sah ihn in der Josephstadt und sah ihn auf der Flucht vor Hitler und mußte daran denken, wie hart es für ihn war, sich in New York durchzuschlagen. Er lernte Englisch und ging wieder auf die Schauspielschule. Es gelang ihm nie, die neuerlernte Sprache melodisch zu erfassen. Er verunzierte sie, hinter wulstigen Lippen, mit einem grausam harten ›Rrrr‹. Sein Rollenfach war damit für den Broadway eingeengt. Also führte er Regie. Für seine Inszenierung *Margin for Error* von Claire Boothe Luce rasierte er sich den Schädel kahl und spielte einen Preußen. Der Erfolg war enorm. Die Fox holte ihn für die Rolle eines Nazis in dem Film

The Pied Piper / Der Rattenfänger nach Hollywood. Preminger wurde zum Prototyp des häßlichen Deutschen. Ich habe oft mit ihm darüber lachen müssen, denn Otto sah unverkennbar jüdisch aus. Dennoch spielte er sich als Nazi von Erfolg zu Erfolg. Das Publikum haßte ihn, und Billy Wilder hat einmal gesagt: »Ich muß mich mit Otto gutstellen, denn ich habe in Deutschland immer noch Verwandte.«

Im Lauf der Jahre führte er immer öfter Regie, in New York ebenso wie in Hollywood. Viele seiner Filme sind Klassiker geworden *(Carmen Jones, Laura, Porgy und Bess, Anatomie eines Mordes, Amber, die große Kurtisane)*, und seine Zivilcourage ist Legende. Im Alleingang hat er die machtvolle Filmzensur in Hollywood demontiert, als er sich ungestraft mit drei Filmen *(The Moon Is Blue / Die Jungfrau auf dem Dach, The Man with the Golden Arm / Der Mann mit dem goldenen Arm* und *Exodus)* über alle Bestimmungen der Zensurbehörde hinwegsetzte. Die Liste verbotener Autoren, von McCarthy aufgestellt, hat Preminger empört vom Tisch gewischt und einen Drehbuchautor engagiert, der ganz weit oben auf der Schwarzen Liste des Senators stand.

Trotz seiner guten Taten und ungeachtet der Erfolge hat Hollywood den Mann nie geliebt. Die Bosse der großen Studios versuchten ihm aus dem Weg zu gehen. Dennoch gaben sie ihm Geld für seine Filme. Er stand in dem Ruf, Schauspieler zu quälen. Seine Wutanfälle waren stadtbekannt. Die Leute in den Studios nannten ihn ›Otto the Terrible‹. Selbst große Stars fürchteten sich vor dem Zynismus eines Mannes, dem es nichts ausmachte, verhaßt zu sein.

Als er jung war, in den ›Goldenen Zwanzigern‹, hatten Theaterleute in Wien damit begonnen, Schauspieler bei der Probenarbeit ›seelisch zu zerbrechen‹. Regisseure ›nahmen die Persönlichkeit des Mimen auseinander‹, und wenn sie es mit ihrem Sadismus geschafft hatten, wenn nur noch ein Mensch am Rande des Selbstmords übrigblieb, kamen sie ihm zu Hilfe, setzten die Trümmer so zusammen, daß ein neuer Mensch entstand, und dieser neue Mensch hieß dann Wallenstein oder Macbeth.

Otto hatte den Sadismus der Wiener Theaterleute nach Hollywood gebracht. Eines Morgens versuchte er sich damit an mir. Unvermittelt brüllte er mich an. Eine Schauspielerin hatte den Eklat herausgefordert, aber er wollte seine Wut an mir auslassen.

Sein Drehbuch landete krachend neben der Kamera am Boden. Dann schob sich sein schreiender Mund nah vor meine Augen. Ich mußte lachen. Erst mußte ich lachen, aber dann stieg Zorn in mir auf. Ich mußte an die frühen Jahre denken, an diese Brüller in Sonthofen und an die Brüller auf dem Kasernenhof und an den mordenden Flamen, und ich sagte mir, daß sich die Vergangenheit mein Leben lang nicht mehr wiederholen darf. Ganz gleich bei welchen Menschen. Ganz gleich in welchem Land. Es wurde eine schwere, laute, schmerzlich harte Stunde. Für uns beide. Dann ließ ich ihn stehen und ging in die Kantine. Preminger hatte sich am falschen Objekt versucht. An einem, der die sadistischen Spiele der ›Goldenen Zwanziger‹ in seinem Leben nicht gebrauchen kann. An einem, der sich nicht zerbrechen ließ. Der Streit nahm ein bemerkenswertes Ende. Otto kam in die Kantine. Und bat mich um Entschuldigung für den Wutanfall. Wir gingen zurück ins Atelier. Als er die Scheinwerfer einschalten ließ, entschuldigte er sich ein zweites Mal. Vor allen Leuten. Das hat Eindruck hinterlassen. Ich hatte ihn nicht darum gebeten. Im Verlauf des Films wurden wir Freunde. Ich habe zwar nie wieder für Preminger gearbeitet. Aber wir haben immer wieder unsere Nähe gesucht. Ganz gleich, wo es war, in München, in New York oder in Hollywood.

Die letzte Rolle eines Nazioffiziers hatte Preminger in Wilders *Stalag* 17 gespielt, und weil sich die Gedanken von Bundeskanzler Schmidt, Otto Preminger und Billy Wilder mit meinen Gedanken bei diesem Film verknoten, erzähle ich die Geschichte an der Stelle weiter, an der ich vorhin, ein paar Seiten früher, vom Thema abgekommen bin ...

Also, zurück zum Ende des Films. Zurück zu der Privatvorführung bei Paramount. Die Lichter flammten auf, Otto saß nicht mehr zwischen Billy Wilders Freunden, und als sich alle in Bills goldenem Käfig eingefunden hatten, sah ich sofort, daß er nicht mitgekommen war.

Die Frauen, die vor den Männern durch die Nacht gelaufen waren, strahlten Selbstbewußtsein aus. In ihrer Art, schön zu sein, ähnelten sie einander so, wie sich Schwestern ähneln. Sie musterten gemächlich den Salon und gingen auf langen Beinen durch eine Mahagonitür ins Badezimmer. William Holden ließ in der Küche einen Champagnerkorken knallen. Dann brachte er belegte Brote auf einem silbernen Tablett in den Salon. Seine Freunde, die mit den Frauen gekommen waren, stellten sich in einem Kreis um ihn herum. Sie sprachen über den Film und machten Holden Komplimente.

Billy Wilder ging hinter die Bar und warf Eiswürfel in zwei hohe Gläser. Dann goß er Bourbon darüber, bis zum Rand. Als wir getrunken hatten, sagte er: »Halten Sie es für möglich, Hardy, daß ich mich bei Ihnen zu entschuldigen habe? Für meinen Film? Für *Stalag 17*? Als wir ihn drehten, ist mir ein Junge, wie Sie einer sind, nicht in den Sinn gekommen. Vorhin aber, in der Vorführung, habe ich mir den Film mit den Augen eines solchen Jungen angesehen. Oder, genauer ausgedrückt, mit deutschen Augen. Und da habe ich mich gefragt: Wenn ich dieser Junge wäre, hätte ich dann Grund, verletzt zu sein? Denn, sehen Sie, die Deutschen kommen in dem Film nicht gut weg.« Er nahm einen kleinen Schluck. »Und deshalb nun die Frage«, sagte er, »fühlen Sie sich als Deutscher ungerecht behandelt durch diesen Film? Haben gewisse Szenen Sie verletzt?«

Ich sagte: »Der Friede ist erst acht Jahre alt. Keiner von uns hat sich an den Gedanken gewöhnen können.«

»*Well*«, sagte Wilder, »was ist mit meiner Frage?«

»Ihr Film hat mich nicht verletzt«, sagte ich. »Er ist sehr sachlich. Diese Lager für Kriegsgefangene hat es gegeben. Wie kann ich verletzt sein, wenn ein Film mir zeigt, was es gegeben hat? Allerdings ... bin ich ...«

Wilder wartete. »Sie sind allerdings was?«

»Beschämt.« Danach nahm ich einen langen Schluck. »Aber das ist nicht das erste Mal.« Ich sah mich um. Preminger war noch immer nicht gekommen. Ich sagte: »Ihr *Stalag 17* ist ein wunderbarer Film. Das ist kein Schmus.« Ich schob mein Glas über den Tresen zu ihm hin. »Prost.« Er ließ sein Glas von der anderen Seite über den Tresen kommen. Beim Zusammenstoß schlugen Eiswürfel klingelnd aneinander.

»Billy, erinnern Sie sich noch an Berlin? An solche Worte? Schmus?«

»Mein lieber Junge, ja! Und wie! Ich erinnere mich an eine ganze Menge Schmus.«

»Es gibt nur etwas, in *Stalag 17*«, sagte ich, »was mir nicht gefällt.« Ich sah mich um. Preminger war noch immer nicht zu sehen. »Ich nehme an, Otto ist noch mal in sein Büro gegangen. Weil, die Sache, die mir nicht gefällt, hat mit ihm zu tun, aber ich möchte ihm das gerne selber sagen.«

Wilder schob sich die Brillengläser auf die Stirn. »Otto weiß es«, grinste er. »Er hat geahnt, was Sie ihm sagen wollen. Und genau aus dem Grund hat er sich aus dem Staub gemacht. Er hat sich nämlich heute abend den Film, ebenso wie ich, mit Ihren Augen angesehen.« Er langte über den Bartresen und legte eine Hand auf meine Schulter. »Otto hat mir etwas aufgetragen. Er bittet Sie inständig, in seinem Film so gut zu sein, wie es Ihnen irgend möglich ist, und ihm nicht so etwas Miserables anzutun, wie das, was er sich in meinem Film geleistet hat.«

Wilder ließ die Brille von der Stirn auf die Nase fallen und lachte und schlug mit der flachen Hand auf den Tresen.

An dem Abend, an Bill Holdens Bar bei der Paramount, war nicht zu ahnen, was Otto Preminger damit angestellt hatte, daß er die Rolle des Lagerkommandanten mit so grober Komik spielte. Jahre später, als ein amerikanischer Fernsehsender die Handlung von *Stalag* 17 übernahm und zu einer Serie in die Länge streckte, wollte sich niemand an Billy Wilders Witz und Feingefühl erinnern. Im Gegenteil. Den Klamauk, den Preminger geliefert hatte, erhoben die Fernsehleute zu ihrem Stil. Sie legten die Meßlatte für klugen Humor tief, höchstens einen Zentimeter über dem Boden, und wer einen deutschen Bewacher spielte, stolperte über das dünne Holz. Das Stolpern wurde zu einem Vaudeville-Sketch. Und es war diese übertriebene Art von Klamauk, auf die Helmut Schmidt, wenn auch Jahre später, an der Pennsylvania Avenue, gestoßen ist.

Das Jahr war 1977, ich schreibe das wegen des Sprungs zurück noch einmal auf, alle Bäume in den Straßen waren herrlich grün, und der Bundeskanzler befand sich auf Staatsbesuch in Washington. Helmut und Loki Schmidt wohnten im Gästehaus der US-Regierung, und im Salon stieß der Kanzler auf einen Fernsehapparat, den ein Butler auf *Hogan's Heroes* geschaltet hatte. Was da zu sehen war, verärgerte den Bundeskanzler. Empört griff er zum Hörer und ließ sich mit meiner Privatnummer verbinden.

»Ahh! Sie sind in Kalifornien! Das ist gut! Hardy, Sie müssen sofort was unternehmen!« Ich kann noch immer seine Stimme hören. Und spüre, auch nach zwanzig Jahren noch, wie mir das Lachen in die Kehle steigt. Nicht: »Hallo, wie geht's denn, Sie alter Landstreicher, Sie?« Nicht: »Loki will nachher auch noch etwas sagen.« Nichts dergleichen. Der Mann ist unveränderlich. Ich werde nie aufhören, über das Unveränderliche in diesem Helmut Schmidt froh zu sein.

Ich sage: »Wird gemacht! Nur – was soll ich unternehmen? Und wo?«

»Wir haben den Fernseher an. Da läuft etwas, das in einem Kriegsgefangenenlager spielt. Das Ganze soll wohl komisch sein. Ich finde es ein Ärgernis.«

»Kanzler, ich traue meinen Ohren nicht«, sage ich. »Ein Mann, der das Fernsehen nicht leiden kann, schaltet ausgerechnet *Hogan's Heroes* an?«

»Ach was«, sagt der Kanzler. »Wir sind dabei, uns für Jimmy Carter in festliches Dunkel zu stürzen. Loki hat dem Butler gesagt, er möge *Sixty Minutes* einschalten. Das ist ja nun wirklich eine gute Sendung. Die sehe ich mir selber gerne an. Aber der Butler hat das wohl versust, jedenfalls ist da plötzlich ein deutscher Akzent zu hören. Der Akzent ist so dick, daß man ihn mit der Axt zerschneiden kann! Widerlich. Die amerikanischen Gefangenen kommen natürlich gut weg. Aber was die Schauspieler aus den Deutschen machen ... abscheuliche Karikaturen.«

»Ich weiß«, sage ich. »Es ist bedauerlich.«

»Bedauerlich ist mir zu milde ausgedrückt. Was ich da sehe, ist empörend. Bölling sagt, ein Film dieser Art läuft einmal in der Woche. Das ganze Jahr hindurch.«

»Leider. Ja. Ich habe längst aufgegeben, mich darüber zu ärgern.«

»Hardy! Diese Serie schadet unserem Ansehen in der amerikanischen Bevölkerung. Sie müssen etwas unternehmen. Schließlich arbeiten Sie doch in Hollywood! Sie haben Freunde. Reden Sie mit den Leuten! Es wird Zeit, daß man uns in dem Licht darstellt, das wir verdienen. So, wie wir heute sind. Legen Sie ein Wort für uns ein. Bei den Filmproduzenten. Oder in den Chefetagen der Fernsehstationen.«

Drehpause. *Das Geheimnis von Santa Vittoria.* Regie: Stanley Kramer.
Partnerin: Virna Lisi. Rom, 1968

»Helmut, das habe ich alles hinter mir. Seit Jahren erzähle ich
den Leuten, daß wir uns eine Republik geschaffen haben, die sich
den Nachbarn gegenüber anständig verhält, daß wir im Gegensatz
zu anderen Nationen nicht mit unseren Truppen souveräne Staa-
ten überfallen haben. Es gibt ein paar dieser *movers and shakers* in
den Studios, die zuhören, wenn ich das Thema darauf bringe. Und
die mir auch nicht widersprechen.«

»Na, das ist ja schon mal was! Und Sie meinen, die Leute sind
nicht nur höflich? Sondern hören aufrichtig zu?«

»Ja. Allerdings lese ich oftmals an ihren Augen auch die Frage:
Warum seid ihr Deutschen denn um Gottes willen so empfindlich?
Wann fangt ihr endlich an, mal über euch selbst zu lachen?«

Stanley Kubrick. Regisseur des Films *Barry Lyndon* (Irland / England, 1974/75). Während der Dreharbeiten gab er den Anstoß zu dem autobiographischen Roman *Junge Unrast*.

»Da ist sicher was Wahres dran«, sagt der Kanzler. Eine Weile ist es still. Im Hintergrund kann ich eine Frauenstimme hören. »Loki sagt, an der Universität, in Georgetown, haben Professoren ihr erzählt, diese Serie sei ein immenser Erfolg.«

»Ist sie, leider«, sage ich. »Das Network macht damit großes Geld bei den Sponsoren.«

»Das ist schlimm. Unter diesen Umständen kann keiner von uns anregen, diese Serie einzustellen.«

»Nein. Natürlich nicht.«

»Schlimm. Schlimm.«

»Nicht nur das«, sage ich. »*Hogan's Heroes* ist in die ganze Welt verkauft.«

Schweigen.

»Helmut?«

»Ja.«

»Haben Sie noch 'ne Sekunde? Oder müssen Sie sofort rüber? Zum Dinner ins Weiße Haus, meine ich.«

»Viel Zeit ist nicht. Doch sagen Sie nur, was Sie auf dem Herzen haben.«

»Ich mach's kurz. Aber Sie müssen wissen, wie das in Hollywood so vor sich geht. Also. Wenn mir hier Rollen angeboten werden, sind es so gut wie immer Deutsche. Und so gut wie immer sind die Charaktere bis zum Rand abgefüllt mit Klischees. Das liegt aber nicht an der Faulheit der Autoren oder gar an deren Dummheit. Keineswegs. Das sind gebildete Leute, diese Drehbuchautoren, jedenfalls die, mit denen ich zu tun habe, und wenn die den Charakter eines Deutschen nicht formen können, dann liegt das nur an einem: Sie können uns nicht loten. Sie lesen sich in unser Geschichtsbild hinein und finden es verwirrend. Drei Angriffskriege in der Zeit von 1870 bis 1945 haben für ein miserables Charakterbild gesorgt, und zwar in der Analyse der Charaktere von Kaiser Wilhelm oder Hitler ebenso wie in der Verwunderung über den bedingungslosen Gehorsam des deutschen Volkes der Obrigkeit gegenüber. Diese amerikanischen Autoren versuchen zu ergründen, warum die Revolution von 1848 nicht erfolgreich war. Und wenn sie in Friedrich dem Großen den Künstler ebenso wie das militärische Genie erkennen, denken sie an Dr. Jekyll und Mr. Hyde.

Das andere nun, das wichtigere, nämlich die Begegnung mit den Menschen unserer Tage in der Bundesrepublik, findet so gut wie niemals statt. Wenn diese Autoren nach Europa reisen, dann verbringen sie ihre Ferien in Venedig, London, Paris, in Schottland oder in der Provence. Sollten sie nun aber Deutschland in ihren Reiseplan aufnehmen, so kommen sie allenfalls auf einen Sprung zum Oktoberfest. Und was sie da an Bier und Mensch und Weißwurst und Schuhplattler in den Festzelten zu sehen kriegen, macht ihnen Eindruck. Allerdings...«

Er unterbricht. »... allerdings macht es nur deshalb Eindruck, weil damit ein Klischee bestätigt wird, das diese Autoren vom Fernsehen her und aus dem Kino kennen. Das ist es, nehme ich an, was Sie sagen wollen.«

»Ja, genau das!«

»Also dann ...«, höre ich die Stimme, leise, an meinem Ohr, »dann üben wir uns wohl besser in Geduld.«

»Ja«, sage ich, »aber über der Geduld sollten wir nicht einen großen schwarzen Vogel kreisen lassen. Denn wir schaffen es. Wir hängen das schiefe Bild gerade. Das ist Zentimeterarbeit, aber jedes Jahr hängen wir das Bild ein bißchen gerader. Bei den großen Regisseuren sehe ich schon die Veränderung. Männer wie Stanley Kubrick, Richard Attenborough oder Robert Aldrich, Joseph Losey oder Stanley Kramer ebenso. Die wollen nämlich, daß ihre Filme authentisch sind. Also bringen sie mich mit ihren Autoren zusammen. Und stellen Fragen. Und wollen wissen, wie ich den Charakter dieses einen, ganz bestimmten Deutschen in ihrem Film mit meinen Augen sehe. Sie suchen nach der Wahrheit. Nach der von heute. Die Leute machen Filme, die auf der ganzen Welt gesehen werden. Ich finde, mit jedem dieser Filme hängt das Bild ein bißchen gerader.«

Der Mann an der Pennsylvania Avenue stößt einen Seufzer aus. Dann sagt er: »Das braucht wohl alles seine Zeit.« Die Stimme hat jetzt wieder die gewohnte Kraft. »Also dann: Lassen Sie sich auch weiter was einfallen, Hardy. Wenn sich abzeichnet, was wir beide gemeinsam tun können, sagen Sie mir Bescheid.«

SPRACHEN UND IRRUNGEN

Es gibt viele Begegnungen, mit denen das Schicksal eine Veränderung ankündigt. Manche kündigen sich unauffällig an. Die vom Frühjahr 1960 war so eine. Sie begann in London. An einem grauen Nachmittag.

Ich war in mein Arbeitszimmer gekommen und hatte gehört, wie das Taxi in den Eton Square einbog. Die Londoner Taxis sind ausnahmslos mit lauten Dieseln ausgestattet, aber der Wagen, der Monsieur Deutschmeister vor meine Haustür brachte, ratterte besonders laut.

Ich sah dem Mann zu, wie er vor dem Fenster meines Arbeitszimmers aus dem Taxi stieg. Er hielt ein Drehbuch unter den Arm geklemmt. Mit der freien Hand gab er dem Fahrer ein paar Münzen. Dann betrachtete er die Umgebung, in die er geraten war. Der Eton Square ist von weißen Häusern eingerahmt. Die Mitte des Platzes war von den Wohnungseigentümern in eine grüne Parkanlage verwandelt worden, mit Ahornbäumen und den vielfältigsten Blumen und mit Parkbänken zum Faulenzen während der wenigen Tage im Mai, wenn die Sonne durch die Wolken kommt. Die Häuser sind dreistöckig und haben weiße Säulen vor den Hauseingängen. Die Türen sind schwarz lackiert. Alle Türen am Eton Square sind schwarz lackiert. Die Eigentümer hatten das in einer Abstimmung beschlossen.

Der Mann, den ich erwartete, war mittelgroß und untersetzt. Nachdem er den Eton Square eine Weile betrachtet hatte, warf er einen Blick auf seine Armbanduhr. Dann sah er zu meiner Haustür hin. Ich dachte mir, er muß so an die Fünfzig sein. Sein Gesicht war rund. Ich mochte seine Augen. Sie waren freundlich. Unbekümmert.

Ich wartete nicht auf sein Klingeln und lief zur Tür. Der Mann sagte: »Eine beeindruckende Gegend, in der Sie wohnen. Als das Taxi hier einbog, wurde der Aga Khan von einem Diener aus einer schwarzlackierten Haustür zu seinem Rolls-Royce geleitet.«

Ich gab ihm die Hand und sagte: »Kommen Sie rein. Nicht jeder, der hier wohnt, ist deshalb schon ein Krösus.«

Der Mann gab mir seinen Mantel und behielt das Drehbuch.

»Der Wohnungsinhaber macht harte Zeiten durch«, sagte ich.

»Unter Schauspielern kommt das schon mal vor. Ich hab' so was ähnliches seit drei Jahren hinter mir. Die Wohnung gehört John van Eyssen. Er ist ein Freund von mir. John überlebt seine schweren Zeiten auf der Bühne. In Stratford. Ich zahle seine Miete hier in London weiter. Dafür hat er mir die Wohnung abgetreten. Mit allem, was darinnen ist. Außer seiner Frau. Shirley hat er nach Stratford mitgenommen.«

Er lachte. »Ist sie hübsch?«

»Sehr. Noch dazu aus reichem Haus. Der Schauspieler im Leben ihrer Tochter hat die Eltern ziemlich entsetzt. Sie nennen die Ehe eine Mesalliance.«

Wir gingen in die Küche und machten Kaffee. Der Mann sagte: »Es gibt eine Merkwürdigkeit in unserem Beruf. Wenn man ein Gesicht von der Leinwand kennt, ist man bei der ersten tatsächlichen Begegnung mit dem Menschen bereits vertraut.« Er hielt noch immer das Drehbuch unter seinen Arm geklemmt.

Ich sagte: »Wie Sie mit dem Manuskript unterm Arm so vor mir stehen, erinnern Sie mich an die zwei Schauspieler, die sich am Bahnhof South Kensington über den Weg laufen, und der eine hat ein Theaterstück unterm Arm. Dem anderen Schauspieler werden vor Schmerz und Neid die Augen eng. ›Eine Rolle!‹ ruft er, ›hast du dir tatsächlich eine Rolle an Land gezogen?‹ Der Mann versteht ihn nicht und steht da, fragend, mit offenem Mund. ›Na, unter deinem Arm da‹, ruft der Neidische und deutet auf das Manuskript. ›Nein‹, sagt der Freund und betrachtet gedankenverloren das Theaterstück in seinen Händen. ›Keine neue Rolle. Ich ziehe um.‹«

Monsieur Deutschmeister lächelte. Er kniff die Lippen zusammen. »Ich kenne den Witz. Bei uns treffen sich die beiden auf Montmartre.«

Wir sprachen deutsch. In der Woche zuvor hatte ich seine Stimme das erste Mal gehört. Der Anruf war aus Paris gekommen. Eine Sekretärin sagte: »Franco London Film. *Un instant s'il vous plait. C'est Monsieur Deutschmeister qui vous demande.*« Und dann kamen gutturale Töne. »Wir können in der Sprache unseres gemeinsamen Ursprungslandes reden.« Seine Sätze hatten eine fran-

Helmut Käutner. Regisseur außergewöhnlicher Filme: *Die Gans von Sedan* (Paris, 1958) und *Der Rest ist Schweigen* (Hamburg, 1959)

zösische Melodie in sich. »Bevor mich ein gewisser Herr Hitler in die Ferne verbannte«, sagte er, »hieß ich Heinrich Deutschmeister. Aus Heinrich wurde Henri. Aus dem Deutschen wurde ein Franzose. Und aus Deutschmeister machten meine neuen Landsleute Dööschemäästäär.«

Alfred Weidenmann drehte nach dem Krieg mit seiner Entdeckung
drei weitere deutsche Filme.

Wir tranken den Kaffee im Wohnzimmer. Die Möbel waren
chinesisch, aus Lack, mit roten Kissen darauf, und auf dem Tisch
stand die Skulptur eines kleinen Pferdes. »Han-Dynastie«, sagte
Monsieur Deutschmeister, »und Sie können mich von Herzen gerne Heinrich nennen.« Er legte das Drehbuch neben das chine-
sische Pferd. »Ich habe Ihren Hamlet gesehen«, sagte er, »in dem
Käutner-Film. Seither spukt mir Ihre Gestalt im Kopf herum.«
Ich stellte Cognac neben unsere Kaffeetassen. Er sagte: »Ich
kenne Ihre frühen deutschen Filme, aber bis der Käutner-Film
kam, waren Sie auf einer deutschen Leinwand ein paar Jahre lang
nicht mehr zu sehen. Sie erwähnten vorhin, daß Schauspieler oft
Talsohlen zu durchwandern haben.«
»Meine war sehr tief«, sagte ich. »Tief und lang.«
»Das ist mir nicht entgangen.« Er nippte an dem Cognac. Dann
spülte er Kaffee hinterher.
»Es war mir schwergefallen, mich in deutschen Filmen wohl-
zufühlen«, sagte ich. »Von Jahr zu Jahr fiel mir das schwerer. Bei

Alfred Weidenmann oder Harald Braun habe ich mich wohlgefühlt. Aber die anderen hatten keine guten Bücher. Also habe ich
Theater gespielt. Oder Heinrich Böll in Matineen vorgelesen.
Nachmittags war ich oft im Kino. Die *Kinder des Olymp* habe ich mir
dreimal angesehen. *Den Teufel im Leib* ebenso. Ich habe mich gefragt, warum es nicht möglich ist, in solchen Filmen mitzuspielen
wie *Die roten Schuhe* oder *Ein Platz an der Sonne.* Irgendwann habe
ich mir gesagt, wenn du dich das noch lange fragst, fängst du vor
Selbstmitleid das Heulen an. Da ist mir klar geworden, daß ich gehen mußte. Daß ich nach London gehen mußte. Englisch lernen.
Arbeit suchen.«

»Ein riskantes Spiel.« Er nickte. »Es hat sich ausgezahlt. *Einer
kam durch* und *Mit dem Kopf durch die Wand* laufen in allen Ländern.
Ohne die beiden Streifen wäre ich nicht hier. Ich möchte Sie für einen Film gewinnen, der sich – auf unterschwellige Weise – gegen
das französische Militär richtet. Es wird höchste Zeit, daß einer das
tut. Monsieur de Gaulle und seine Militärs werden uns zu mächtig.
Michel Audiard hat das Buch geschrieben.«

Er schob das Manuskript über den Tisch zu mir hin. »Es geht
um fünf Männer, die vor Tobruk aufeinanderprallen. Vier Franzosen und ein Deutscher. Die fünf müssen gemeinsam überleben.
Aus den Feinden werden Freunde. Der Film wird von drei Haupt-
personen getragen. Ich habe Charles Aznavour und Lino Ventura
engagiert. Nun möchte ich gern, daß Sie den Dritten spielen. Darf
ich morgen wiederkommen?«

Das Buch war in englischer Sprache geschrieben. Es trug den
Titel *A Taxi For Tobruk.* Ich nahm mir das Manuskript am Abend
vor und legte es bis zur letzten Seite nicht mehr aus der Hand. Michel Audiard hatte seinem Produzenten eine grandiose Arbeit ab-
geliefert. Das Thema ließ keine handfesten Aktionen zu, es stützte
sich auf den Dialog, und der war spritzig, anrührend und von
einer Intelligenz, die mich begeisterte.

Henri Deutschmeister holte sich am nächsten Morgen meine
Zusage ab. Als es Sommer wurde, flog ich nach Paris.

Auf dem Flugplatz Heathrow traf ich Fritz Lang. Er sagte: »Ich
habe einen Geheimtip für Sie. In der Residence Lord Byron befindet sich eine bezaubernde Garçonnière. Wenn ich in Paris bin,
wohne ich nie woanders. Die zwei Zimmer gehen auf einen male-

rischen Hinterhof hinaus, abseits von der Rue de Châteaubriand, und bis zu Fouquet's haben Sie nur ein paar Schritte.«

In Orly wartete der Mann, der mich auf meinem Weg einen wesentlichen Schritt weiterbringen sollte. Henri Deutschmeisters rundes Gesicht zeigte freudige Erwartung. Neben ihm stand der Regisseur des Films, Denys de la Patellière, ein kleiner, nervöser Mann mit hellen Augen. Deutschmeister sagte: »*Voilà, le metteur en scène du film.*«

Im Produktionsauto, einem großen Citroën, sagte ich mir: Dies ist eine gute Gelegenheit, den ersten französischen Satz deines Lebens loszuwerden, und am besten sagst du ihn sofort. Ich hatte den Satz mühsam aus einem französischen Diktionär mit anhängender Grammatik zusammengestellt und an der Aussprache gebastelt. Der Satz bezog sich darauf, daß Michel Audiard das Drehbuch leicht überarbeitet hatte, und anstatt auf deutsch oder englisch zu sagen, daß ich die neue Fassung gern so bald wie möglich in meinem Hotelzimmer hätte, wollte ich die Bitte in der Sprache der Franzosen vortragen. Es schien mir eine Sache der Höflichkeit zu sein. Also holte ich tief Luft und sagte: »*Des que je suis al hotel, je besoin toute suite la script dans ma chambre.*«

Patellière nahm den Blick von der Straße und wendete den Kopf langsam in meine Richtung. Sein Mund stand offen. Die nervösen Augen blickten starr. Deutschmeister saß vorn beim Fahrer. Er drehte sich zu mir um. Die glückliche Erwartung war fortgewischt aus dem Gesicht. Ich wußte, daß mir der Ausdruck meiner Höflichkeit nicht gelungen war.

Deutschmeister faßte sich als erster. »Um Gottes willen«, sagte er, »es scheint, daß Sie nicht französisch sprechen.«

»Nein«, sagte ich, »kein Wort.«

Deutschmeister stöhnte. Dann wandte er sich auf französisch an den Regisseur. Es waren nur ein paar Worte. »Er spricht nicht französisch!« Ich fand es leicht, die Worte zu entschlüsseln.

»*Le* script ist das Drehbuch«, sagte Deutschmeister, »*la* script ist das Scriptgirl.« Er konnte sehen, daß ich ihn nicht verstand. »Wissen Sie, was Sie sich eben erbeten haben?«

»Nein«, gab ich zu. »Aber offensichtlich was Falsches.«

»Sie haben gesagt: ›Sobald ich im Hotel bin, will ich das Scriptgirl in meinem Zimmer haben.‹«

Ich schlug mir mit der flachen Hand vor die Stirn. Dann hörte ich mich lachen. Patellière und Deutschmeister sahen sich an. Besorgt. Schüttelten die Köpfe. Und lachten auch.

Ich hatte das Scriptgirl nicht sofort im Zimmer. Erst am nächsten Tag. Und sie war auch kein Script*mädchen*. Sie war eine Script*frau*. Klein, dick, unscheinbar, Ende Vierzig, und was ich auch tat, sie ließ sich nicht erschüttern. Ihr Name war Madame Teynac. Sie kam jeden Morgen zu mir in die Garçonnière im Hinterhof. Meist kam sie gegen zehn und ging um sechs. Mittags holten wir uns Baguette und Käse aus einem Laden um die Ecke, in der Rue Washington. Oder wir gingen in die Rue François 1er zu dem Chinesen, der einmal Art Buchwalds Koch gewesen war.

Madame Teynac brachte stapelweise Papier und Bleistifte und ein Buch, das *Grammaire et exercise de français* betitelt war. Sie paukte mir Seite für Seite die Lektionen ein. Die Fenster der Junggesellenwohnung gingen auf einen schmalbrüstigen Platz mit einer langen Reihe von Lindenbäumen hinaus, und jedesmal, wenn ich mir von den grünen Lindenblättern ein wenig Glückseligkeit holen wollte, schlug Madame Teynac mit dem Lineal auf das Schulheft neben unseren Kaffeetassen.

Ich hatte, schon im Citroën, Henri Deutschmeister vorgeschlagen, unseren Vertrag auf freundschaftliche Weise zu annullieren, aber er hatte davon nichts wissen wollen. Im Gegenteil. Er befahl mir, Französisch zu lernen. Dies sei ein französischer Film, hatte er guttural ausgestoßen, er hieße *Un Taxi pour Tobrouk*, und selbstverständlich würde ein französischer Film auch auf französisch gedreht. Außerdem, fügte er mit einem Kopfschütteln hinzu, sei die ganze *chose* seine Schuld. Denn schließlich habe er mir ja ein Drehbuch gegeben mit dem Titel *A Taxi For Tobruk*, also ein Manuskript in englischer Übersetzung! Und obendrein hätten wir uns am Eton Square in der Sprache unseres Ursprungslandes so richtig wohlgefühlt, und deshalb hätte er bei Kaffee und Cognac doch tatsächlich vergessen, die Frage zu stellen, die jedes handtaschenschwingende kleine Mädchen in Paris dem Fremden zu stellen weiß: *Parlez vous* – Himmel, Arsch und Zwirn noch mal! – *français*?

Zwei Wochen später sagte Madame Teynac, ihr Name sei Sophie. Charles Aznavour und Lino Ventura kamen in die Garçonnière und sagten, sie hätten die Termine für ihre nächsten Filme verschieben können und mir blieben deshalb vier Wochen Zeit zum Lernen einer Sprache, die vor mir schließlich schon ein anderer Deutscher gelernt hätte, auch einer, der zu Hause angeeckt sei, ein *poète* mit Namen Henri Haine. Ich überlegte, welchen Deutschen sie mit diesem Namen meinen konnten. Erst als sie gegangen waren, kam ich drauf. Charles und Lino hatten von dem Dichter der *Loreley* gesprochen.

Die nächsten Wochen sahen den Beginn einer lebenslangen Freundschaft. Charles Aznavour habe ich während späterer Jahrzehnte immer da getroffen, wo er gerade auftrat, in der Normandie, in London, New York oder Rom. Mit Lino Ventura schloß sich eine lange gemeinsame Zeit an, die wir in Paris verbrachten. Lino hatte damals für uns beide einen Traum begonnen. Wir wollten seinen Freund Jacques Brel und den Maler Paul Gauguin auf ihrer Insel in der Südsee besuchen. Jahre später bin ich allein dorthin geflogen. Als ich zurück war, habe ich für Lino die Geschichte aufgeschrieben. Gelesen hat er sie nicht mehr. Unerwartet, viel zu früh, war er in Paris gestorben. Sein Herz hatte nicht mehr weitermachen wollen. Im Gedenken an Lino Ventura habe ich die Erzählung »Hiva Oa« in meinem zweiten *Weltenbummler*-Buch veröffentlicht. Doch das war, wie gesagt, viele Jahre später.

Im Sommer 1960 spielten wir drei gemeinsam in dem Film *Un Taxi pour Tobrouk*. Wir drehten in Andalusien. In einer Wüste, die der Sahara ähnelt. Der Ort, in dem wir wohnten, hieß Almería.

Wer nie französisch gesprochen hat, kann in sechs Wochen lernen, nach dem Weg zu fragen. Er kann mit Freunden Witze machen. Versteht auch, was der Kameramann ihm sagt. Den Dialog von Michel Audiard zu erfühlen, war nach sechs Wochen Unterricht bei Sophie sehr schwer. Charles Aznavour sagte: »Ich sprech' dir deinen Text aufs Tonband, dann kriegst du die richtige Intonation.«

Wenn er abends mit Lino ins Dorf runterwanderte und die beiden es sich in einem Zigeunerrestaurant gutgehen ließen, paukte ich mir fremde Sätze in den Kopf und hörte dabei die Stimme von Aznavour auf Band. Am nächsten Tag, vor der Kamera, sagte Patellière, ich würde zwar einem Deutschen durchaus ähnlich sehen, aber einem, der einen Tonfall hat wie Aznavour. Also sprang Lino ein. Er sprach mir meine Texte auf dem Tonband vor und ging, wie gehabt, mit Aznavour in die Zigeunerkneipe zum Diner. Am näch-

Freunde in Sprachnot: Lino Ventura und Charles Aznavour. *Taxi nach Tobruk.* Almería, 1960

sten Tag meinte Patellière, dieser Deutsche, den ich da spielte, klänge jetzt wie Ventura. Ich sagte: »*Pat, écoute,* wir streichen meinen Text zusammen. Ich spiele dir die Rolle stumm.«

»Stumm?« rief er. »Wie soll das gehen? Denk doch bloß mal an den Monolog, wenn du erzählst, daß du in Ostpreußen aufgewachsen bist, auf einem Rittergut, und in deiner Familie waren sie schon immer Offiziere, schon seit *Frédéric le Grand*? Wie soll das Publikum denn deinen Werdegang erfahren? Wie willst du ausdrücken, daß du das Militär zu hassen gelernt hast? Stumm willst du das machen?« Er sah mich voller Zweifel an. »Erklär mir bitte einmal, wie du deinen Lebenslauf schildern willst? Stumm!«

»Ganz einfach«, sagte ich. »Wir sitzen in der Wüste und braten diese gräßlichen Schnecken, die wir aus dem Sand gegraben haben, und Charles, als der gewitzte jüdische Arzt aus Marseille, eröffnet das Gespräch. Die Szene läuft dann so:

CHARLES: Da bist du also tatsächlich in Ostpreußen aufgewachsen.

ICH: Oui.

CHARLES: In einem Herrenhaus ... einem Rittergut.

ICH: Oui.

CHARLES: Diese Junker damals, waren das nicht alles Offiziere?
Schon aus Tradition? Schon seit der Zeit Friedrichs des Großen?

ICH: Oui, c'était comme ça.

LINO: Dann bist du also auch Offizier geworden ...

ICH: Oui.

CHARLES: ... und bist in den Krieg gezogen.

(Ich nicke.)

LINO: Und du warst seit dem ersten Tag dabei?

ICH: Oui.

LINO: Schon seit 1939.

ICH: *(Schüttele den Kopf.)* Depuis 1938.

LINO: 1938?

CHARLES: *(Erläuternd.)* Er war beim Einmarsch ins Sudeten-
land dabei ...

LINO: *(Nach einer langen Pause, mich eindringlich betrachtend.)*
Und ... ich nehme an ... das Kriegshandwerk liegt dir wohl sehr?

ICH: *(Melancholie in den Augen, das Gegenteil des gesprochenen Wor-
tes ausdrückend.)* Terriblement.«

Patellière hatte die ganze Zeit ungläubig zugehört. Er schüttelte
den Kopf: »Ist das ernst zu nehmen?«

Charles sagte: »Und ob das ernst zu nehmen ist.«

Lino sagte: »Ich find' den Vorschlag gut.«

Wir schrieben die Szene neu, machten sie etwas ausführlicher,
behielten aber den Charakter des schweigsamen Ostpreußen bei
und drehten die Szene.

Bei der Premiere sah ich, daß Denys de la Patellière seinem
Produzenten Henri Deutschmeister einen Erfolg beschert hatte.
Das Publikum war begeistert. Die Leute diskutierten auf der Straße
über einen Film, der die Auswüchse des Militärs kritisierte. Lino,
Charles und ich wurden mit dem *Grand Prix National du Cinéma
Français* ausgezeichnet. Nach der Verleihung gingen wir zum Diner
zu Alexandre.

Charles betrachtete eine Weile nachdenklich unsere goldenen Medaillen. »Ich glaube, die Sache ist so verlaufen«, sagte er. »Eigentlich sollte *notre cher Hardy* den Großen Preis allein bekommen. Für seine Leistung als Stummfilmstar.« Er sah quer über den Tisch zu Lino hin. »Wie nun aber verlautete, daß Ventura und Aznavour seinen Monolog gesprochen haben, wurden beide in den Goldregen mit eingeschlossen.«

EINE GANZ UNGEWÖHNLICHE LIEBESGESCHICHTE

Es gibt drei oder vier Wege, die aus der großen Halle des Filmstudios am Bois de Boulogne ins Freie führen, aber weil Romain
Pinés ein Spieler war, setzte er alles auf die Wahrscheinlichkeit,
daß ich durch die Eisentür auf der Nordseite des Filmstudios kommen würde. Sein Instinkt hatte ihn gut geleitet. Als ich die schwere Tür aufstieß und in die Dunkelheit des Herbstabends hinaus-
ging, stand vor mir ein kleiner, alter Mann. Er sagte, sein Name sei
Romain Pinés. Dann sagte er, daß er mich daran hindern würde,
Paris zu verlassen.

Mit seiner Herausforderung, mit der Begegnung in der Dunkelheit, stellte sich der Mann an den Anfang ungewöhnlicher Ereignisse. Der Volksmund spricht von Geschichten, die das Leben
schrieb. Diese hier ist so eine.

In den Jahren, die der Begegnung mit dem Spieler folgten,
habe ich dem Leben zugehört. Ich erfuhr von der Liebe zweier
reifer Menschen, wie ich sie mir schöner nicht denken kann. Ich
hörte von Zaren, von Vertreibung aus dem Paradies und von Aus-
weglosigkeit. Der erste Film von Greta Garbo spielt in die Erzählung mit hinein. Paris und Hollywood und Rio sind die Orte des
Geschehens.

Am Anfang der sechziger Jahre, so schrieb das Leben damals,
entsteht ein Film von ungewohnter Art. In sein Schicksal greifen
Mächte ein, die in das Reich des Unerklärbaren gehören. Schließlich kommt der Tag, an dem ein kleines Mädchen aus tiefdunklen
Augen zu einem Mann aufsieht. Nachdenklich. Verträumt. Der
Mann bin ich. Und alles ist verändert. Ich höre auf, Zuhörer zu
sein. Und bin jetzt drin im Wirbel des Geschehens. Mittendrin.

Was dem Leben damals eingefallen ist, schreibe ich heute nieder. Der Vielfalt des Geschehens wegen teile ich die Geschichte in
drei Teile ein.

ERSTER TEIL
Der kleine Mann, der in einer dunklen Herbstnacht am Bois de
Boulogne vor mir steht, heißt Romain Pinés. Ich sagte das bereits.

Der Mann ist Russe. Wenn er an seine Jugend denkt, sieht er den Himmel über Moskau brennen. Er erinnert sich an den Zaren und die Zarina mit den kaiserlichen Kindern in einer reichverzierten Kutsche. Über der Kutsche zerbrennt ein Feuerwerk den Himmel. Die Hufe der sechs Pferde lassen von dem Kopfsteinpflaster Funken sprühen. Gardesoldaten in Rot und Schwarz stehen am Straßenrand Spalier. Hinter den Soldaten reckt das Volk die Hälse. Die Leute jubeln. Romain steht neben seiner Mutter, aufrecht, auf der Terrasse, vor der elterlichen Stadtvilla. Der Vater sagt: »Eine würdevolle Nacht, das zwanzigste Jahrhundert einzuläuten.«

Pinés, der Vater, zählt in Moskau zu den wahrhaft Reichen. Pinés, der Sohn, durchtanzt die Nächte. Er spielt Karten. Und gewinnt. Er spielt Roulette. Und macht Schulden. Die Studentenliebschaften seines Sohnes nimmt der Vater gelassen hin, sie erfüllen ihn sogar mit einem gewissen Stolz. Die Liaison mit der Gattin eines hohen Offiziers jedoch kann nicht mit Wohlwollen betrachtet werden. Die Mutter besteht darauf, daß der Sohn ins Ausland flieht. Romain schreibt sich in Heidelberg für das Jurastudium ein.

Eine Burschenschaft nimmt Romain in ihre Reihen auf. Das Pauken mit dem Säbel lehnt er voller Schrecken ab. »Für ein Duell fehlt mir der Mut«, sagt er, »für ein Duell mangelt es mir an Dummheit, für ein Duell fehlt mir die Kraft.« Statt dessen schlägt er vor, jedwedes Duell auf angenehme Weise auszutragen: »Ein Austernessen«, sagt er, »ein Wettessen mit Austern bringt eine neue Facette in unsere Vereinigung! Bei solch einem Duell zeigt sich der ganze Mann!« Die Kommilitonen fragen sich, wie derartige Riesenberge von Austern zu finanzieren seien. »Mit dem Glück der Karten«, antwortet der junge Russe. »Wir zocken bei den betuchten Heidelbergern ab.« Die Burschenschaft geht darauf ein. Romain Pinés gewinnt jedes Duell in dieser neuen Disziplin. Seinen größten Sieg erringt er mit dem Verzehr von hundertzwanzig Austern. Danach legen ihn die Kommilitonen für ein paar Tage ins Spital.

Das Studium fällt dem jungen Mann leicht. Mit vierundzwanzig Jahren kehrt er als Dr. jur. Pinés in den väterlichen Palast zurück. Seine Kenntnisse der deutschen Sprache verhelfen ihm zur

Anstellung bei der Moskauer Filiale einer Bank in Frankfurt am Main. Sein Gehalt hält allerdings dem verschwenderischen Lebenswandel, den er liebt, nicht stand. Romain bessert seine Lage mit Bridge und dem verbotenen Écarté entscheidend auf. Die flüchtige Bekanntschaft mit einem brotlosen Studenten bringt ihn mit den Armenvierteln Moskaus in Berührung. Voller Unglauben sieht er mit an, wie es im Volke brodelt.

Pinés der Ältere ist in den Palästen des Zaren ein gerngesehener Gast. An der jüdischen Abstammung des Industriellen nimmt der Herrscher keinen Anstoß. Pinés der Jüngere darf den Vertrauten des Romanow bei seinen Besuchen stets begleiten.

Während eines langen Sommers auf dem kaiserlichen Landsitz Jekaterinburg begegnet Romain der um neun Jahre älteren Prinzessin Anna Koschkin, einer engen Verwandten der Zarenfamilie. Die lebenslustige Anna wird die Geliebte des verspielten jungen Mannes aus reichem Haus. Ein Jahr später rebelliert das Volk. Die Zarenfamilie wird ermordet. Romain verhilft seiner Prinzessin zur Flucht. Er bringt sie auf einer langwierigen und gefahrvollen Fahrt mit der Eisenbahn nach Odessa und Sewastopol. Im Hafen tauscht er eine von Annas Perlenketten gegen zwei Schiffspassagen ein. Ungehindert bringt er Anna nach Istanbul. Die Prinzessin verdient sich ihren Lebensunterhalt als Fechtlehrerin bei einer noblen muselmanischen Familie. Romain spielt Karten, gewinnt auch oft, aber der Einsatz ist sehr hoch: Auf Glücksspiel, im Schatten von Moscheen, steht der Tod.

Romain sagt, es sei Zeit zum Weiterziehen, über den Bosporus hinweg, nach Norden. Zu einem Land, in dem er Arbeit findet. Denn schließlich ist er promovierter deutscher Rechtsanwalt. Die Revolution von 1918 hat die deutsche Wirtschaft bluten lassen, erklärt er seiner Prinzessin, und reiche Amerikaner kaufen mit dem stabilen Dollar ganze Straßenzüge in Berlin. Diese Millionäre aus Milwaukee und New York brauchen einen deutschen Rechtsanwalt für ihre Kaufverträge. Diese Millionäre, sagt er, brauchen ihn, Dr. jur. Romain Pinés. Seine Geliebte winkt energisch ab. Sie sagt, daß sie nicht vom Regen in die Traufe will. Eine Koschkin wechselt nicht von der St. Petersburger Revolte zu den Straßenkämpfen in Berlin. Sie will im Haus des noblen Türken bleiben. Aus dem Liebespaar von Jekaterinburg werden zwei mittellose Russen. Sorge und Hunger machen aus den beiden Fremde. Die Prinzessin will ihren Freund nicht länger empfangen. Romain Pinés geht nach Berlin. Mit gebrochenem Herzen, wie er später sagt.

Er findet Anstellung in der Kanzlei eines angesehenen Anwalts. Nachts spielt er Karten. Eine Begegnung mit dem böhmischen Filmregisseur G.W. Pabst bringt ihn zum Film. Der junge Russe findet sich in dem ungewohnten Metier schnell zurecht. 1925 produziert er seinen ersten Film. Zu dieser Zeit laufen die Streifen noch stumm durch die Cinematographentheater. Der Regisseur ist G.W. Pabst. Er gibt dem Film den Titel *Die freudlose Gasse*. Es ist das erste Mal, daß eine Schwedin mit Namen Greta Garbo auf der Leinwand zu sehen ist. Neben ihr sind Asta Nielsen und Werner Krauß die Hauptdarsteller. In der Komparserie gibt es ein Mädchen, das Marlene Dietrich heißt.

Romain dreht Film auf Film. In München macht ein österreichischer Anstreicher namens Adolf Hitler von sich reden. Mit dem Spürsinn des Spielers ahnt Pinés, daß es Zeit ist, das Gastland zu verlassen. Er nimmt den Zug nach Westen. Die französische Sprache beherrscht er von seiner Moskowiter Mutter her. Die elegante Frau hatte darauf bestanden, daß die vornehmliche Sprache in ihrem Haus Französisch sei.

Auch G.W. Pabst ist nach Paris gegangen. Die beiden Freunde setzen ihre Arbeit fort. Zwei Filme später gehen sie nach Hollywood. Pabst hat Schwierigkeiten mit der Sprache dort. Pinés, dem Russen, fällt es leicht, die Sprache der Amerikaner zu erlernen. Der Spieler hat sein Schlaraffenland gefunden. G.W. Pabst hingegen kann sich nicht eingewöhnen. Er leidet unter Heimweh. 1939 kehrt er nach Wien zurück. Romain ist fassungslos. Sein Freund geht in ein Wien, das Hitler ein Jahr zuvor übernommen hat! Noch dazu bleibt Pabst in der Nähe der Tyrannen, macht deutsche Filme, und der zweite große Krieg beginnt.

Zur gleichen Zeit verläßt den Produzenten Pinés in Hollywood sein sprichwörtliches Glück, wenn es darum geht, erfolgreiche Sujets aufzuspüren. Die Filme, die er macht, bringen kaum Gewinn. Pinés, der Spieler, aber kann sich nicht beklagen. Das Glück bei Bridge und Poker bleibt ihm treu. Er lebt in einer kleinen Wohnung am Sunset Strip. Das Frühstück nennt er, wie in glücklicheren Zeiten, *petit déjeuner*. Er nimmt es jeden Morgen in Schwab's

Drug Store ein, nur ein paar Schritte von seinem Apartment entfernt, und meist so gegen neun. Um die Zeit ist er gelegentlich noch
nicht ausgeschlafen. Neben ihm, an der Frühstückstheke, lungern
junge Mädchen auf hohen Stühlen. Sie lassen lange Beine bau-
meln. Ihre Blusen sind weit aufgeknöpft. Lana Turner ist mit auf-
geknöpfter Bluse an der Theke von Schwab's gesehen worden. Ein
Reporter hat sie zu Mervyn LeRoy gebracht. Am späten Morgen
hat sie noch Julia Jean Francis geheißen, doch mittags war sie bereits Lana Turner, und seither sitzen hübsche Mädchen mit aufge-
knöpften Blusen bei Schwab's Drug Store an der Theke. Romain
Pinés behandelt die Mädchen mit ausgesuchter Höflichkeit. Es ist
über ihn zu sagen, daß er zu allen Frauen höflich ist. Mögen sie nun
namenlos sein oder Anna Koschkin heißen. In längere Gespräche
mit den Träumerinnen läßt er sich nur selten ein. Er schweigt und
beginnt den Tag mit viel Kaffee und den Morgenzeitungen. Die erste ist der Hollywood Reporter. Später, wenn der Frühstücksmann
ihm Rühreier und Toast serviert, beugt er sich über die Los Angeles Times. Im Spätsommer 1941 findet Romain Pinés die Meldungen beunruhigend. England gelingt es nicht, den Krieg zu gewinnen. Die rote Armee blutet sich zu Tode. Und Roosevelt überredet
den Kongreß zur Aufrüstung.

Der Frühstücksmann bei Schwab's heißt Joe Benutti. Die Leute nennen ihn ›den Sizilianer‹. Jeden Morgen schiebt er den Becher
mit dampfendem Kaffee wortlos vor den Produzenten hin. Pinés
hat dem Mann beigebracht, in der ersten halben Stunde eines neu-
en Tages nicht mit ihm zu sprechen.

An einem Morgen gegen zehn, im Jahr 1941 und im August,
sieht Pinés von der Zeitung auf. »Es gefällt mir nicht, daß amerikanische Zerstörer britische Frachter im Konvoi begleiten, wir sind
doch nicht im Krieg.«

»Was nich' is'«, meint Joe verächtlich, »also, was nich' is', kann
ja noch komm'n.«

Pinés sieht über den Rand der LA Times hinweg zu diesem
Joe. An jenem Morgen wird es für ihn klar, daß sich das Leben in
Amerika verändern wird. Wann kommt der Tag, fragt er sich, an
dem der Sizilianer nicht mehr in Schwab's Drug Store anzutreffen
ist? Wie lange wird es dauern, bis der Sizilianer eine Uniform anzieht? Wie lange, bis Roosevelt ihn auf ein Schlachtfeld nach Eu-

ropa schickt? Romain sagt sich, es kann sogar sein, daß Joe Benutti nicht zurückkommt hinter seine Theke. Nie mehr zurückkommt. Und es kann sein, daß der alte Schwab Joes Foto neben die Kaffeemaschine hängt, in einem schwarzen Rahmen. Romain erschrickt bei dem Gedanken. Er hält sich die Zeitung vors Gesicht. Es fällt nicht leicht, die schwarzen Gedanken abzuschütteln.

An einem Septembermorgen schiebt er die Zeitung zu dem Sizilianer hin. »Roosevelt hat den Zerstörern Schießbefehl erteilt. Sag mal, Joe, was du davon hältst.«

Der Frühstücksmann hebt die Schultern an. »Is' doch egal, was ich davon halte. Franklin Roosevelt hört ja nich' auf mich.«

Im Dezember sagt Pinés zu Joe: »Die Würfel sind gefallen«, und der Sizilianer nickt: »Wie könn'se denn nich' gefall'n sein, wo doch die Japse in Pearl Harbor eine ganze Flotte von uns versenk'n.« Er nimmt die Glaskugel mit dem Kaffee von der Gasflamme, und Pinés hält ihm seinen Becher mit dem Keramikrand entgegen. »Jetz' kann der Präsident uns in'n Krieg reinzieh'n«, sagt Joe, »un' die Japse sin' da selber schuld, weil ihre Würfel, die hatten sie gezinkt.«

Vier Tage später wartet Joe ungeduldig auf den Freund. Der Produzent kommt um zehn nach neun. »Heute muß ich aber was früher red'n dürf'n, Mr. Pinés«, ruft ihm Joe entgegen. »Weil dieser Hitler unser'n Präsident'n die Arbeit abgenomm' hat.«

»Ich weiß es, Joe«, sagt Romain. »Am Radio habe ich es bereits gehört.«

Joe nimmt die weiße Mütze ab. »Diese Germans«, sagt er, »was soll man davon halt'n?« Er kratzt sich den Kopf. »Jetz' ha'm diese Germans uns doch tatsächlich den Krieg erklärt.«

Im Jahr darauf, Anfang Februar, gibt Joe Benutti laut bekannt, daß er einrückt. Er hat sich freiwillig gemeldet. Zu den Marines. Die Mädchen, die vom Filmruhm träumen, sehen ihn wie einen Helden an. Romain Pinés sagt sich, für einen Spieler mit Vision ist es nicht schwer gewesen, den Kriegseintritt vorauszuahnen, doch eine andere Sache, überlegt Romain Pinés, hat er nicht ahnen können. Der beste Spieler, sagt er lachend zu sich selbst, kann nicht vorausberechnen, daß der Tag der deutschen Kriegserklärung eine Frau mit Namen Elsie dazu bringt, ihr Haus zu verlassen und sich auf einen Weg zu machen, der sie zu ihm führt.

Der Tag der Kriegserklärung ist der 11. Dezember 1941. Elsie ist fünfundvierzig Jahre alt. Sie kommt aus einer angesehenen Familie in Boston. Eine fröhliche Zeit für sie waren die Jahre auf der Universität Harvard. Sie belegte Englisch, Deutsch, Französisch und europäische Literaturgeschichte. Nach Abschluß ihres Studiums blieb sie an der Universität. Sie nahm eine Stelle als Bibliothekarin an. Als Lohn gab man ihr *minimum wage*. Der Wohlstand ihrer Eltern machte, trotz des Hungerlohns, ein bequemes Leben möglich. Elfie sagt über diese Zeit, daß sie mit niemandem hätte tauschen mögen. Jeden Tag in den ehrwürdigen Räumen ihrer Universität sein zu dürfen, jeden Tag mit Büchern zu verbringen, das sei ihr wie unverdientes Glück erschienen. Ein paar Jahre später wurde sie die Frau eines Kaliforniers. Sie machte ihn zum Vater zweier Kinder. 1942, vor der Geburt des ersten Kindes, kaufte Elsies Mann ein Anwesen in Beverly Hills.

Die Villa hat einen großen Garten und einen *swimming pool*. Im Dachgeschoß des Hauses stehen Elsies Bücher. Ihre Bibliothek ist umfangreich und mit Sorgfalt ausgewählt. Elsies Mann ist ein stämmiger Kerl, Anfang Fünfzig, die Frauen finden ihn anziehend. Sein großer Spaß sind Segelboote. Er verwöhnt seine Frau. Mit Öltürmen vor der kalifornischen Küste hat er ein Vermögen gemacht. Der New Yorker Bankkrach tut seinem Reichtum keinen Abbruch. Seine Rücklagen stecken in Maschinerie zur Ölgewinnung. Elsies Vater hingegen hat an der Börse spekuliert. Er verliert das ererbte Vermögen und macht bankrott. Elsie schätzt sich glücklich, einen Mann zu haben, dessen Vernunft ihr und den Kindern ein gesichertes Leben garantiert.

Am Tag nach dem Angriff auf Pearl Harbor beginnt Elsies Mann mit einer merklichen Anhebung seiner Ölproduktion. Die Kriegserklärung des Deutschen Reiches an die USA bringt ihm weiteren Gewinn. Zur gleichen Zeit hält das Schicksal einen schweren Schlag für ihn bereit. Der neue große Krieg bringt das Ende seiner Ehe. Für die Treue seiner Frau hätte er die Hand ins Feuer legen wollen. Beide Hände. Was er nicht für möglich hielt, muß er nun erleben: Elsie bewegt sich von ihm fort.

Die Entfremdung beginnt mit der Mobilmachung. Das Pentagon bringt in wenigen Monaten eine Armee von sechs Millionen Soldaten zum Einsatz. In die Lücken an den Fließbändern der Fa-

briken treten Frauen. Mütter fahren die Busse der Greyhound
Lines. Hausfrauen übernehmen das Management in den *department stores*. Elsie sucht nach einem Weg für ihren Beitrag. Sie erkundigt sich in den Filmstudios nach einer freigewordenen Stelle.
In der Dramaturgie der Paramount unterzieht sie sich einer Prüfung. Das Studio stellt sie ein. Elsies Mann meldet Bedenken an. In
Los Angeles sind Öl und Film getrennte Welten. Er findet, Kriegs-
dienst könne sie auch in seiner Firma leisten. Elsie lehnt den Vorschlag ab. Mit leiser, fester Stimme bedeutet sie ihrem Mann, daß
sie zur Arbeit auf den Öltürmen nicht taugt. Und für die Büroar-
beit, sagt sie, muß das gleiche gelten. Elsie lebt seit ihren Mädchen-
jahren in der Welt der Romane, Erzählungen, der Theaterstücke,
der Humoristen und der Dichter. Ihre Kenntnisse werden der Dramaturgie von Nutzen sein. Und die Drehbücher, die ihr die Paramount zur Beurteilung geben wird, kann sie stapelweise mit nach
Hause nehmen. Auf diese Weise sind die Kinder nicht an jedem
Nachmittag den Schwiegereltern zur Aufsicht überlassen. Elsies
Mann kann sich den Argumenten nicht verschließen.

An diesem Punkt in Elsies Leben beginnt eine Liebesgeschichte, die ungewöhnlich ist. Elsie hat alle Vorzüge einer reifen Frau.
Ihre Erscheinung ist schön und damenhaft. Sie besitzt eine hohe
Intelligenz. Ihr Humor ist von der leisen Art. Sie lebt im Wohlstand. Ihr Mann ist energisch, oft ein wenig polternd, manchmal
primitiv, aber ein herzensguter Kerl, auf den Elsie sich in jeder Le-
benslage stützen kann. Und nun, nach Aufzählung der Vorzüge
dieser Frau, beginnt das Ungewöhnliche dieser Geschichte. Das
Ungewöhnliche beginnt mit einer Frage. Sie lautet: In wen verliebt
sich diese Frau, die aus den Zeiten romantischer Flausen längst
herausgewachsen ist? Antwort: Sie verliebt sich in einen Spieler, in
einen Luftikus von fünfundfünfzig Jahren, der jeder anstrengen-
den Arbeit ein Leben lang erfolgreich aus dem Weg gegangen ist
und auch für den Rest seines Lebens aus dem Wege gehen wird.
Sie läßt sich von einem Mann verzaubern, der sich nicht einmal
der Mühe unterwirft, ein gutes Buch zu lesen. Der lesen läßt. Der
Elsie lesen läßt. Für den Rest ihres Lebens wird er Elsie lesen lassen. Und er beginnt damit bereits in der ersten Stunde, an dem
Tag, als er in einem Büro der Paramount durch die Tür geschlen-
dert kommt und verwundert stehen bleibt.

Es geschieht zur Zeit der Mittagspause. Elsie ist allein in der Dramaturgie. Sie steht unter einer grellen Deckenlampe. Die Bücher und Manuskripte um sie herum geben einen bunten Rahmen ab. Elsie betrachtet den Mann in der Tür. Sie sagt sich: Wie klein er ist. Fast filigran zu nennen. Kaum größer als ich selbst. Schütteres Haar, ein ansprechendes Gesicht, mit einer kurzen Nase, dunklen Augen und einem sehr sensiblen Mund. Russen haben solche Münder, auf den Illustrationen, bei Puschkin oder bei Tolstoi.

Der Mann löst sich aus seiner Verwunderung. Er geht langsam zu der Frau unter der grellen Lampe. Elsie sagt sich: Wie ausnehmend gut gekleidet er doch ist! Hochpolierte braune Schuhe, ein heller Anzug, aus roher Seide, und die Krawatte zeigt Geschmack. Wie ungewöhnlich, die Krawatte. Männer in Kalifornien tragen keine. Mein Mann trägt keine. Nur Rechtsanwälte tragen welche, meistens rot, und ihre Anzüge sind dunkelblau.

Der Besucher deutet eine Verbeugung an. »Wenn Sie gestatten, Madame, mein Name ist Romain Pinés.« Elsie nennt ihren Namen. Der Fremde beugt sich über ihre Hand. »Enchanté.« Elsie ist verwirrt. Sie sagt sich, daß so ein Handkuß ihr gefällt.

Der Fremde trägt Knöpfe aus Lapislazuli an den Manschetten. Seine Handgelenke sind sehr schmal. Wie bei einem Kind. Aus der linken Manschette hängt ein goldenes Armband weit auf seine Hand hinunter. Die Kette ist ziseliert und hält eine schmale Uhr. Der Schmuck ist alt. Er will zu einer Männerhand nicht recht passen. Romain ist dem Blick der Frau gefolgt. »Ein Geschenk«, sagt er, »aus der Zeit, in der ich jung gewesen bin. Ich habe eine Jugendliebe zurücklassen müssen, in Konstantinopel, und zum Abschied machte mir die Dame diese Kette zum Geschenk.« Elsie ist verblüfft. Die unkomplizierte Offenheit eines Fremden ist für sie ungewohnt.

Romain sieht Elsie begeistert an. »Mein Gott, wie schön Sie sind.« Elsie weiß nichts zu erwidern.

»Verzeihen Sie«, sagt Romain, »ich wollte Sie nicht verlegen machen.« Er sieht sich um. »Diese Räume sind mir seit Jahren vertraut. Sie jedoch, Madame, sind für mich neu. Suchen Sie Rat hier? So wie ich?« Elsie sagt, daß sie in der Dramaturgie eine Lücke füllt, für einen Mann, der an die Front gegangen ist.

»Ich kenne ihn, er heißt Gene Melville«, sagt Romain. »Ich werde ihn in dankbarer Erinnerung behalten, für seinen Patriotismus, für die Bescherung einer zauberhaften Begegnung.«

Elsie sagt sich: Wie direkt er ist, fast stürmisch, als wäre er ein junger Mann, aber es verletzt mich nicht, er scheint mir nicht auf eine Eroberung aus zu sein.

Romain holt einen Stuhl herbei. »Würden Sie sich bitte setzen, Madame«, sagt er, »denn wie ich bereits bemerkte, bin ich hergekommen, mir Rat zu holen, hier in der Dramaturgie, ich tue das seit Jahren, und wenn der Rat von Ihnen kommen könnte, würde ich mich glücklich schätzen.«

Elsie will wissen, welche Art von Rat er suche, und Romain sagt, daß er Filme produziere, für die Paramount, und konsequenterweise sei er ständig auf der Suche nach einem guten Stoff. Nun sei es aber so, sagt er, daß er keine Bücher lese. Er lasse lesen. Seine Zeit als Produzent sei mit anderem ausgefüllt, mit Trivialem, mit der Beschaffung der finanziellen Mittel beispielsweise, mit der mühseligen Ausarbeitung von Studioverträgen und mit seiner ständigen Suche nach einem außerordentlichen Talent.

»Wenn ich Sie bitten dürfte, für mich zu denken«, sagt er mit einer Offenheit, die entwaffnend ist, »wenn ich Sie bitten dürfte, für mich als Frau zu denken, dann bin ich sicher, daß Sie mir Geschichten auf den Tisch legen, die den Männern gefallen werden. Ich spreche von unseren Männern an der Front. Die GIs brauchen Filme, die ihnen sagen, wie lebenswert ihr Dasein nach dem Krieg sein wird. Ich bin sicher, daß Sie, Madame, Geschichten voller Romantik für mich finden werden. Ein Soldat überlebt die Kämpfe an der Front, wenn er weiß, wieviel Schönheit ihn zu Haus erwartet. Wer im Dreck der Schlachten lebt, will bei der Ablösung, im Etappenkino, auch einmal wieder was zu lachen haben. Jedoch«, sagt er, »ich rede nicht der Dümmlichkeit das Wort, ich will keine seichten Filme mit Hulamädchen am Strand von Waikiki. In den wenigen Minuten, die ich mit Ihnen verbringen durfte, habe ich in Ihren Augen Intelligenz gefunden, und an Ihrem Wesen ist mir jene *grande classe* begegnet, die mich hoffen läßt.«

Er steht vor ihr, klein und wohlgekleidet, und seine Augen leuchten. »Madame, darf ich wiederkommen?«

Elsie sieht ihn an und lächelt. Auf dem Weg zurück nach Beverly Hills, allein in ihrem Wagen, fragt sie sich, warum sie diesen eleganten Russen wiedersehen will.

In den nächsten Wochen sehen sie sich jeden Tag. Romain ist entzückt, als er hört, wie sie französisch spricht. Elsie findet für den Mann Geschichten. Sie erzählt ihm, was in den Büchern von John Collier zu finden ist. Einmal stellt Romain ihr die Frage nach George Simenon, und Elsie sagt, ob seiner Meinung nach die GIs, von Tod umgeben, *murder stories* sehen wollten. Oft arbeiten sie bis abends spät. Einmal führt er sie zum Essen aus, ins Romanov, und läßt die Balalaikas spielen. Es kommt vor, daß Elsie von ihren Kindern spricht. An einem Abend, als er sagt: »Mein Scriptgirl steht vor einer schweren Operation; sie fällt für viele Wochen aus«, schlägt Elsie vor, daß Romain sie in diese Arbeit einweist, und zwei Tage später springt sie für die Erkrankte ein. Nach jedem Drehschluß sieht sie ihn in ein Taxi steigen. Als sie fragt: »Warum?«, sagt er: »Ich habe Autofahren nie gelernt.« Von nun an bringt sie ihn abends zu seinem *flat* am Sunset Strip. Ein paar Wochen später fragt er· »Wie· wär's mit einem Drink?«

Sie hat die Frage schon am ersten Tag erwartet. Manchmal hat sie sich gewundert, warum die Frage wohl nicht kommt. Oben, in seinem *flat*, sagt Romain, daß er leider Gottes niemals kocht. Elsie antwortet, daß sie nicht hungrig sei. Später, als er fragt, ob sie tatsächlich schon nach Hause müsse, bleibt sie die Nacht. Beim Erwachen fragt sie sich: Wer hat hier eigentlich wen verführt? Dann fragt sie sich: Ist er eine Ausnahme? Ich meine, in der Art, wie er sanft sein kann, selbstlos, zärtlich?

Für die Heimfahrt vom *flat* des Junggesellen am Sunset Strip zu ihrem Haus in Beverly Hills braucht sie achtzehn Minuten. Bevor sie sich in den Mann verliebte, hatte sie Minuten nie gezählt. Bevor sie sich in den Mann verliebte, hatte sie nicht gewußt, daß in so einer zweifelhaften Gegend von Hollywood ein Junggeselle wohnen kann, der einen guten Ruf genießt.

An Abenden, die dann kommen, hofft sie darauf, daß seine Zuneigung sich nicht abkühlt, die Zuneigung zu einer Frau, die sich ihm leichtfertig hingegeben hat. Meist geht sie früh fort. Sie sagt, es müsse sein, der Kinder wegen. Am folgenden Samstagmorgen, als ihr Mann verlangt, ihn auf sein Boot zu begleiten, spricht sie von Romain Pinés.

Ihr Mann erstarrt. Wird stumm. Elsie sagt, daß sie ihn verlassen muß. Es mag Frauen geben, die ihre Passion zwischen Ehemann und Liebhaber zu teilen in der Lage sind, für Elsie aber geht das nicht. Ihr Mann bittet sich Bedenkzeit aus. Eine Woche nur, mehr nicht. Elsie willigt ein.

Vier Tage später meldet sich in der Dramaturgie ein Rechtsanwalt am Telefon. Im Auftrag ihres Mannes nennt er ihr die Konditionen für die Beendigung der Ehe. Erstens: Sollte sie unbeirrbar auf Trennung von Bett und Tisch bestehen, wird ihr Mann vor Gericht ihren Ehebruch geltend machen, womit ihr Anspruch auf fünfzig Prozent des während der Ehejahre erworbenen Vermögens erlischt. Zweitens: Jedwede Alimentierung des schuldigen Teiles wird vom düpierten Ehemann abgelehnt. Der Gedanke an den Verlust des elterlichen Vermögens beim Bankkrach von 1929 vermag an der Einstellung des Betrogenen nichts zu ändern. Drittens: Die Kinder bleiben in der Obhut des Ehemannes, weil es unzumutbar ist, daß ein russisch-französischer Emigrant zweifelhaften Rufes die Erziehung der Kinder, wenn auch nur zeitweilig, übernimmt. Abschließende Bemerkung: Die hier genannten drei Punkte sind als gegenstandslos anzusehen und der Ehemann wäre bereit, den Seitensprung sowohl zu verzeihen als auch für alle Zeiten zu vergessen, für den Fall, daß die Ehefrau zur Besinnung kommt, die ehebrecherische Beziehung zu Mr. Pinés unverzüglich abgebrochen wird und die Bereitschaft zur Fortsetzung der Ehe ohne Einschränkung bekundet wird.

Elsie mietet sich preisgünstig in einem Apartment-Hotel am Melrose Boulevard ein. Von dort ist es bis zu ihrem Arbeitsplatz nicht weit. Sie geht den beiden Männern ihres Lebens aus dem Weg und vermeidet es, ihren Kindern die Verwirrung der Gefühle zu beschreiben, in der sie sich befindet. Sie will allein sein. Wenn sie allein ist, kann sie mit sich selber sprechen. Sie hatte abzuwägen. Und sie nimmt sich Zeit dazu. Zwei Wochen lang stellt sie sich Fragen. Gibt sich Antwort. Quält sich. Hört durch ihren Kopf Gedanken laufen, die sie anderntags verwirft.

Wirst du fähig sein, Romain aufzugeben? Nein. Ganz sicher nicht. Du lebst mit ihm in einem Rausch. In einem erotischen Rausch? Ja. In einer erotischen Erfahrung, die neu ist. Die du nicht aufgeben willst. Nein. Denn sieh einmal: Wie viele Jahre hast du noch? Als Frau, die einem Mann be-

gehrenswert erscheint? Nicht irgendeinem Mann. Einem bestimmten Mann. Romain. Das weißt du nicht, wie viele Jahre. Doch eines ist gewiß: Wenn der Rausch vorüber ist, wirst du gemeinsam mit ihm alt. Na gut. Bis dahin wäre alles gut. Was aber, wenn Romain deiner überdrüssig wird? Denk mal drüber nach, am ersten Abend, in seiner Junggesellenbude. Als er gefragt hat, ob du tatsächlich schon nach Hause, zu deinen Kindern, mußt. Du hast den Kopf geschüttelt. Und dich ausgezogen. Einfach so. Schweigend ausgezogen. Muß er nicht glauben, daß du das so bei allen Männern machst? Nein. Unmöglich. Er weiß, daß es nur zwei gegeben hat. Deinen Mann. Und ihn. Er spürt das. Ganz bestimmt.

Na gut. Doch nun die nächste Frage. Und die wiegt schwer. Die Trennung von den Kindern. Ob du das je zuwege bringst? Ich weiß es nicht. Die Trennung wird dich in Stücke reißen. Denk an Anna Karenina. Sie hat Mann und Sohn verlassen. Für einen Liebenden. Für einen Rausch. Hat dafür eine Familie zurückgelassen. Und glaubst du, daß sie sich das je verziehen hat? Nein. Natürlich nicht. Im Gegenteil. Ihr Schuldgefühl läßt sie danach trachten, den Geliebten in Besitz zu nehmen. Sich an ihn zu klammern, bis er nicht mehr atmen kann. Was ist daraus geworden? Haß. Und wenn eine Frau das in sich trägt, Haß und Schuld und Liebe, dann gibt es keinen Ausweg. So ein Leben endet tragisch. Jedenfalls ist das so in der Literatur. Bei Tolstoi ist das so. Im Leben muß das nicht so sein. Ich glaube kaum, daß du zu Tragik neigst. Nein. Sicher nicht. Dennoch ist aus der Literatur zu lernen. Tolstoi war ein guter Psychologe. Ein guter Analytiker. Warum hat er keinen Weg gesehen, Anna Karenina zu ihrem Ehemann zurückzuführen? Weil es Anna so ergangen wäre, wie es dir ergehen muß. Nimm einmal an, du gibst dich geschlagen. Dein Mann sagt, er vergibt den ›Seitensprung‹. Er nimmt dich zurück. In sein Leben. In sein Haus. In sein Bett. Und wenn er dich bedrängt, läßt du es geschehen, spielst ihm was vor. Und denkst dabei nur an den anderen. Sag mal, zu was du dann geworden bist. Zu was? Zu einer Hure. Eben. Zur Hure deines Ehemannes.

Und... was dann? Was dann mit deinen Kindern? Spüren sie die Hure, die ins Haus gekommen ist? Nein. Das wohl kaum. Was dir im elterlichen Bett geschieht, läßt du sie nicht erfahren.

Wie aber steht es mit der Lüge? Spielen die Hure und der Ehemann den Kindern eine Lüge vor? Tun sie so, als sei die Liebe zwischen ihnen nicht erloschen? Die Harmonie im Haus sei nicht zerstört? Glaubst du, eine zerbrochene Harmonie spürt ein Kind nur deshalb nicht, weil es zur

Stunde noch das eine ist: Kind? Und noch nicht das andere: Erwachsen? Nein. Ich glaube nicht. Eben.

Und das wirft die nächste Frage auf. Wie steht es mit dem Vertrauen? Glaubst du, dein Mann verflucht niemals die Bilder, die seine Qual ihm malt? Bilder, die dich und den anderen Mann in leidenschaftlicher Umarmung zeigen? Und wenn er die sieht... wenn er sich die Bilder malt... wie will er sich denn vorgaukeln, daß du den anderen vergessen hast? Wie kann er jemals wieder Vertrauen zu dir haben? Er kann es nicht. Du weißt es. Er weiß es auch. Aber... im Gegensatz zu dir... er möchte daran glauben. Und bei der unschuldigsten Gelegenheit, der nächsten, wenn ein Kerl von seinen Öltürmen dich fordernd ansieht, gibt es Streit. Also. Denk darüber nach. Schuldhaft oder unschuldig... Was hast du dir geschaffen? Eine zersprungene Harmonie. Du kannst sie nicht wie eine zerbrochene Vase kitten. Du siehst den Streit der Eltern kommen, lauthals, wiederkehrend, und vor den Kindern ausgetragen.

Also. Und in Konsequenz. Zum Schluß des Abwägens. Zum Schluß die Frage: Ist es nicht besser, du gehst davon? Und deine Kinder sehen dich nicht mehr?

Gegen Ende der zweiten Woche, an einem Sonntag, lenkt Elsie ihren Wagen zum Sunset Strip. Sie klingelt. Und wartet. Von oben, aus der Wohnung über dem Laden mit Plakaten und Nachbildungen klassischer Filmkostüme, kommt kein Laut, der hoffen läßt. Romain steigt nicht leise die steile Treppe nach unten, zu ihr, auf die Straße. Elsie steht unschlüssig neben der Eingangstür. Ein Cadillac hält an der Bordsteinkante. Der Fahrer läßt die Scheibe nach unten surren. Elsie sieht sein aufmunterndes Lächeln. Dann fährt sie sich mit der Hand über die Augen. Sie geht zu ihrem Wagen. Als sie sich über das Steuerrad beugt, beginnt sie zu weinen.

Am nächsten Abend sitzt sie Romain beim Dinner gegenüber. Da Bruno ist ein kleines Restaurant auf der anderen Seite von Melrose. Elsie erzählt. Zwischen den Sätzen gibt es lange Pausen. »Es geht nicht anders«, sagt sie. »Ich muß den Kindern ihren Frieden geben. Auch wenn der Friede schmerzt.«

Romain sieht aus dem Fenster. Weit hinten ist das Eisengitter am Tor der Paramount zu sehen.

»Gestern bin ich bei den Kindern gewesen. Ich bin in das Haus gefahren, jedoch erst am Nachmittag, als das Baseballspiel zu Ende war.« Elsie holt tief Luft und wartet. »Es wurde nötig, meinem

Sohn und der Tochter alles zu bekennen. Gottlob sind die beiden keine wirklich kleinen Kinder mehr. Das Mädchen wurde letzten Monat siebzehn, mein Sohn ist fünfzehneinhalb.« Die Hände der Frau liegen flach auf dem karierten Tischtuch. Sie trägt noch immer ihren Ehering. »Es wird keine Brücke geben zwischen mir und ihrem Vater, niemals wieder, und das ist es, was ich den beiden habe sagen müssen.«

Romain hebt das Weinglas. »Elsie«, sagt er, »laß mich auf deinen standhaften Charakter trinken.«

In den nächsten Wochen sieht er mit Bewunderung, wie sie ohne Murren die Veränderung erträgt. Sie macht sich daran, das Leben einer verwöhnten Frau aus der Erinnerung zu wischen, mit allem, was dazu gehört: einer Villa, Kreditkarten, den Bediensteten und der Gesellschaft jahrelanger Freunde. Ihr neues Heim sind zwei Zimmer im Laurel Canyon. Die Wände hat sie mit Büchern vollgestellt. Es gingen nur wenige hinein. Den größten Teil ihrer Bibliothek mußte sie, in Kisten verpackt, in einem Lagerhaus am Cahuenga Boulevard unterstellen. Die Wäsche fährt sie zu einem Laundromat. Abends kocht sie für Romain. Ihren Jaguar hat sie im Studio gegen Höchstgebot verkauft. Nach Drehschluß fährt sie Romain in einem Rambler den Weg zum Laurel Canyon hoch. »Wir sind beide klein«, sagt sie, »also paßt so ein Rambler gut zu uns.« Romain bleibt oftmals am Laurel Canyon über Nacht. An anderen Abenden hören sie im Bett den Lärm, der vom Sunset Boulevard in sein Zimmer kommt.

Als es Sommer wird, muß sie Papiere unterschreiben, die der Anwalt ihres Mannes für die Scheidung vorbereitet hat. Im gleichen Sommer macht die Paramount Elsie zur Leiterin der Dramaturgie.

Elsie sagt, sie hätte es nie geglaubt, aber das Junggesellenleben gefällt ihr sehr, und es geschieht zum gleichen Zeitpunkt, daß Romain beschließt, seine Freiheit aufzugeben. Nicht sehr viel später heiraten die beiden. Sie fahren dazu nach Reno, mit dem Rambler. Romain sagt: »Als Liebespaar gehören wir zwar zur Spezies der *ne pas du tout plus jeune*, und dennoch sollten wir an Flitterwochen denken. Wenn es dir recht ist, verbringen wir unseren *lune de miel* im Yosemite, wo es bei der Lodge diese romantischen Bungalows aus wunderschön behauenen Steinen geben soll.«

Nach ihrer Rückkehr beziehen sie eine Wohnung, die an dem baumbestandenen Fountain Drive gelegen ist. Romain spricht oft von Elsies Kindern. »Sie werden ein Leben lang nicht aufhören, uns beiden Vorwürfe zu machen.« Elsie widerspricht. »Nicht ein Leben lang, doch sicherlich noch viele Jahre. Eines Tages, wenn sie nach einigen Liebeleien eine feste Bindung eingehen, werden sie am eigenen Leib erfahren, wie voller Hindernisse der Weg ist, den zwei Menschen gehen müssen, wenn sie auf Lebenszeit ein Paar sein wollen.« Romain gibt zu bedenken: »Bis es so weit ist, werden wir wohl alte Leute sein.« Elsie lacht ihn aus: »Hast du etwa Angst davor?«, und weil er nur verlegen nickt, sonst aber stumm bleibt, sagt sie noch: »Wir müssen uns in das Warten fügen. Eines Tages werden die Kinder sich uns nähern. Dann können sie selbst entscheiden, ob ihre Mutter tatsächlich jene leichtfertige Person ist, die ein in seinem männlichen Stolz verletzter Vater ihnen geschildert hat.«

Die Spielleidenschaft ihres eleganten Russen bereitet Elsie Sorge. Zwei- oder dreimal begleitet sie ihn, wenn er in den Bridge Club geht. Als sie sieht, wie zerfahren er ist, wie unstetig er spielt, hält sie sich für schuldig. »Ich glaube, daß ich dir beim Spielen Unglück bringe.«

Elsie gewöhnt sich an ihr Alleinsein, halbe Nächte lang, und im Lauf der Jahre fügt sie sich in das Schicksal einer Frau, deren Mann beim Spiel Schuldscheine unterschreibt.

Im August 1944 geht Romain nur selten in den Club. Er verbringt mit seiner Frau ganze Nächte vor dem Radio. Die Kämpfe um Paris halten ihn im Bann. Hitler befiehlt die Zerstörung aller historischen Gebäude und Kunstschätze in der Stadt. Romain quält sich mit Schreckensbildern, die Paris in Flammen zeigen. Doch der Stadtkommandant der Deutschen führt den verbrecherischen Befehl nicht aus. Am 24. August 1944 übergibt er die Stadt kampflos an die Alliierten. Elsie betrachtet verwundert die Tränen im Gesicht des Mannes vor dem Radio. Sie kennt jetzt den Ort, der für Romain Heimat ist.

Im Jahr darauf besteigen sie den Union Pacific nach New York. Sechs Tage lang sitzt Elsie im gläsernen Aussichtswagen. Ohne Murren nimmt sie Abschied von Amerika. Ein englischer Frachter, der Kabinen für acht Passagiere hat, bringt sie nach LeHavre.

Romain liegt tagelang geschwächt in seiner Koje. Elsie ist überrascht, daß sie nicht seekrank wird.

In Paris läuft sie durch Straßen und Museen. In der Métro und in Galerien spricht sie wildfremde Menschen an, und ihr Französisch, seit Harvard fast vergessen, frischt sie auf diese Weise wieder auf. Die Trennung von der Heimat schmerzt nicht mehr. Mit dem Figaro in der Hand geht sie auf Wohnungssuche. Romain streicht für sie eine der Annoncen an. Der Spürsinn des Spielers trifft das Richtige: drei Zimmer, zweiter Stock, Rue de Monttessuy, unweit des Eiffelturms, und die Miete ist angemessen. Elsie nimmt die Wohnung.

Zur gleichen Zeit knüpft Romain alte Fäden wieder an. Er erfährt, wer im Krieg gefallen ist. Ein Kameramann, der zwei Filme für ihn drehte, gilt als vermißt. Tag für Tag trifft er alte Freunde wieder. Filmleute bei Gaumont. Und die Kellner bei Fouquet's. Die Kellner erzählen ihm, daß der alte Toilettenmann noch lebt, unten, zwischen Marmorwänden, einundsiebzig Jahre alt – und lebt! Der Mann heißt Bertrand. Er ist kurzsichtig geworden, aber als er Romains Stimme hört, ist er gerührt. Romain sieht, daß die zwei Telefone noch immer an der Wand hängen, wo sie schon vor dem Kriege hingen, neben den Waschbecken, mit einem Tisch und einem Stuhl zwischen den schwarzen Apparaten. Bertrand hat Kamm und Bürsten auf dem Tischchen stehen, eingerahmt von Flaschen mit Eau de Cologne in vielen Farben.

Wie Romain sieht, daß sich nichts verändert hat, sagt er zu dem Toilettenmann: » *Cher Bertrand, écoute moi bien.* Ich habe die Absicht, wieder Filme zu produzieren. Du erinnerst dich an die gloriosen Zeiten, die mit dem Leben damals verbunden waren? Was? Wie? Sie werden wiederkommen, die Tage des Glücks und der Schüsseln voller Trüffel! Wie du weißt, *cher ami,* sind am Anbeginn riskanter Unternehmen die Mittel naturgegeben knapp bemessen, und so werde ich denn auch nicht mein Kapital in verschwenderische Räume für ein Büro versenken, nicht am Rond Point und schon gar nicht in der Rue de Berry. Ich beabsichtige auch nicht, eine *demoiselle* einzustellen, die nichts tut, als mich mit schmachtenden Augen zu betrachten und sich die Fingernägel zu bemalen. Mitnichten. Keineswegs. Was ich hingegen beabsichtige, *mon cher Bertrand,* ist dies: Meine Telefonate zum Auftreiben des Kapitals führe ich von

Romain und Elsie.
Der Spieler und seine
große Liebe.
Los Angeles, 1976

diesen Apparaten aus. Hier an dieser Wand. Meine Notizen mache ich an deinem Tisch. Und wenn ich oben das *déjeuner* einnehme oder mit meinen Stars diniere, nimmst du hier unten die Gespräche für mich an und sagst: ›Monsieur Pinés ist derzeit unabkömmlich, aber wenn Sie mir Ihre Nummer anvertrauen wollen, retourniert Monsieur Ihr Gespräch ohne Verzögerung.‹ Für diese geringfügige Abweichung von deiner normalen Tätigkeit, Bertrand, werde ich mich dir allmonatlich, und auf angemessene Weise, erkenntlich zeigen.« Bertrand sagt, das Angebot sei *très correct*.

Romain nimmt sein altes Leben wieder auf. Er läßt Elsie lesen. Sobald sie ihm eine Geschichte gefunden hat, macht er sich auf die Suche nach dem großen Geld. Die Leute bei der Verleihfirma Gaumont loben seinen guten Geschmack bei der Auswahl von *sujets*. Zweimal in der Woche spielt er Bridge. Als er Schulden macht, verdingt sich Elsie als Lektorin bei Flammarion. Manchmal macht sie Übersetzungen. Sie ist meist den ganzen Tag allein. In Ihren Wachträumen findet Romain ein größeres Apartment und läßt ihre Bibliothek nach Paris transportieren. Einmal schreibt sie den Kindern in einem langen Brief, daß sie eine neue Adresse hat. Und daß sie in Paris glücklich ist.

So stehen die Dinge gegen Ende 1946 im Leben des Romain Pinés. Vierzehn Jahre später sollten wir uns in einer dunklen Nacht vor dem Studio de Boulogne begegnen.

ZWEITER TEIL

Die Begegnung mit Romain Pinés fand an einem Freitag statt. Ich erinnere mich sehr genau daran, daß es ein Freitag war, weil ich in den frühen Morgenstunden des Samstag in Rom eine Maschine der BOAC erwischen wollte, die mich zu Howard Hawks und Duke Wayne nach Tanganjika bringen sollte.

In jener Freitagnacht begann meine Mitwirkung an dieser ungewöhnlichen Geschichte, die mich in eine *histoire d'amour* einband. Wir drehten damals von zwölf Uhr mittags bis abends um halb acht, und weil ich keine Schminke benutze, bestellte ich mir das Taxi meist für gegen acht. Der Abend, an dem ich Romain Pinés zum ersten Mal sah, machte darin keine Ausnahme, auch wenn es mein letzter Drehtag für den Film mit Charles und Lino gewesen war.

Wegen meiner Abreise hatte Henri Deutschmeister das Abschiedsfest für die *équipe* schon einen Tag zuvor gegeben, mit Saumon fumé, Pâté de foie, Blanc de Blanc, Côte du Rhône, Baguette und Brie, und am Abend der Begegnung mit dem Spieler wollte ich mir auf dem Weg zum Flughafen Orly nur noch meine Koffer aus der Garçonnière holen.

Ich kam also gegen acht durch die schwere Eisentür, wie ich schon sagte, und fröstelte in der kalten Luft, als eine Stimme sagte: »Sie sollten heute nacht nicht das Flugzeug nach Rom besteigen.« Der Fremde hatte es auf deutsch gesagt. »Ich bin gekommen, Sie daran zu hindern.«

Um mich herum war Finsternis. Ich ließ meinen Augen Zeit. Sie waren noch immer von der Helligkeit der Scheinwerfer geblendet.

Am Ende der Rampe für die Bühnenwagen stand ein Mann. Sein Mantel war von der gleichen dunklen Farbe wie die Nacht. Der Mann nahm den Hut ab. Es war ein Homburg. Mit galanter Höflichkeit senkte er den Kopf ein wenig. Sein Haar war weiß.

»Permettez, monsieur, que je me fasse connaître«, sagte er. Dann nannte er seinen Namen. Er wechselte die Sprachen von einem Satz zum anderen.

»Wenn Sie morgen früh die Air France über Kairo nehmen«, sagte er, »können Sie sich immer noch zum *petit déjeuner* mit Mr. Hawks am Sonntag in Arusha treffen, und das Anmessen Ihres Kostüms ist ohnehin nicht vor Montag angesetzt.«

Ich überlegte, wie der Mann das wissen konnte, und sofort erriet er den Gedanken. »Mit Ihrem Produzenten, Monsieur Deutschmeister, verbindet mich eine gewisse Freundschaft.« Wie zur Entschuldigung für die Indiskretion streckte er beide Arme seitwärts von sich. In der Linken hielt er noch immer den schwarzen Homburg. Aus dem Ärmel seines Mantels rutschte eine Armbanduhr auf seine Hand hinab. Sie ließ an Damenuhren denken und war an einer schweren goldenen Kette festgemacht.

»Ich habe den Film Ihres Lebens für Sie, *cher monsieur*«, sagte er, »und deshalb müssen Sie Ihren Flug bis zum Morgengrauen verschieben.« Er lächelte. »Wenn Sie nun das fragen sollten, was alle Schauspieler immer wieder fragen, und das Drehbuch sehen wollen, so gebe ich unumwunden zu, daß ich noch keines habe. Andererseits gebe ich zu bedenken, daß Howard Hawks ja auch kein Drehbuch hat. Der Altmeister dreht stets ohne Buch, und Sie werden Ihren Dialog mit John Wayne aus dem Stegreif selbst erfinden müssen.« Er setzte sich den Homburg auf. Die Damenuhr verschwand im Ärmel. »Alles, Monsieur, worum ich bitte, ist, daß Sie mir gestatten, Sie zum Diner zu Fouqet's führen zu dürfen. Dort erwartet uns ein junger Mann, den ich zum Regisseur meines Films machen werde. Er heißt Serge Bourguignon und ist ein außergewöhnliches Talent, nicht allein als *metteur en scène*, sondern ebenso als Drehbuchautor. Bitte gestatten Sie dem jungen Mann, daß er Ihnen die Geschichte meines Films erzählt.«

Romain Pinés sah mich von unten herauf an. Er wartete. Ich dachte mir, wie klein er ist.

»Wenn Sie mich nun fragen sollten«, fuhr er fort, »welche Filme dieser junge Regisseur gedreht hat, so muß ich gestehen, *rien, rien du tout,* jedenfalls kann er sich nicht auf einen einzigen Spielfilm berufen, denn er hat sich jahrelang in Indien herumgetrieben und in China, und was er von dort mit heimbrachte, waren

Serge Bourguignon (am Mikrophon). Regisseur des Films
Les Dimanches de Ville d'Avray / Sundays and Cybele / Sonntage mit Sybill. Paris, 1961

court métrages, also Kurzfilme, und sein letzter, mit dem Titel *Le Sourire*, hat ihm in diesem Frühjahr den ersten Preis bei den Filmfestspielen in Cannes eingetragen.«

Es war schwer, das Alter des kleinen Mannes zu bestimmen. Nach einigem Überlegen entschied ich mich für fünfundsiebzig.

Romain Pinés sagte: »Auf die Gefahr hin, *monsieur*, daß Sie mich hier in der Kälte stehen lassen, muß ich eine Indiskretion begehen. Serge Bourguignon will Sie für den Film nicht haben.« Er lachte. »Dieser ungestüme junge Mensch sieht Warren Beatty in der Rolle.« Er lachte wieder. »Warren Beatty! Wer soll den bezahlen? Ein armer *producteur français*, wie ich es bin, und soll sich Warren Beatty leisten? Außerdem ist diese *vedette americaine* für die Rolle alles andere als richtig.« Er hielt mir einen dünnen Zeigefinger gegen die Brust. »Sie sind für die Rolle richtig, *cher monsieur*, Sie! Goldrichtig! Und ich werde Sie bezahlen können. Wenn mein Freund Deutschmeister Sie bezahlen kann, so kann ich, Romain Pinés, das auch!«

Er machte eine Pause und fragte dann, ob seine undiplomatische Offenheit mich verletze, und als ich sagte, keineswegs, schien ihn das zu freuen. »Sie müssen wissen, daß ich diesen Bourguignon für einen unerträglichen Dickkopf halte«, sagte er. »Soll ich ihm nun erklären, daß dieser Beatty kleine Äuglein hat? Daß solche Äuglein nicht von Liebe sprechen können? Und was wir da als Film zaubern werden, ist die schönste Liebesgeschichte der Welt, das verspreche ich Ihnen! Monsieur Krüger, ich brauche Ihre Augen für den Film! Bin ich aber dumm genug, dies dem Dickkopf einzureiben? Soll ich womöglich gegen einen Dickkopf kämpfen? Ich? Nein! Ich bin kein Kämpfer. Ich bin ein Mann mit Nase. Ein Mensch mit Geschmack. Ich kann unseren Film bereits schmecken! Er zergeht mir auf der Zunge. Wer ihn sich ansieht, muß sich eine Serviette umbinden! Ich ahne das Glück voraus, das auf uns wartet!«

Der kleine Mann nahm jetzt wieder seinen Homburg ab. »Und noch etwas ahne ich voraus. Sie und dieser Dickkopf werden ein Herz und eine Seele sein. Sie sind füreinander geschaffen.« Er schüttelte seine goldene Uhr unter der Manschette hervor und ließ ein Feuerzeug aufflammen. Mit Blick auf das Ziffernblatt sagte er: »Sie hören mir jetzt seit vierzehn Minuten zu. Seit vierzehn Minuten haben Sie kein Wort gesprochen. Sie haben mit Ihrem Schweigen zugehört. So etwas ist ungewöhnlich heutzutage, und wenn Sie nun der Geschichte, die Serge Bourguignon erzählen wird, mit Ihrem Schweigen lauschen, wenn er Ihre Augen vor sich sieht, wird er den Namen Warren Beatty nie wieder erwähnen.« Er streckte, zum zweitenmal an diesem Abend, die Arme seitwärts aus. »Machen Sie einem nichtsnutzigen alten Dummkopf die Freude, und dinieren Sie mit ihm.«

Ich ließ einen Peugeot der Franco London zum Pförtner kommen und sagte zu dem Fahrer: »Maurice, die Reise endet bei Fouquet's, und für den Rest des Abends solltest du dich deiner Freundin überlassen.«

Während der Fahrt durch den Bois sagte ich mir: Dieser Pinés muß ein gelernter Magier sein. Dann zählte ich mir die Punkte an den Fingern ab. Er hat kein Drehbuch. Sein Regisseur hat noch nie einen Film mit Schauspielern gedreht. Und obendrein will sein Regisseur nicht dich, sondern Warren Beatty haben.

An der Porte Dauphine sagte ich mir: Setz den Mann ab. Vor der Tür von Fouquet's. Und mach, daß du nach Rom und nach Nairobi kommst.

Serge Bourguignon war ein Mann in meinem Alter. Anfang dreißig. Dunkelblond. Er hatte klare blaue Augen. Seine Wimpern waren lang und dunkel. Er hatte Wimpern, wie sie jungen Frauen gut gefallen.

Wir bestellten *pastis*, und Monsieur Pinés sagte, er werde Howard Hawks über die Paramount in Hollywood ein Telegramm zukommen lassen, wegen des *petit déjeuner* am Sonntag, und Bertrand, sein Assistent, solle die Umbuchung sofort in Angriff nehmen. Dann ging er an kostbar gedeckten Tischen vorüber und stieg die Treppe hinunter in das Souterrain.

Bourguignon sagte: »Damit Sie es nicht hintenrum erfahren, ich möchte für die Rolle Warren Beatty haben.«

»*That's your misfortune*«, sagte ich.

Er lachte. Mir gefiel sein Lachen. »Das ist ein Satz aus einem Film«, meinte er. »Aus welchem Film?«

»*Gone With The Wind,* Clark Gable zu Scarlett O'Hara. Gegen Schluß.«

»Richtig.« Er schlug sich vor die Stirn. »In einem Artikel über Sie habe ich gelesen, daß Sie die Fliegerei zum Hobby haben. Ist das so?« Ich nickte. »Der Mann in dem Film, den Romain machen will, ist Pilot, ein Amerikaner, und deshalb Warren Beatty.«

Ich sagte: »Erzählen Sie die Geschichte.«

»Dazu muß ich mit der Frau von Romain Pinés beginnen. Sie ist Amerikanerin und arbeitet als Lektorin hier in Paris. Eine wunderbare alte Dame, schönes Gesicht, eine stille Frau, mit weißem Haar. Madame Pinés hat einen Kriminalroman aufgetan, der nichts taugt. Sie sagt selbst, daß er nichts taugt. Der übliche Kram, Sie verstehen? Dennoch hat sie ihrem Mann das Buch ge-

geben, und mit Recht, denn in dem Krimi gibt es Szenen einer
Liebe, die ganz ungewöhnlich sind. Ich habe aus diesen Szenen
eine eigenständige Geschichte entwickelt, und sobald Monsieur
Pinés etwas Geld beisammen hat, werde ich mich ans Drehbuch
machen. Den Titel des Krimis werde ich übernehmen. Er lautet
Les Dimanches de Ville d'Avray. Kennen Sie die Vororte von Paris?«
Ich mußte verneinen, »leider, nur wenige«, und er sagte: »Dieses
Avray ist ein solcher Vorort, mit Bürgern eines wohlhabenden
Mittelstandes.«

Romain Pinés kam zurück und verkündete: »Bertrand ist dabei, sich um alles zu kümmern.«

Wir sahen in die Speisekarten, und ich sagte: »Die Austern,
die sie draußen vor der Tür bei diesen überdachten Ständen auf-
schneiden, haben mir schon im Vorübergehen das Wasser im
Mund zusammenlaufen lassen.«

Der Kellner war mit Monsieur Pinés vertraut. Er brauchte nur
zu hören: »Muscheln, drei Dutzend«, und schon sagte er: *»Belons
zéro zéro, comme d'habitude.«*

Romain Pinés sagte: *»Et un Bordeaux blanc, bien frais, aussi
comme d'habitude.«*

Wir aßen die Austern und eine Seezunge aus Dover und tranken den Bordeaux dazu. Später hatten wir Kaffee und einen alten
Napoléon vor uns stehen. Serge Bourguignon sagte, er sei Kenner
von Zigarren aus Kuba, und als wir die angezündet hatten, begann
er mit der Geschichte, die er entwickelt hatte.

»Wir eröffnen den Film mit einem Piloten im Cockpit. Der
Mann ist Jagdflieger. Ein Amerikaner. Das Land unter ihm ist
Korea. Die Maschine ist bei einem Tiefflug angeschossen worden
und befindet sich im Absturz. Es gelingt dem Piloten nicht, sich
rauszuschleudern. Kurz vor dem Aufprall sieht er – schrecklich –
grimassenhaft – filmisch groß – überlebensgroß – das Entsetzen im
Gesicht einer kleinen Koreanerin. Mit dem Aufprall legen wir die
Titel über das graphisch verzerrte Bild des Piloten. Beim Aufblen-
den sehen wir den Mann wieder, er ist jetzt am Stadtrand von Paris, eben in Ville d'Avray. Der Mann lebt mit einer Französin zusammen. Sie ist Krankenschwester und hat ihn im Feldlazarett
gesund gepflegt. Das Entscheidende ist nun, daß der Pilot bei dem
Absturz sein Gedächtnis verloren hat. Er erinnert sich an nichts.

Nicht an Korea, nicht an sein früheres Leben und auch nicht an seinen Namen. Die Krankenschwester nennt ihn Pierre. Er sieht gut aus, ist kräftig, gesund und hat das Gemüt eines Kindes. Er benimmt sich oft, als sei er fünfzehn. Jeden Morgen begleitet er die Krankenschwester zur Vorortbahn, und jeden Abend holt er sie am Bahnhof ab. Tagsüber ist er sich selbst überlassen.

Unsere Geschichte beginnt bei Dunkelheit und auf dem Bahnsteig. Nach dem Einlaufen der Vorortbahn steht Pierre vor einem kleinen Mädchen. Sie wird von ihrem Vater aus dem Zug gezerrt. Das Kind weint. Pierre ist von dem Gesicht der Kleinen ganz gefangengenommen. Er hört mit an, wie sie darum fleht, nicht ins Waisenhaus gebracht zu werden. Wie ein Nachtwandler läuft er den beiden hinterher bis zu dem Waisenhaus, das hinter hohen Mauern liegt. Die Kleine wird von Ordensschwestern in Empfang genommen, und beim Abschied muß der Vater versprechen, seine Tochter an jedem Sonntag zu besuchen.

Kaum wird es Sonntag, läuft Pierre zum Waisenhaus. In der hohen Mauer steht das Eisentor während der Besuchszeit offen. Das Mädchen sitzt auf einer Bank im Innenhof. Sie ist nicht abgeholt worden, ihr Vater hat sein Versprechen nicht gehalten, und die Kleine hat von Anfang an gespürt, daß er niemals wiederkommen wird.

Pierre ist von dem Mädchen magisch angezogen. Er macht ein paar zögernde Schritte auf sie zu. Die Kleine sieht den fremden Mann im Eingangstor und erkennt ihn wieder. Jubelnd springt sie an ihm hoch: *Bonjour, papa!* Die Nonnen merken die raffinierte Täuschung nicht und lassen die Halbwaise mit dem Fremden durch das Tor von dannen ziehen.

Von nun an holt der vermeintliche Vater das Mädchen jeden Sonntagmorgen aus dem Waisenhaus. Ohne Plan und ohne nachzudenken, laufen die beiden dem Wald entgegen. Ville d'Avray ist von ausgedehnten Wäldern umgeben. Es sind Mischwälder, mit hohen Bäumen, Hunderte von Jahren alt. Zwischen den Bäumen spiegeln dunkle Teiche den Himmel wider.«

An dieser Stelle unterbrach der Regisseur seine Geschichte. »Wir werden den Film im Winter drehen«, sagte er dann, »unter einem grauen Himmel und in Schwarzweiß. Es gefällt mir, wenn die Bäume keine Blätter haben. In Schwarzweiß werden die auf-

Eine ganz ungewöhnliche Liebe. *Sonntage mit Sybill.* Paris, 1961

strebenden dunklen Bäume unter einem trüben Himmel japanischen Tuschezeichnungen ähneln. Wir nehmen den besten Kameramann, den Frankreich hat: Henri Decae. Er wird uns mit seiner Kamera die romantischen Waldszenen auf die Leinwand malen, die wir für unsere Liebesgeschichte brauchen. Denn was wir hier haben, ist die Geschichte einer Liebe. Einer großen Liebe, fern von Sexualität. Was wir hier haben, ist Liebe im Sinne von Wärme, im Sinne von Sich-Verschenken. So, wie nur Kinder sich verschenken. Und die beiden sind ja Kinder: Das Mädchen ist elf Jahre alt, und Pierre hat ein einfältiges Gemüt.

Der große, dunkle Wald ist ihr Zuhause. Wenn die beiden ihn betreten, werfen sie einen Stein in das unbewegte Wasser eines Teiches und sehen den Ringen zu, wie sie innen klein sind und dann groß und größer werden. Diese Ringe sind das Schloß in ihrer Tür, und sobald die Ringe an das andere Ufer stoßen, sagt Pierre: *Et voilà, nous sommes chez nous.* In der wirklich kalten Zeit des Winters bedeckt sich der Teich mit Eis. Wenn das geschieht, läßt Pierre einen Stein über die zugefrorene Fläche hüpfen, und in der Stille des Waldes singt das Eis.

Der Name des Mädchens ist Cybèle, doch daraus macht sie ein Geheimnis. Wie eine kleine Frau läßt sie ihren Pierre auf den Namen lange warten. Als sie ihn dann schließlich nennt, ist das für ihren Freund wie ein Geschenk. Sie ist ja bettelarm. Was kann sie ihm schon schenken – außer ihrem Namen?

Die Sonntage der beiden sind mit allerlei Erlebnissen angefüllt, und wie es bei anderen Liebespaaren auch so ist, gibt es zwischen ihnen Lachen, Eifersucht und Hoffnung. Es wird Szenen ihrer Träume geben, ihrer Sorgen, ihres Kinderlachens und ihrer Pläne für die Zukunft. Und mit dem Wort Zukunft sind wir am Ende der Geschichte angelangt. Der Film muß wie eine griechische Tragödie enden. Eine Zukunft gibt es für die beiden nicht. Das Ende wird durch die wohlhabende Bourgeoisie von Ville d'Avray herbeigeführt. Den Leuten ist das ungleiche Paar seit langem aufgefallen. Spaziergänger haben ihre Umarmungen mitangesehen. Ihre Küsse. Die Umarmungen sind unschuldig, und ihre Küsse sind verspielt, doch in den Köpfen der Bürger von Avray gibt es schon lange keine Unschuld mehr, und verspielte Küsse führen bei Erwachsenen zu schmutzigen Gedanken. In der festen Überzeugung, daß der Mann im Wald sich an dem Kind vergeht, bringen sie ihn zur Strecke. Sie töten ihn.«

Serge Bourguignon lehnte sich weit mit seinem Stuhl zurück. »Das letzte Bild des Filmes ist der Verzweiflungsschrei des Waisenkindes.«

Pinés sah geradeaus und wartete. Bourguignon wollte wissen, was ich zu der Sache meine. Ich sagte, die Sache mache auf mich Eindruck. Dann lehnten wir uns über den Tisch, Serge und ich, und sprachen Einzelheiten durch. Pinés sagte, das habe er ja vorausgesehen, und für die Zukunft sei ›Zwillingsbrüder‹ die beste Beschreibung für uns beide.

Später kam Unruhe an den Tisch. Sie ging von einem alten Mann aus, der einen weißen Kittel trug. Er legte einen Homburg zwischen unsere Gläser. Ich erkannte in ihm den Mann, der mir im Vorraum der Herrentoilette den Trenchcoat abgenommen hatte. Pinés nannte ihn Bertrand und fragte nach den Kellnern. Der Glatzkopf deutete verlegen in die Runde. Das Restaurant war leer. Pinés meinte, das sei ja nun ein höchst interessantes Bild, erst halb vier, und nicht ein einziger Kellner habe ausgeharrt.

Bertrand murmelte, sehr viel länger harre er jetzt auch nicht aus, aber Pinés hörte ihn nicht mehr. Er hatte seine Augen auf mich gerichtet. »Wie ist das nun«, sagte er. »Ist das nun eine Rolle, die Sie spielen, oder nicht?« Seine Augen waren müde. Alt.

Ich sagte: »Ja. Ich spiele.« Drei Stunden später nahm ich das Flugzeug nach Nairobi.

Als es Weihnachten wurde, saß ich unter dem Vordach meines Zeltes am Mto wa Mbu und dachte an Pinés und Bourguignon. Es war das erste Mal, daß ich wieder an die beiden dachte. Ich stellte sie mir vor, wie sie durch ihre Straßen liefen, in ihrer Stadt mit dem kalten Dezemberwind und den langen Schnüren weißer Lichter an den eleganten Häusern. Es ist sehr schwer, an Paris und Weihnachten zu denken, wenn du im Busch lebst und der Sonnenuntergang dir in die Augen brennt. An das Mädchen Cybèle hatte ich auch nicht mehr gedacht. Dann, als ich die beiden Franzosen bei den weißen Lichterschnüren sah, fiel mir auch das Mädchen wieder ein. Ich schloß die Augen und ließ sie durch eine japanische Tuschezeichnung laufen. Sie war klein und schmal in ihrem dunklen Wintermantel. Eine Wollmütze bedeckte ihr Haar. Ich stellte mir ihr Haar in der Farbe von Kastanien vor, und ihre dunklen Augen lachten: »Pierre … du bist ja eifersüchtig!« Als sie wieder ernst wurde, sah sie verlassen aus.

Während der Monate zuvor hatte mein Leben mir den Traum eines Fünfzehnjährigen erfüllt. Von Tagesanbruch bis zur Dunkelheit drehten wir inmitten wilder Tiere. Ich hatte begonnen, meine Abenteuer im Busch aufzuschreiben, abends, an dem kleinen wackeligen Holztisch, vor meinem Zelt. Es war der Anfang jenes Buches, das Felix Jud eines Tages zu Rowohlt tragen sollte.

Das Ende der glücklichen Tage am Kilimanjaro sah mich mit schwerem Herzen von der Farm Momella Abschied nehmen. Wir fuhren die Käfige mit den Tieren, die wir gefangen hatten, nach

Nairobi. Howard Hawks sagte, er würde sie dem Zoo in San Diego schenken. Ich sah den Giraffen zu und den Büffeln, wie sie in das Frachtflugzeug geladen wurden. Das Bild ließ mich an Noah und seine Arche denken. Dann trug ich meine Gepardin Sonja an Bord der Maschine und setzte sie in einem Käfig ab.

Am Tag darauf flog das ganze Team nach Los Angeles zurück. Wir hatten noch die Innenszenen bei Paramount zu drehen. Ich nahm die Air France über Paris. Es lag mir daran, Bourguignon und Pinés wiederzusehen. Wir trafen uns in der Lounge der Air France auf dem Flughafen Orly. Serge gab mir das Drehbuch. Romain machte sich Sorgen, beträchtliche sogar, weil es ihm schwergemacht wurde, bei Gaumont einen Verleihvertrag auszuhandeln. Die großen Erfolge an der Kinokasse seien die Filme von Antonioni und Vadim, und beide Regisseure führten dem Publikum Geschichten vor, in denen der Begriff Liebe neu gedeutet werde. Erschreckend kalt gedeutet werde. Der alte Spieler war bedrückt.

Ein paar Stunden später ging meine Maschine über Gander und Saint Louis nach Los Angeles. Die Nacht hindurch las ich die Liebesgeschichte von Ville d'Avray. Ich war begeistert. Serge hatte ein gutes Buch geschrieben. Ich ließ mir von der Stewardeß ein Glas Champagner bringen und setzte ein Telegramm auf: ROMAIN PINÉS / SERGE BOURGUIGNON – CHEZ FOUQUET'S – CHAMPS ELYSÉE AU COIN AVE GEORGE-V – PARIS – FRANCE. Den Text begann ich auf französisch: UN BOUQUIN EXCELLENT STOP – Dann schrieb ich auf deutsch weiter: DEN SATZ FUER MEINE BEGEISTERUNG LEIHE ICH MIR BEI DEM ALTEN LANDSMANN SCHILLER AUS STOP ICH SEI STOP GEWAEHRT MIR DIE BITTE STOP IN EUREM BUND DER DRITTE. Der Bordingenieur setzte das Telegramm über Funk ab.

Zwei Tage später sah ich unsere Tiere aus der Arche Noah wieder. Sie standen in einer leeren Halle bei Paramount. Howard Hawks gab eine Pressekonferenz. Duke ritt auf einem zahmen Büffel durch das Tor. Elsa Martinelli trieb ihre Baby-Elefanten vor sich her. Ich führte meine Gepardin an die Pressetische. Als wir vor Hedda Hopper standen, schrie die Frau entsetzt auf. Sie sprang vom Stuhl und verlor einen roten Hut mit Feder. Sonja holte sich den Hut. Howard Hawks fing die Klatschkolumnistin mit beiden

Armen auf. »Aber das ist doch kein Leopard!« rief er, und die Journalisten lachten. »Das ist doch nur Hardys Schmusekatze!«

Am Tag darauf setzten wir unsere Arbeit fort. Die Filmarchitekten hatten das Wohnzimmer der Momella-Farm naturgetreu nachgebaut. Selbst meinen Schaukelstuhl hatten sie nach Hollywood gebracht. Ich setzte mich in den Rocker und fühlte mich zu Hause und dachte an das kleine Mädchen in einem Vorort von Paris.

In der Mittagspause buchstabierte ich meiner Sekretärin die Namen Pinés und Bourguignon und Fouquet's und diktierte ihr ein kurzes Telegramm in die Schreibmaschine: CYBELE IS HAUNTING ME STOP HARDY.

Sechs Wochen später war *Hatari* abgedreht. Duke gab eine Runde aus. Die nächste Runde kam von mir. Ich sagte zu Hawks, daß ich mich bei ihm zu bedanken habe. Duke brummelte: »Nu' fangt mir bloß nich' noch zu heulen an.«

Ich ging Sonja in ihrem Zoo besuchen. Sie sah mich schon von weitem kommen. Ich sagte zu ihr: »Momella wird ohne dich nicht sein, was es mal war.« Dann machte ich mich auf den Weg nach Paris.

Serge sagte, daß ich unsere Cybèle kennenlernen müsse. Als sie auf mich zukam, stand ich wie erstarrt. Sie war zum Verwechseln dem Mädchen mit den Kastanienhaaren ähnlich. Ich hatte sie vorausgeträumt.

Wir liefen durch den Wald und zu den Teichen. Serge sagte: »Nimm sie bei der Hand.« Er kreiste um uns herum und machte Fotos. »Sie heißt Patricia Gozzi, und sie ist elf Jahre alt, und ich will dir mal was erzählen, das dich überraschen wird.« Seine Leica war jetzt ganz nah vor unseren Köpfen. »Ihr seid beide am gleichen Tag zur Welt gekommen.«

»Ist das wahr?« Das Kind strahlte mich aus runden Augen an. »Auch im April? Auch am zwölften?«

Ich nickte. »Allerdings, wie es aussieht, ein paar Jahre früher.«

Am Abend lernte ich Elsie kennen. Sie war so, wie Serge sie mir beschrieben hatte: weißhaarig, klein, damenhaft, mit gütigen Augen. Romain hatte mich in die Rue de Monttessuy mitgenommen. Wir saßen uns im Wohnzimmer gegenüber. Auf einem Schreibtisch lehnte das Farbfoto dreier Menschen an einem Stapel von Manuskripten. Eine weißhaarige Frau war darauf zu sehen, die Arm in Arm mit einem hübschen Wesen stand, das ihr ähnlich sah. Am Bildrand stand ein Mann, der ein athletisches Aussehen hatte. Hinter den dreien glitzerten die Wasser einer Fontäne am Rond Point.

»Meine Kinder aus Los Angeles«, sagte Elsie Pinés. »Im Sommer vor zwei Jahren haben sie sich Zeit genommen, uns zu besuchen.«

Romains Augen waren ohne Leben. »Ich habe alle meine Freunde um mich versammelt, die Filmproduzenten sind, hier in Paris. Wenn du uns abzählst, kommst du auf sieben. Wir legen zusammen, was die Banken uns leihen, doch das ist erst ein Viertel dessen, was wir brauchen, und ich kann keinen französischen Verleiher zu einem Vertrag bewegen.« Er öffnete ein silbernes Etui und hielt es mir entgegen. Mir gefielen seine türkischen Zigaretten, und ich nahm mir eine.

»Wie ist es?« sagte er. »Bist du mit Sam Spiegel einigermaßen gut bekannt?«

»Joe Losey hat uns bekanntgemacht«, sagte ich, »in London. Danach habe ich ihn ein paarmal besucht, er hat ein ständiges Apartment im Grosvenor House. Daß ich ihn gut kenne, kann ich nicht behaupten.«

»Der alte Schlawiner hat dir also erlaubt, Kontakt mit ihm zu halten, was?« Es schien ihn zu erfreuen. »In meinen Augen ist Sam der unabhängigste von allen unabhängigen Produzenten. Wer sonst in Hollywood hat so eine Liste von Filmen aufzuweisen? *Die Faust im Nacken, Plötzlich im letzten Sommer, Die Brücke am Kwai.*«

Er verließ seinen Sessel und ging vor Elsie auf und ab. »Sam hält achtzig Prozent der Aktien von Columbia Pictures. Wußtest du das? In Hollywood habe ich zuweilen mit ihm Bridge gespielt. Damals hatte er mehr Schulden als Haare auf dem Kopf. Aber dann haben seine Filme ihn steinreich gemacht. Jetzt hat er die Columbia in der Tasche.« Er blieb vor mir stehen. »Du solltest Sam ein Telegramm schreiben.«

Ich sah ihn an und wartete.

»Schreib ihm ganz einfach: ›Lieber Sam, unser gemeinsamer Freund Romain Pinés hat ein Drehbuch, von dem ich mir viel verspreche. Würden Sie die Freundlichkeit besitzen, den Autoren Serge Bourguignon, der auch Regie führen wird, an einem Tage Ihrer Wahl im Grosvenor House zu empfangen? Serge wird Ihnen das Manuskript übergeben und steht zu jeder Auskunft bereit. Um Ihnen die Ungelegenheit einer Antwort zu ersparen, werde ich veranlassen, daß Romain Anfang der Woche telefonischen Kontakt mit Ihnen aufnimmt. Für Ihr Verständnis, Sam, bin ich Ihnen bereits jetzt dankbar.‹«

Romain wiederholte den Text noch einmal für Elsie, die alles sorgsam niederschrieb. In der gleichen Nacht schickte ich den Pagen vom Lord Byron mit dem Papier zum Telegraphenamt an der Rue Lincoln.

Am Dienstag setzten wir den Plan in Gang, der von Romain stammte. Der alte Spieler hatte gesagt: »Am Montag rufe ich noch nicht an. Das würde ja bei Sam den Verdacht aufkommen lassen, mir stünde das Wasser bis zum Hals.«

Er telefonierte am Dienstag gegen elf. Sam hatte um die Zeit ausgeschlafen. Den Donnerstag darauf flog Serge nach London. Er blieb bis Sonntag. Am Montag sagte der Hauptaktionär (Sam Spiegel) zu dem Chairman der British Columbia (Mike Frankovich), es gebe da einen anrührendes französisches Filmprojekt und er hätte den Wunsch, daß die Columbia die Weltrechte daran erwürbe. In der Frostperiode des gleichen Jahres begannen wir zu drehen.

Wir lebten uns durch eine Zeit, die ungewöhnlich war. Serge stellte sich als ein Regisseur von ganz eigener Qualität heraus. Henri Decae zauberte uns japanische Tuschen auf die Leinwand. Die sieben Produzenten waren begeistert bei der Sache. Mike Frankovich ließ sich nicht am Drehort sehen. Sam Spiegel steckte in den Vorbereitungen zu *Lawrence von Arabien* und hatte uns vergessen. Die Krankenschwester, bei der Pierre, Mann ohne Erinnerung, leben durfte, war mit der vorzüglichen Nicole Courcel besetzt. Mit Patricia Gozzi hatte Serge ein kleines Juwel entdeckt. Nach einer Szene auf dem zugefrorenen Teich sagte ich zu ihm: Ich glaube, die Götter haben sie nur mit einer einzigen Absicht zur Welt kommen lassen ...« Serge nickte. »... die Cybèle in unserem Film zu spielen. Ich habe das bei der Szene eben selbst gedacht.«

Während mancher Szenen konnte ich in Patricias Augen die

Frau erkennen, die sie einmal werden würde. Von Tag zu Tag suchte sie auf anhänglichere Weise meine Nähe. Ich sah mit an, wie sie sich in mich verliebte, zögernd erst, dann für alle sichtbar, ohne Scheu. Einmal rechnete sie mir vor, wie alt ich sein würde, wenn sie achtzehn sei. »Mal eben neununddreißig«, sagte sie, »findest du nicht, das ist noch jung?«

An einem Abend, im Zwielicht, hauchte sie mir einen Kuß auf die Lippen.

In den letzten Wochen machte ich mich daran, sie behutsam auf unsere Trennung vorzubereiten. Ich sagte: »Für Schauspieler endet so gut wie jeder Film mit Tränen.«

In der Absicht, sie nicht zu verletzen, blieb ich nach Ende der Dreharbeiten noch eine Zeitlang in Paris. Patricia kehrte zurück in die Familie, in die Schule und zu ihren kleinen Freunden. Eines Tages sagte ihre Mutter: »Es ist wohl besser, Sie fliegen zu ihrer Farm zurück. Solange meine Tochter Sie in der gleichen Stadt weiß, bricht eine vermeintlich große Liebe ihr das Herz.«

Ich wurde in Paris nicht mehr gebraucht. Serge war mit unserem Film im Schneideraum. Romain arbeitete unter den Telefonen bei Fouquet's an den Abrechnungen der sechs anderen Produzenten. Elsie begann einen Roman zu lesen, von dem Serge sagte, daß unser nächster Film in den Seiten dieses Buches schlummere. Ich machte mich davon.

In Madrid wartete Luís Berlanga. Er ist ein Regisseur von unverkennbar spanischem Format. Wir drehten die Fontaine-Fabel vom Holzfäller und dem Tod für den Film *Les quatres vérités*. Dann wanderte ich weiter nach Berlin. Gemeinsam mit Victor Vicas, Wieland Liebske und Georg Richter bereitete ich einen Film vor, der eine Liebeserklärung an die Stadt werden sollte, aus der ich kam. Gerd Oelschlegel hatte das Drehbuch geschrieben. Er gab ihm den Titel *Zwei unter Millionen*. Wir engagierten Walter Giller, meinen guten Freund seit vielen Jahren. Für mein Mädchen in dem Film nahmen wir Loni von Friedel, eine bezaubernde junge Unbekannte, die aus Wien gekommen war.

Kurz vor Drehbeginn erreichte mich ein Anruf von Romain. Ich stellte mir vor, wie Bertrand, der Toilettenmann, sich aufrecht neben ihn postierte. Romain sagte, Serge habe den Filmschnitt fertig, die Musik sei aufgenommen und auch alle Bänder seien jetzt gemischt. Ich nahm die nächste Maschine nach Paris und saß im Vorführraum des Studio Billancourt zwischen den *copains*.

Elsie saß in einem Stuhl weitab von uns. Es hatte sie immer gestört, wenn wir während des Abrollens eines Films unsere Kritik anbrachten. Nun, ich habe nichts gesagt. Und ich erinnere mich, daß auch die anderen beiden schwiegen. Ich hing gebannt an allen Bildern. An allen Stimmungen. An dem kleinen Mädchen. Meine Spannung stieg. Ich wartete mit Sorge auf eine Szene, die uns möglicherweise nicht gelungen war. Es kam keine. Serge hatte die Geschichte einer ungewöhnlichen Liebe als Film erzählt. *Les Dimanches de Ville d'Avray* ist der schönste Film geworden, an dem ich jemals Anteil hatte.

Glücklich, lärmend, lachend, zwängten wir uns in ein Taxi. Elsie saß bei Romain auf dem Schoß. Sie wollte vor ihrer Haustür abgesetzt werden. Sie wollte, sagte sie, in der Stille ihres Zimmers an eine junge Liebe denken. Als das Taxi wieder anfuhr, winkte sie uns hinterher.

Ich sagte zu den *copains*, heute abend kommt das Geld aus meiner Tasche, und wir hauen es im Alexandre auf den Kopf. Das Alexandre liegt an der Avenue George-V, dem Fouquet's genau gegenüber, seit den ersten Wandertagen durch Paris ist es mein *home away from home* gewesen. Der Oberkellner war mein Vertrauter. Mein Freund. Sein Name war Monsieur Henri. Wir sagten ihm, daß wir nichts zum Dinieren brauchten, aber kräftig was zu trinken, am liebsten Heidsieck oder Taittinger, und die Frage war nur: Hatte er denn auch genug davon?

Der Oberkellner war von uns begeistert. Er sagte: »*Comme des gosses, mon dieu!*« Es störte ihn nicht, daß wir lärmten. Er schenkte ohne Aufforderung die Gläser nach. Serge sagte, einen schöneren Abend könne er sich nicht denken. Dann wollte er von Pinés wissen, wie alt in Gottes Namen er denn sei. »Annähernd achtzig«, sagte Romain. Dann trank er uns unter den Tisch.

Am nächsten Morgen, von der Abflughalle in Orly, versuchte ich mit Serge zu sprechen. Er nahm den Apparat nicht ab. Dann drehte ich die Nummer in der Rue de Monttessuy, und Elsie sagte: »Romain hat sich morgens um drei auf der Holzumrandung unseres Bettes niedergelassen. Ich nehme an, er hatte die Absicht, die Schuhbänder zu lösen. Doch dazu kam es nicht. Mein Mann ließ ein tierisch lautes Gähnen hören und ist nach hinten weg ins Bett gekippt. Mit Jacke, Schlips und Kragen. Und mit Schuhen. Nicht einmal den Homburg hat er abgenommen. Jetzt schläft er. Das reinste Unschuldslamm.« Ich ging in die Bar hinüber und ließ mir ein Kronenbourg servieren. Dann schluckte ich zwei Aspirin und flog nach Berlin.

Zwei unter Millionen, die Geschichte einer zaghaften Beziehung zwischen Ost und West, begann mit allen Anzeichen für einen guten Film. Loni von Friedel war vielversprechend, sie brachte eine neue Frische zu uns, und mit ihrer Unbekümmertheit habe ich mich wohlgefühlt. Walter Giller traf den Ton eines Berliners, als wäre er in der Stadt geboren. In seinen komischen Szenen stand ich im Hintergrund und preßte meine Hand auf den Mund, um das Lachen festzuhalten.

Mitten in die Arbeit kam ein Anruf aus Paris mit einer Nachricht, an die ich niemals hätte glauben wollen. Serge sagte: »Über mir ist der Himmel eingestürzt, und ich nehme nicht an, daß du herkommen kannst, um mir zu helfen.« Ich mußte ihm sagen, nein, leider geht das auf keinen Fall, weil ich ja doch drehe, jeden Tag. Er machte ein lange Pause. »Also dann«, sagte er, »aber mach dich auf einiges gefaßt. Wir haben unseren Film zur Abnahme der Columbia gezeigt. Die anderen sechs Produzenten waren da, Romain war da, ich war da. Mike Frankovich ist eigens aus London hergeflogen. Sicher war das von uns ein Fehler. Wir hätten zu dem hohen Herrn nach London fliegen sollen. Romain will davon nichts wissen. Für acht Tickets nach London und zurück wäre kein Geld in seiner Kasse, hat er gesagt.

Nun ja. Wir sitzen also da in Billancourt, in der Vorführung, und Frankovich verteilt seine grünen feuchten Zigarren und wir zeigen ihm den Film. Ich sitze neben ihm, und nach den ersten zehn Minuten fängt er an zu stöhnen. Der Film läuft weiter und der Mann stöhnt. Ich hab' gedacht, der Mann sei krank. Dann hab' ich mir gesagt, wer krank ist, pafft doch nicht Zigarre! Schließlich lehnt sich Frankovich über das Telefon und drückt ein paarmal auf den Knopf für die Verbindung zum Vorführer nach oben. ›Abbrechen!‹ brüllt er in die Muschel. Dann steht er auf und mustert Romain und mich, so von oben runter. ›Ich will euch ma' was flüstern, *old buddies*‹, sagt er. ›Was ihr da habt, ist der langweiligste

Film, der mir vor die Augen gekomm' is'.‹ Als nächstes geht er zur Tür. Romain und ich sitzen wie erstarrt. Die anderen sechs Produzenten auch. In der Tür dreht sich Frankovich noch einmal um. ›Langweil'n kann ich mich bei mir zu Hause selber‹, sagt er, ›zum Langweil'n müßt ihr mich nich' nach Paris verschlepp'n.‹ Draußen vor der Tür sagt er dem Fahrer, daß er zum Flugplatz will.

Die anderen sechs Produzenten springen hoch und kommen auf Romain zu. Sie fragen verstört, was das zu bedeuten habe, und Romain sagt: ›*The film is shelved,* wie die Amerikaner sagen, oder in unsere Sprache übersetzt: Der Film kommt ins Regal. Die Kopie des Filmes, den wir lieben, in den wir unsere Ersparnisse gesteckt haben, jene Kopie dort oben bei dem Vorführer, bleibt die einzige, die je das Licht der Welt erblickt. Schmutzige Finger werden unsere Einzige im Keller der Columbia hoch oben auf ein Regal schieben, wo sie Staub ansammelt und von der Welt vergessen wird.‹ Dann ist Romain aufgestanden und hat sich den Homburg auf den Kopf gestülpt. Ich sage dir, der alte Mann war weiß wie der Tod.

›Die Columbia ist reich‹, hat er dann noch vor sich hingemurmelt. Er muß wohl entschieden haben, daß er seinen Mitproduzenten die Erklärung schuldig war. Er hat sie mit *mes chers amis* angesprochen und gesagt, die Columbia könne es sich leisten, ein paar hunderttausend Dollar in den Wind zu pusten. Ob sie aber, diese sieben kleinen Produzenten, sich das leisten könnten, danach würde Mike Frankovich niemals fragen, und zu allem Übel sei dieser Frankovich innerhalb der Columbia auch noch eine Stimme, die nicht angefochten wird.«

Serge seufzte und sprach nicht weiter. Es war zu hören, wie er ein Streichholz anriß und an einem Zigarillo zog. Ich wußte nicht, was ich sagen sollte. Was ich denken sollte. Wir hatten einen Film gemacht, der voller innerer Spannung war. Wie mußte der Mensch beschaffen sein, der bei dieser Geschichte von Langeweile sprach? Ich versuchte, diesen Frankovich zu ergründen. Er war ein großer, ungeschlachter Kerl. Früher einmal hatte er amerikanischen Football gespielt, *All American* sogar, und als Produzent hatte er Filme gemacht, die nicht gerade von einer gewissen Feinheit waren. Dann hatte er sich in der Columbia eine Position verschafft, und nun war er Herrscher aller Reussen. Konnte es sein, daß Frankovich den Film nicht verstanden hatte? Weil er möglicherweise nicht französisch sprach? Lag da der Schlüssel? War es möglich, daß er Serge's Manuskript gar nicht gelesen hatte? War ihm nicht bekannt, daß die Sprache unseres Films Französisch ist? Wollte er seine Konsternation verbergen? War seine Verärgerung eine vorgetäuschte?

»Serge«, sagte ich, und er murmelte, ja, er höre zu. »Serge, überleg mal: Der einzige, der Frankovich umstimmen kann, und zwar ohne daß der *football player* sein Gesicht verliert, ist Sam.«

»Das haben wir uns auch gesagt«, erklärte Serge. »Romain hat ihn angerufen.«

»Und?«

»Sam hält die Majorität der Aktien. Er äußert Wünsche, das ist alles. Er findet auch, daß Frankovich sich irrt, sagt aber, in die Entscheidungen der leitenden Angestellten mischt er sich nicht ein.«

»Das ist bitter.«

»Du mußt das mal bedenken«, sagte Serge. »Ein Mann, nur ein einzelner – und der trifft eine Entscheidung, die viele von uns ins Unglück stürzt. Romain ist ruiniert. Die anderen sechs Produzenten vermutlich ebenso. Mein Agent meint, es wird nie wieder möglich sein, einen Film zu finanzieren, der meinen Namen trägt.«

»Das muß nicht unbedingt so sein. Es gibt Beispiele, die gegen die Meinung deines Agenten sprechen.«

»Nenn mal so ein Beispiel.«

»Fred Zinnemann«, sagte ich. »Soweit ich weiß, steckte der auch mal in der Tinte. Und zwar knietief. Mit *High Noon.* Seine Produzenten verlangten, daß er einen anderen Filmschluß dreht. Als Zinnemann das ablehnte, haben sie den Film ins Regal geschoben.«

»Erzähl mir keine Sachen! *High Noon?* Einer der besten Western, die es je gegeben hat. Ein Welterfolg!«

»Ein einzelner Mann im Studio war anderer Meinung. Es heißt, daß *High Noon* in seinen Filmbüchsen jahrelang Staub angesetzt hat, auf dem Regal. Wer ihn da runtergeholt hat, weiß ich nicht, es kann sein, der Studioboß ist gefeuert worden und sein Nachfolger hat erkannt, wie gut der Film gewesen ist.«

»Wenn *High Noon* gerettet wurde, kann das vielleicht auch bei uns so kommen«, sagte Serge. »Du willst mir also Hoffnung machen.«

»Serge«, sagte ich, »erzähl' mir mal, was du in deinem Leben ohne Hoffnung machen willst?«

Die Verbannung der Liebenden von Ville d'Avray in die Verliese der Columbia Pictures wurde ein Jahr später aufgehoben. Die Umstände, die dazu führten, sind ungewöhnlich. Sie sind auf die gleiche Weise ungewöhnlich wie die Geschichte, die ich hier erzähle, angefangen hat.

DRITTER TEIL

Als die Büchsen mit den Filmrollen in Paris vom Regal genommen wurden, war ich mit meinem Freund Dieter Seelmann bei den Indios am Oberlauf des Xingu. Wir hatten uns in Rio de Janeiro eine Cessna 190 besorgt und waren in das Innere von Brasilien geflogen. Hinter uns saß Frankie Wedekind. Auf seinem Schoß lag eine Arriflex. Frankie hatte Auftrag, unsere Abenteuer zu verfolgen und seinem Fernsehsender in Bremen abzuliefern.

In Brasilien lebten wir ein paar Wochen bei den Indios am Xingu. Wir schwammen in den Fluß hinaus, wenn wir trinken wollten, und aßen Reis mit schwarzen Bohnen und waren so nackt wie die Indios und schliefen in Hängematten. Das alles geschah zur Zeit der Kubakrise. Jede Nacht stapfte ich neben Seelmann zu der Lichtung im Urwald, wo unsere Maschine stand. Wir drehten das Funkgerät auf die Wellenlänge von Belém ein und bangten der Nachricht entgegen, daß der dritte Weltkrieg ausgebrochen war. Die Krieger der Xingu umringten unser Flugzeug. Sie hielten uns für Vogelmenschen. Vom schützenden Dschungel her hatten sie ihre Pfeile auf uns gerichtet, als wir uns lärmend auf einer Lichtung niederließen. Sie mußten mitansehen, wie unser Fahrwerk großblättrig kriechende Büsche niederwalzte. Seelmann sagte: »An ihrer Verwunderung kannst du sehen, daß sie von der Erfindung des Rades noch nichts wissen.«

Ein paar Nächte später sagte Radio Belém: »Chruschtschow hat das Handtuch geworfen. Die Raketen werden demontiert. Alle sowjetischen Schiffe drehen ab. Die Kubakrise ist beendet.«

Wir waren vorher schon am Rio Araguya gewesen, hatten mit Gauchos gefilmt, auch mit elendig kranken Diamantensuchern, und wir fanden es an der Zeit, zur Küste zurückzufliegen. Als wir das Fahrwerk der 190 vor einem Hangar auf dem Flugplatz von Rio de Janeiro ausrumpeln ließen, waren wir von der Hitze im Cockpit ausgedörrt. Nach den vielen Wochen mit Wasser aus dem Fluß fiel mir mein Großvater Eberhard Meier wieder ein, und wie der sagte: »Von zuviel Wasser kriegst du Flöhe in den Bauch.«

Wir zurrten die Maschine fest und liefen zur Pilotenbar, und lehnten uns an die Theke, tranken kühles Bier und schlossen verzückt die Augen. Dem Taxifahrer sagten wir: »Bring uns zum besten Hotel an der Copacabana, wir haben harte Dollars in der Tasche, heute kaufen wir die Welt.«

Die Lobby im Hotel glänzte satt in hochpoliertem Marmor. Unter meinem Zimmerfenster lagen braunhäutige Mädchen auf einem gelben Strand. Ich holte einen Piccolo aus der Minibar und sah den Mädchen zu. Der Bellhop brachte mir einen Stapel Zeitungen aufs Zimmer. Newsweek war dabei, der Boston Globe und eine New York Times vom Tag zuvor. Ich legte die Zeitungen auf einen Hocker neben der Badewanne und ahnte nicht, daß mich Unerklärbares erwartete.

Über den Rand der Wanne hinweg konnte ich den Atlantik sehen. Ich streckte mich lang in dem warmen Wasser aus und spürte den Champagner in meinem müden Kopf. Eine Weile später holte ich mir die New York Times vom Badehocker. Sie brachte im politischen Teil die Ruhe nach dem Sturm in der Kubakrise. In ihren Kommentaren hielt sie es genauso. Alle anderen Meldungen waren recht klein gehalten. Ich fragte mich, ist denn auf der Welt nichts anderes vorgefallen? Es war leicht, sich eine ablehnende Haltung gegenüber diesen Journalisten in New York anzugewöhnen. Die Immobilienseiten warf ich auf den Boden. Die Entertainment Section brachte auf den Seiten 1 bis 5 Berichte vom Broadway, Kritiken über zwei Filme und Neuigkeiten aus der Musikszene.

Auf Seite 6 stand schließlich dann das Unerklärbare. Über die gesamte Seite hinweg kündigte das Fine Arts Cinema einen neuen Film an. Am oberen Rand der Anzeige stand zu lesen: WELTURAUFFÜHRUNG EINES WICHTIGEN FILMS AUS FRANKREICH. Dann sah ich meinen Namen. Vor meinen Augen wurde es schmerzend hell. Ich sah, wie mir die Zeitung aus den Händen fiel. Sie schaukelte auf dem Wasser. Ich beugte mich darüber und starrte eine Tuschezeichnung an. In ihrer langgestreckten Art ließ sie an Giacometti denken. Die Zeichnung war silhouettenhaft gehalten und zeigte zwei Figuren in ihrer Einsamkeit. Ein Mann hielt ein kleines Mädchen an der Hand. Die beiden standen vor einem Teich.

Die Seite färbte sich im Wasser dunkel. Ich nahm sie hoch und las den Titel, den die Geschichte der Liebenden von Ville d'Avray für Amerika bekommen hatte. *Sundays and Cybèle.* Mit einem Satz sprang ich aus der Wanne. Wasser schwappte über. Ich griff nach dem Hörer an der Wand. Der Bell Captain hatte die PanAm anzubieten, sie flog die Nacht durch und machte eine Landung zum Auftanken in Porte au Prince. Seelmann sagte: »New York? Ich habe noch nicht ausgepackt. Wenn du willst, komme ich mit.« Frankie machte ein langes Gesicht. Er mußte zurück nach Bremen, zu seinem Sender.

Auf der PanAm waren wir die einzigen Passagiere. Die Stewardeß in Economy sagte, bei Nachtflügen komme so was öfter vor. Als ich in die Pantry ging und fragte, woran sich der verdurstende Reisende an Bord wohl laben könnte, starrte mich das Mädchen an. Ihr Mund stand offen. »*My God*«, sagte sie, »diese Augen! Vorgestern habe ich sie noch riesengroß gesehen! Auf der Leinwand. Im Fine Arts. Ich hab' den ganzen Film hindurch geflennt.« Sie faßte mich bei der Hand und zog mich in die erste Klasse. Dann winkte sie Dieter Seelmann hinterherzukommen. Die Stewardeß in der Ersten holte eine Flasche Veuve Cliquot vom Eis. Sie erzählte, sie habe den Film noch nicht sehen können, aber ihre Freunde in New York hätten ihr davon erzählt. Dann sagte sie zu der anderen: »Geh los, Cindy, wirf den Ofen an und schaff alles herbei, was Küche und Keller zu bieten haben.«

Die nächsten Stunden gab es gut zu essen und zu trinken. Mir ging Rilke durch den Kopf: »Als Mahl begann's und ist ein Fest geworden, kaum weiß man, wie.« Seelmann grinste mich an: »Mit dir fliege ich öfter.«

Der Name der größeren unserer Gönnerinnen war Miriam. Sie hörte ihrer Freundin Cindy zu, die ihr den ganzen Film erzählte. Später, in der Nacht, in Porte au Prince, gingen die beiden mit uns schwimmen. Die Maschine flog erst im Morgengrauen

Zwei Unschuldsvolle entkommen der Verbannung in die Archive und
werden nach der Premiere in New York ein Welterfolg.

weiter. Auf dem Weg nach Miami war das Flugzeug gut besetzt. Wir saßen wieder in der hinteren Klasse. Die beiden Mädchen lachten uns an, wenn sie beim Servieren an uns vorübergingen. Vor dem Flug nach New York sagte Cindy: »Miriam hat ihren Wagen in La Guardia stehen. Es macht uns keine Umstände, euch am Fine Arts abzusetzen.«

Vor dem Kino war es bereits Nacht. Die Leuchtreklame mit den Giacometti-Bildern der beiden jungen Liebenden kam mir wie eine Fata Morgana vor. Cindy sagte: »Die letzte Vorstellung läuft bereits.« Dieter nahm unsere Taschen aus dem Chevy, und ich sagte zu den Mädchen, daß ab morgen hier ein Schwung Tickets auf sie warte.

Hinter dem Glaskasten der Kinokasse schrieb eine Frau Zahlen in ein vorgedrucktes Formular. Seelmann schob zwei Scheine durch die Aussparung im Glas, und die Kassiererin sagte: »Tut mir leid, aber ihr seid zu spät, Jungs, ich kann euch höchstens noch für morgen was verkaufen.«

Ich sagte: »Halten Sie es für möglich, daß wir nur mal für ein paar Minuten rein dürfen? Ich meine, an der Seite stehen? Im Dunkeln? Einen Blick auf das Publikum werfen?«

Die Frau sah auf und studierte mein Gesicht.

Ich sagte: »Es würde mir viel bedeuten.«

Ein Ausdruck wie Unglauben trat in ihr Gesicht. »Es liegt an der Stimme«, sagte sie, »sonst würde ich Sie für eine Täuschung halten. Wir haben Sie überall gesucht.«

Sie schloß die Kasse ab und führte uns eine steile Treppe hoch in ein Büro. »Seht mal her, wen ich hier bringe«, rief sie in den Raum hinein. Es war ein Büro mit Möbeln, die auf eine unübersichtliche Weise herumstanden, Möbel aus zweiter Hand, mit Neonröhren darüber.

Aus einer Tür zum Nebenzimmer kam ein Mann. Er war mittelgroß, so gegen Sechzig, mit breiten Schultern, und sein Haar trug er streng gescheitelt. Der Mann sagte, daß er Richard Davis heiße und der Besitzer von diesem Laden sei. Er umarmte mich wie einen alten Freund. Seelmann bekam einen kräftigen Schlag auf die Schulter. Wir stiegen die Treppe runter und stellten uns in den dunklen Gang des Kinos. Auf der Leinwand trug ich einen Christbaum auf der Schulter. Ich lief damit durch Ville d'Avray.

Der Baum war geschmückt, mit Kerzen und Lametta und mit Kugeln. Ich hatte ihn gestohlen und war auf dem Weg zu Cybèle. Für den Heiligabend hatte sie sich einen Baum gewünscht.

Im Schutz der Dunkelheit besah ich mir heimlich die Gesichter der Menschen im Parkett. Die Gesichter waren in der Mehrzahl jung. Die Leute schienen von der Handlung sehr bewegt. In jener Stunde, in New York, sah ich unseren Film zum erstenmal mit Publikum. Ein Gefühl, das mir neu war, ganz tief innen drin, drückte mir die Kehle zu. Ich war dankbar für die Dunkelheit. Seelmann sollte nicht meine nassen Augen sehen.

Später schob ich den Kinobesitzer an den Schultern nach draußen: »Richard, ich komme vor Neugier um. Wer hat die Filmbüchsen bei Columbia vom Regal geholt?«

Der Mann lachte. »Das ist die verdammteste Story, die du je gehört hast, verlaß dich drauf!« Er winkte ein Yellow Cab an den Rinnstein und kletterte auf den hinteren Sitz. Er nannte dem Fahrer ein chinesisches Lokal an der 52. und Madison. Bei Chow Mein, Sweet and Sour Shrimp, Beef with Green Peppers, Bier aus Hongkong legte er mit der »verdammtesten Story« los, die er je gehört hatte.

Also. Die Sache beginnt mit einem Film im Fine Arts, den das Publikum nicht sehen will. Es ist ein polnischer Film. Ein anerkannter Regisseur hat ihn gemacht, seine Landschaftsaufnahmen zeigen die Karpaten, der Film ist fast ein Meisterwerk, aber das Publikum kommt nicht an die Kasse. Richard braucht ganz schnell Ersatz. Er fliegt nach Europa zu den Verleihern, die seit Bestehen des Fine Arts immer künstlerisch gute Filme für ihn bereitgehalten hatten. Er sitzt in vielen Vorführräumen. In Stockholm, in Berlin und in Paris. Er klappert Rom ab, Prag und schließlich London. Doch er hat eine schlechte Strähne. Der Mann vom Fine Arts stellt Ansprüche, und es gelingt ihm nicht zu finden, was er sucht. Deprimiert sagt er sich: Flieg nach Haus und ruf den einen oder anderen Verleiher in Toronto an oder Buenos Aires, Mexico City oder was weiß ich.

Bei der Überlegung, welche Linie er von London aus für den Rückweg nehmen soll, sagt ihm die innere Stimme: »TWA.« Er folgt immer seiner inneren Stimme, und es gelingt ihm auch, noch einen Sitz in der ersten Klasse zu ergattern. Der Fensterplatz neben ihm ist leer. Die Tür zur *flight line* steht noch offen. Der Purser sieht immer wieder auf seine Uhr. Schließlich nimmt er das Mikrophon vom Haken und teilt den Passagieren mit, daß noch auf einen Passagier gewartet wird, aber der sei schon eilig unterwegs. In der nächsten Minute hört Richard den Motor eines Elektroautos. Gleich darauf erscheint der verspätete Fluggast in der Kabinentür. Er muß sich nicht in die Maschine hineinbücken: Der Verspätete ist ein kleiner, dicker Mann auf kurzen Beinen. Er zwängt sich an Richard vorbei zum Fensterplatz. Dann fällt sein Blick auf den Nachbarn. »Na so was!« Die Männer schütteln sich die Hand. Der Verspätete ist Sam Spiegel. Richards guter Freund. Die beiden spielen häufig Bridge zusammen.

Während des Fluges erzählt Sam von David Lean und Peter O'Toole und von *Lawrence of Arabia*. Später kommt die Rede auf den polnischen Film im Fine Arts und Richards Mißerfolg bei der Suche nach Ersatz. Richards Freund sieht bekümmert aus. »Das ist mißlich«, sagt Sam, »wer verliert schon gerne Geld.« Dann stellt er die Frage, die alles verändern soll: »Warst du auch bei Columbia?«

»Aber ja!« ruft Richard. »Mike Frankovich hat passen müssen. Wenn es um einen Film geht, der ins Fine Arts passen soll, hat er gesagt, dann muß er passen.«

»Erstaunlich«, sagt Sam. »Haben sie dir bei Columbia nicht einen Film vorgeführt, den Romain produziert hat? Einen französischen? Mit Hardy Krüger? Und mit einem kleinen Mädchen? In einem Wald? Außerhalb von Paris?«

Richard schüttelt den Kopf. »Von Romain hat keiner bei Columbia was geflüstert.«

Und nun, an dieser Stelle, macht die Geschichte, die das Leben schrieb, wieder einmal eine Wende auf dem Weg zum Ungewöhnlichen.

»Hör mir gut zu, Richard«, sagt Sam, »und tu dir selber einen Gefallen.« Eine fette Hand landet auf Richards Schenkel. »Wenn wir in New York ankommen, fährst du nicht nach Haus. Du nimmst das erste Flugzeug, das du kriegen kannst, zurück nach London. Dann gehst du zu Mike Frankovich und machst ihm ein Angebot. Der Film heißt *Les Dimanches de Ville d'Avray*. Du sagst zu Mike, du willst ihn haben. Unbesehen.«

Richard verzieht das Gesicht. »Unbesehen?«

»So, wie ich es sage. Mach dir nicht die Mühe, ihn dir anzusehen.« Sam richtet sich in seinem Sessel auf. »Oder traust du mir
etwa nicht?«

»Nu' mach' aber Sachen!« Richard ist entrüstet. »Du kannst dir
ja wohl denken, daß ich dir vertraue.«

»Also dann tu, was ich sage.« Sam sitzt noch immer aufrecht.
»Morgen früh gehst du zu Mike und hältst ihm einen Scheck unter
die Nase. Mit dem Scheck angelst du dir einen Film, wie du ihn selten siehst. Und für dein Fine Arts kannst du dir nichts Besseres
wünschen.«

»Also gut«, sagt Richard. »Wieviel soll ich draufschreiben auf
den Scheck, bevor ich Mike damit winke?«

»Laß mal überlegen. Romain sagt, er hat ihn für etwas über
sechshunderttausend hergestellt. Dollars.« Sam beginnt, Gefallen
an der Sache zu finden. »Schreib ganz einfach hundertfünfzigtausend auf den Scheck«, sagt er.

»Hundertfünfzigtausend Dollar?« Richard macht ein bedenk-
liches Gesicht. »Wo der doch sechshundert gekostet hat?«

Sam nickt. »Unten, bei der Zeile, die den Zweck angeht,
schreibst du ›Auswertungsrechte weltweit‹.«
»Weltweit? Mann Gottes …«

»Frankovich hält nichts von dem Film. Die Besitzer von zwei
Kinos auf den Champs-Elysées haben sich nicht zu einer eigenen
Meinung durchringen können. Der Mann, der für Columbia ver-
kaufen soll, hat offensichtlich vergessen, daß es den Film gibt. Und
Mike hat seine Buchhaltung angewiesen, die Kosten unter ›Verlust‹
zu buchen.«

Richard zeigt ein breites Grinsen. »Du meinst also, Mike wird
froh sein? Weil er einen Blöden gefunden hat? Einen, der hundertfünfzig hinblättert?«

Sam sagt: »Mike wird sich glücklich schätzen.«

Der Mann vom Fine Arts fliegt noch in der Nacht den ganzen
Weg zurück nach London. Am Morgen gibt er Frankovich den
Scheck. »Hundertfünfzig, Mike«, sagt er, »Bargeld strahlt dir ins
Gesicht.« In Soho kauft er einen Koffer für die Büchsen mit dem
Film. Er kann nicht ahnen, daß er das Leben von drei Männern
zurück in normale Bahnen lenkt. Die drei Männer wiederum, Ro-
main Pinés, Serge Bourguignon und Hardy Krüger, wissen in der

gleichen Stunde nicht, daß alles, was für sie Freude war, Enttäuschung wurde und als Hoffnung weiterlebte, in einen Koffer eingesperrt im Bauch einer TWA, zehntausend Meter hoch, nach New York geflogen wird.

Richard kommt bei Regenstürmen an. Er schläft zehn Stunden. Er sagt, es sei eine Art von tiefem, schwarzem Schlaf gewesen. Irgendwann telefoniert er mit dem Department für Französische Literatur bei der Columbia University und fragt, ob sie Studenten hätten, die an einem Film aus Paris interessiert wären, den bisher kein Mensch auf der Welt gesehen hat. Es kommen achtzehn junge Leute. Eine Studentin flüstert leise den Dialog auf englisch in Richards Ohr. Als das Wort *Finis* erscheint und das Licht im Saal angeht, sieht Richard, daß die Mädchen weinen.

Am nächsten Tag bringt Richard die Filmbüchsen zu einem Übersetzungsbüro in der Lower West Side. Die Leute legen englische Untertitel auf die Kopie. Einer in dem Atelier schlägt vor, den Film *Sundays and Cybèle* zu nennen. Richard findet einen Graphiker, der sich vorgenommen hat, Giacometti nachzueifern. Eine Woche später ist Premiere. Richard liest Kritiken, wie sie selten sind. Am nächsten Tag bildet sich eine Besucherschlange an der Kinokasse. Junge Leute von der Columbia University schicken sich an, einen kleinen Film aus Paris zum Welterfolg zu machen.

Das war Richards »verdammteste Story«. Wir hörten sie uns bis gegen drei Uhr morgens an. Als er geendet hatte, legte er seine Hand auf meinen Arm. Sie war breit und hatte rötliche Sommersprossen. »Ich habe einen großen Wunsch«, sagte er. »Der Erfolg des Films steht fest. Was ich brauche, und zwar so schnell es geht, ist eine synchronisierte Fassung. Ich spreche von einer englischsprachigen Version. Romain hat bereits das Synchronbuch fertig. Er sagt, daß in Paris eine stattliche Anzahl englischer Schauspieler lebt. Auch Amerikaner soll's da geben. Die Leutchen bessern ihr Einkommen mit Synchronarbeiten auf.« Er sah mich an. Sein Blick war flehentlich. »Wer uns fehlt, sind Sie. Wir suchen Sie seit Wochen. Wären Sie bereit, nach Paris zu gehen? So schnell es geht?«

Ich legte meine Hand auf seine Pranke. »Richard, Sie haben Serge und Romain das Leben gerettet. Bei mir haben Sie eine ganze Reihe Wünsche frei.«

Nach dem Frühstück bat ich die Zentrale im Algonquin um eine Verbindung mit Fouquet's. Der Toilettenmann nahm nach dem zweiten Klingeln ab. *»Bonjour, ici l'appareil de Monsieur Pinés.«* Ich mußte lachen und verschluckte mich daran. Er hatte es gehört. Seine Stimme klang befremdet. *»C'est Bertrand qui parle.«* Ich sagte ihm, daß ich die Absicht hätte, mit der Nachtmaschine in Orly zu sein, und er möchte das Monsieur Pinés so schnell wie möglich sagen.

Es war Sonntag und Seelmann wollte in die Matinee. Ich sah vom Fenster neben dem Projektor zu. Als wir später durch die Straßen liefen, meinte Dieter: »Der Film ist mir unter die Haut gegangen.« Am nächsten Morgen trennten sich unsere Wege. Dieter kehrte zurück nach Hamburg. Ich ging die paar Schritte weiter zu der Maschine nach Paris.

Das Wiedersehen mit den *copains* fiel stürmisch aus. Für die englische Synchronisation brauchten wir knapp eine Woche. Romain sagte: »Richard Davis hat mich in aller Herrgottsfrühe aus dem Schlaf geklingelt. Er braucht jetzt eine deutsche Fassung.«

Serge kam mit mir nach Berlin. Am Ende der Arbeit liefen wir schweigend den Tauentzien entlang und kauften am Hintereingang zwei Tickets für den Zoo. Vor den Löwen sagte Serge: »Ich wette, du hast die Biester sehr vermißt.«

»Ja«, sagte ich, »es wird Zeit, nach Haus zu gehen.«

Auf Momella zog der Regen ein. Er fiel wie eine Wand aus Glas vom Himmel. Zwei Wochen lang. Ohne Unterlaß. Am Tage ebenso wie nachts. Ich hörte zu, wie er auf das Schilfdach fiel, und hatte die Welt des Films vergessen.

Als der Regen weiterzog, wurden die Hügel bei den Seen grün. Ich wartete ein paar Tage, bis die Sonne heiß geworden war und den Boden befahrbar machte. Dann machte ich mich auf, mit Landrover und Zelt, und fuhr weit in den Busch hinein. Ich baute mir ein Versteck aus Astwerk bei einem Wasserloch und fotografierte die Tiere an der Tränke. Wenn die Sonne steil am Himmel stand, saß ich im Schatten des Vordaches meines kleinen Zeltes und schrieb weiter an dem Buch. Ich erzählte die Geschichten vom Leben unter Tieren.

Im Landrover hatte ich einen Kurzwellensender eingebaut, der noch von der Arbeit an *Hatari* stammte. Es kam vor, daß ich

Kontakt aufnahm mit der Radiozentrale in Arusha. Wenn ich einen Ruf absetzte, mußte ich meist warten, bis ich an der Reihe war. Dann hörte ich den Farmern zu, wie die bei der Firma Farm Vehicles ihre Bestellungen für Ersatzteile aufgaben. Manchmal blockierten ihre Frauen den Äther, und ich hörte mit an, wie sie sich über die Kleider ihrer Freundinnen beim letzten Ball des Lion Clubs ereiferten. Wenn mich Arusha Control dann rief und sagte, ich sei an der Reihe, erkundigte ich mich nach den anderen Kontinenten, ob die noch immer an denselben Stellen vor Anker lägen und ob es sonst was Berichtenswertes gäbe. Meist sagte der Controller, daß nichts Besonderes vorgefallen sei, oder wenn ich wieder mal die Stadt beehren würde, könnte ich mir ja alle Neuigkeiten aus der Zeitung holen, doch dann kam ein Tag und er sagte: »Arusha Twelve Eighteen, ich hab'n Ferngespräch aus Paris auf Wartestellung für dich lieg'n. Der Mann ruft seit 'ner Woche an, je'en Morgen macht er das, un' jetz' is' er schon was verärgert, weil du dich ja niemals meldes'. Bleib ma' an dein' Gerät kleb'n, ich will ma' seh'n, ob ich 'ne Leitung zusamm'kriege.«

Es war Serge. Er wollte wissen, ob ich ihn gut hören könne, und ich rief in das Mikrophon in meiner Hand, daß ziemlich viel Statik und Rauschen rings um seine Stimme sei, aber trotzdem könne ich ihn ganz gut verstehen. Dann sagte Serge: »Also hör zu, Romain geht's gut und Elsie auch, alle lassen grüßen und ich soll dir sagen, Elsies Kinder waren wieder zu Besuch und sie verstehen sich jetzt alle richtig gut. Aber, weshalb ich dich über Radio suche, sind zwei Sachen. Und bevor ich weiterrede, *mon pot*, mußt du dich setzen.« Eine Zeitlang kam nur Geknister aus dem Lautsprecher. »Hast du den Safaristuhl aufgeklappt? Sitzt du jetzt?«

Ich drückte die Sprechtaste und sagte: »Komm rüber mit der Sache. Ich sitze.« Und sofort war seine Stimme wieder da. »Also, erste Meldung: *Sundays and Cybèle* ist für den Oscar nominiert. Als bester ausländischer Film.« Er wartete. Schließlich meldete er sich wieder. »Was sagst du dazu?«

Ich drückte die Taste. »Nichts.«

»Hast du ›nichts‹ gesagt?«

»Ja, Serge.«

»Wie meinst du das?«

»Ich bin sprachlos«, sagte ich.

Regisseur und Hauptdarsteller. Unverbesserliche Lausbuben. Zusammen
mit einem Spieler schufen sie einen der schönsten Filme der Welt.

Oscar für Hardys Film

Beste Schauspieler: Gregory Peck und Anne Bancroft

Hollywood, 10. April

Hardy Krüger und seine kleine Partnerin Patricia Gozzi verhalfen dem französischen Film „Sonntage mit Sybill" zu einem „Oscar" als „bester Auslandsfilm". Gestern wurden die begehrten Akademiepreise in Hollywood verteilt.

Den „Oscar" als bester Film des Jahres erhielt „Lawrence von Arabien". Der farbige Film, der den Kampf des sagenhaften Obersten Lawrence auf arabischer Seite gegen die Türken schildert, bekam noch sechs weitere „Oscars". Regie führte David Lean.

2500 Besucher in der Bürgerhalle von Santa Monica bei Hollywood und Millionen Amerikaner am Fernsehschirm erlebten die Verleihung des höchsten Filmpreises der Welt.

Als beste Schauspielerin empfing Anne Bancroft den Preis. Ihre erst 16jährige Partnerin Patty Duke wurde für die beste Ne-

benrolle ausgezeichnet. Ihr Film „Licht im Dunkel" ist die Lebensgeschichte der blinden und taubstummen Helen Keller.

Bester Schauspieler: Gregory Peck in „Wer die Nachtigall stört".

Sophia Loren und Maximilian Schell, die vorjährigen Preisträger, überreichten die vergoldeten Statuen.

„Oscar" für „Sonntage mit Sybill" mit Hardy Krüger und Patricia Gozzi

Sophia Loren gratuliert Gregory Peck

Nach der „Oscar"-Verleihung rief Anne Bancroft alle ihre Freunde an.

„Oscar" mit 16: Patty Duke

Ein wahres Happy-End

»Ja«, sagte er, »das glaube ich.«

»Am besten, wir freuen uns nicht zu früh, Serge.«

»Du hörst dich an wie meine Mutter«, sagte er. »Und nun die andere Sache. Es gibt noch Zeichen und Wunder. Und Gerechtigkeit. Du wirst es da in deinem Busch nicht erfahren haben, aber unser Film läuft immer noch im Fine Arts. Jetzt schon im sechsten Monat. Und bei jeder *séance* haben wir ein ausverkauftes Haus. Die großen Kinos an der Champs-Elysées wollen uns jetzt doch haben, London ebenso, Tokio hat sich gemeldet, Rom auch, und jetzt kommt die Sache, die du nicht für möglich hältst. Ich hoffe, du befindest dich noch immer in sitzender Position.«

»Ich sitze.«

»Also hör zu: Frankovich hat sich mit Richard in New York getroffen. Wegen *Sundays and Cybèle*. Columbia will die Weltrechte wiederhaben! Richard hat gesagt, das paßt ihm gut, denn schließlich ist er ja nur ein Kinomann, vom Weltvertrieb versteht er nichts, und für eine Million würde er verkaufen.«

Ich drückte die Taste und sagte: »Komm noch mal mit dem Preis. Bei mir ist das als eine Million angekommen.«

»Es ist eine Million«, sagte Serge. Dann brüllte er vor Lachen. »Frankovich hat gar nicht erst versucht zu handeln. Er hat gesehen, daß Richard nicht mit sich handeln läßt. Es wird behauptet, Sam habe diesen Frankovich ziemlich hart angefaßt. Weil er den Film für hundertfünfzig Riesen verschleudert hat.« Eine Zeitlang kam seine Stimme dünn durch den Äther. Dann schwoll sie wieder an: »... wenn du denkst, hundertfünfzig! Und kauft für eine Million zurück! Und obendrauf behält Richard die Kasse vom Fine Arts für sich, und zwar voll!« Er lachte wieder. Es hörte sich wie Brüllen an.

»Gott ist wohl doch mit den Aufrechten«, sagte Serge.

»Amen«, sagte ich.

Das Auf und Ab in der Geschichte dieses Films, die Wendungen, die das Geschehen immer wieder nahm, sollten ungewöhnlich bleiben, bis zum Schluß. Eine der letzten Wendungen rankt sich um Mike Frankovich. Er hat den Verlust seines Ansehens nur vorübergehend bedauern müssen, denn *Sundays and Cybèle* spielte weltweit große Summen ein. Der Film lief in seinen Uraufführungstheatern lange. In Paris blieb er für neun Monate im gleichen Kino, in London sechs, in Johannesburg acht, in Tokio ein Jahr, in New York ein Jahr und in Los Angeles ebenso. Nur in Deutschland war es anders. In deutschen Kinos war der Erfolg gering. In Berlin lief *Sonntage mit Sybill* vierzehn Tage. In anderen deutschen Städten wurde er nach einer Woche abgesetzt.

Es ist mir nie gelungen, den Mißerfolg im eigenen Land meinen Freunden Serge, Elsie und Romain zu deuten. Nach Monaten des Grübelns habe ich den *copains* von Momella aus einen Brief geschrieben. Ich habe gesagt, daß es nicht immer an den Künstlern liegt, wenn eine Sache nicht gelingt. Es kann in unserem Leben vorkommen, daß auch einmal das Publikum versagt.

Die letzte Wendung in den Ereignissen um die Liebenden von Ville d'Avray kam im April. Das Jahr war 1962. Auf endlosen Umwegen war ein Telegramm zu mir gekommen. Als Ort der Absendung stand Beverly Hills darauf. MON TRES CHER HARDY STOP WIR HABEN DEN ACADEMY AWARD GEWONNEN STOP SERGE HAT IHN SCHON IN SEINEM KOFFER STOP ICH DENKE NICHT DARAN MICH MIT DEM DICKKOPF HIER VOR ALLEN LEUTEN ZU STREI-

TEN STOP ABER IN PARIS RUECKT ER DEN OSCAR
HERAUS STOP GARANTIERT STOP ER GEHOERT UNS
DREIEN STOP ICH MACHE EINEN WANDERPREIS
DARAUS STOP DANN KOENNEN WIR UNS ABWECH-
SELND IN DEM GLANZ DES AUFGELEGTEN GOLDES
SONNEN STOP JE T EMBRASSE ROMAIN.

KANZLER UND KÜNSTLER

Im Oktober 1978 stellte der Blanvalet Verlag meinen Roman *Schallmauer* auf der Frankfurter Buchmesse vor. Bei der gleichen Messe hatten deutsche und internationale Verlage an die fünfzigtausend neue Titel herausgebracht. Lionel von dem Knesebeck, Pressechef der Bertelsmann-Verlage, gab mir den Rat: »Wer nicht untergehen will, muß die Nase aus der Masse der Autoren herausstrecken und dabei sein Buch steil in die Luft halten. Selbst unsere Großen, wie Grass, Kempowski und Lenz, sind sich dafür nicht zu schade.« Für mich war das nicht neu, als junger Schauspieler bin ich immer wieder auf Tournee gewesen, und als Mathias Wiemann Anfang der fünfziger Jahre zu mir sagte: »Wir haben einen neuen Dichter, sein Name ist Heinrich Böll, einer von uns muß losziehen und seine Werke lesen«, bin ich losgezogen und habe Bölls Erzählungen in Theatern und Volkshochschulen vorgelesen.

Im Oktober '78 ging ich also wieder mal auf Wanderschaft, von Süd nach Nord, und ließ mich, dieses Mal mit eigenen Texten, in so vielen Buchhandlungen, Warenhäusern und Volkshochschulen sehen, wie an einem Tag zu schaffen waren. Doch diesmal war ich nicht allein. Luv zog mit mir durch das Land.

An einem Mittwoch unterbrachen wir die Tournee. Es war der Abend des 25. Oktober. Wir waren in den Kanzlerbungalow geladen. Loki Schmidt hatte am Telefon gesagt: »Kommt zum Essen, auch wenn's spät wird, Helmut macht ohnehin Achtzehn-Stunden-Tage im Kanzleramt, es gibt Linsensuppe mit Würstchen.«

Ich schrieb am Morgen meinen Namen bei Kaiser in Karlsruhe in die Bücher, mittags bei Habel in Neu-Isenburg, nachmittags bei Hertie in Wiesbaden, und nach einem Interview für den Wiesbadener Kurier raste der Verlagswagen in früher Dunkelheit, ständig auf der linken Spur, mit uns nach Bonn.

An der Einfahrt zum Kanzleramt ließ ich mein Fenster nach unten rollen. Der Wachsoldat warf einen kurzen Blick auf uns: »Frau Schmidt erwartet Sie bereits.« Im Büro des Kanzlers brannte, trotz der späten Stunde, Licht. Quer über den Rasen kam auf

Erstes Pressefoto zweier Liebender. Anita Park und Wahlhelfer. SPD-Veranstaltung für Bundeskanzler Schmidt. Hamburg, 1976

hohen Gummirädern ein Panzerwagen des Grenzschutzes auf uns zu. Der Mann im Turm gab das Zeichen, ihm zu folgen. Über sein grünes Barett hatte er Kopfhörer gestülpt. Sein Mund war durch ein Mikrophon verdeckt. Als er sich abwandte, sah ich, wie er meinen Namen nannte. Wer Schauspieler ist, sein Leben lang, kann Lippen lesen. Im Kanzlerbungalow, hinter hohen Scheiben, gingen Lichter an. Auch die Glastür wurde hell. Loki kam uns durch das Glas entgegen.

»Herzlich willkommen«, sagte sie. Und gab mir einen Schmatz auf die Backe.

»Ich habe meine Alliierte mitgebracht«, sagte ich, und die Frau des Kanzlers sagte: »Wie klug. Ohne Anita hätte Helmut Sie hier nicht reingelassen.«

Die beiden Frauen kannten sich jetzt schon zwei Jahre. Seit

einer Wahlversammlung für die SPD. Seit September '76. Seit der amtierende Bundeskanzler Schmidt die Stimmen der Wähler gegen den Herausforderer Franz Josef Strauß gewinnen wollte.

»*Loki, I'd like you to meet a friend of mine*«, hatte ich damals gesagt, »*Miss Anita Park*.«

Nach Helmuts Wahlrede haben wir noch mit ein paar Freunden zusammengesessen. Lilo Pulver war dabei, Inge Meysel, Eberhard Fechner und Gyula Trebitsch. Loki hatte damals das Mädchen aus Illinois immer wieder angesehen, einen ganzen Abend lang, mit einem Lächeln in den Augen, und schließlich hat sie leise über meine Schulter hin zu meinem Ohr gesagt: »*Miss Park* wird diese Deern nicht lange bleiben.«

Zwei Jahre später, in der Oktobernacht, in Bonn, nahm die Frau des Kanzlers das Mädchen aus Illinois bei der Hand und machte mit ihr eine Schloßbesichtigung im Bungalow. Es war eine Wanderung durch Teak und Glas, Leder und Kristall. Von einem Panoramafenster aus war der Rhein zu sehen.

»Loki«, sagte ich, »wer hier drinnen im Licht steht, gibt eine Zielscheibe ab, wie sie besser nicht vorstellbar ist. Ein Scharfschütze, am anderen Ufer, könnte sich eine bessere Zielscheibe nicht denken. Ist das euren Beschützern nicht aufgefallen?«

»Das ist es, Schlaumeier«, sagte sie, »deshalb ist die Scheibe ja auch aus Panzerglas.« Luv sah mich lächelnd an. Ich sagte mir, sie versteht unsere Sprache jedes Jahr besser.

Bei der Besichtigung der repräsentativen Räume, die Ludwig Erhard den nachfolgenden Bundeskanzlern hinterlassen hatte, lief ich hinter den Frauen her. Ich dachte an frühe Jahre in Bonn, als Helmut Verteidigungsminister war. Die Schmidts hatten damals eine kleine Wohnung in der Schillerstraße. Eines Nachts, zu später Stunde, brachten sie mich ins Hotel zurück. Wir liefen durch eine dunkle Nacht. Durch menschenleere Straßen. Durch eine Stadt, die schlief. Es gab keinen Polizisten, der vor dem Minister herging. Und hinter ihm fuhr kein Peterwagen im Schritttempo am Straßenrand. Loki sagte, das sei nicht ungewöhnlich, und Helmut winkte ab: »Der einzige, den wir schützen lassen, ist der Bundeskanzler, aber selbst wenn ich Willy Brandt auf der Hardthöhe unterbringen würde, mit einem großen Truppenaufgebot um ihn herum, wäre das kein absoluter Schutz. In der Abwehr von Terrorismus mangelt es uns an Erfahrung. Ich fürchte allerdings, die Lehrzeit wird nicht lange auf sich warten lassen.«

Wenige Jahre später war er selber Kanzler. Bei unserer Wanderung durch die ausgestorbenen Straßen haben wir das nicht ahnen können. Sein Kampf gegen Mörder lag in der Zukunft. Von Terroristen mit Namen Baader und Meinhof hatten wir noch nichts gehört.

Loki sagte: »Und jetzt, Anita, kommen wir zur bescheidenen Küche in unserem Eigenheim.« Sie stellte sich in die Tür und ließ die Jüngere vorübergehen. Ich sagte mir, wie viele schlaflose Nächte hat diese Frau gehabt? Wenn ihr Mann ohne Schlaf gewesen ist? Wegen seiner Entscheidungen, die um Tod und Leben gingen? Schleyer. Mogadischu. München. Kopenhagen.

Die Küche war ungewöhnlich groß. Hochpoliert. Fliesen. Tief versenkte Lampen. Herde. Vielflammig. Backöfen. Mehrere davon. Ein Tiefkühlraum.

»Bei Staatsempfängen kochen hier zwei Köche«, sagte die Frau des Kanzlers, »und die kalten Mamsells und Suppenchefs und die Butler wimmeln überall herum, aber sonst ist es recht still in diesem Raum. Die Haushälterin geht um fünf nach Haus. Helmut und ich leben ja alleine hier, und ich koche meist da drüben in der Ecke.« Sie deutete zu einer Elektroplatte an einer langen Wand. Auf der Platte stand ihre Linsensuppe. »In den Privatgemächern des Bungalows gibt es nämlich keine Küche. Ludwig Erhard hat die Privatgemächer recht klein gehalten. Wenn wir zu viert nachher am Eßtisch sitzen, können wir nur hoffen, daß kein Besucher mehr an der Haustür klingelt. Oder wir müßten eng zusammenrücken. Hier aber...«, sie sah sich in der Küche um, »... manchmal, wenn ich für uns beide in dieser Welt aus Stahl und Lampen koche«, sagte sie mit einem verhaltenen Lachen, »komme ich mir winzig vor.«

Luv stand mitten in der kalten Pracht. »Ihr habt mir nie erzählt, wie es kommt, daß ein Schauspieler den Bundeskanzler kennt.«

»Rut Brandt ist dafür verantwortlich gewesen«, sagte Loki, »ihr Mann war ja der Vorgänger von Helmut, und als der Kanzler für den Garten des Palais Schaumburg ein Sommerfest anregte, mit Menschen aus dem Volk, wünschte sich Rut Brandt, daß Hardy eingeladen wird. Der Künstler hat natürlich auf sich warten lassen, er ist erst sehr spät am Abend eingetroffen, wenn ich

nicht irre, sogar als letzter, und Frau Brandt hat immer wieder gefragt, ob er denn auch tatsächlich kommt, was meinem lieben
Mann allmählich auf die Nerven ging, woraufhin er alle Auto-
grammbitten an dem Abend erfüllte, indem er den Leuten ›Hardy
Schmidt‹ auf ihre Zettel schrieb. Ein Weilchen später kam Hardy
mit einem großen Grinsen an unseren Tisch, und die beiden Männer haben sich auf Anhieb gut verstanden, sie haben die Köpfe zu-
sammengesteckt und geredet und geredet und gelacht, und ich
weiß noch, wie hinter Helmuts Kopf unverhofft die Sonne aufge-
gangen ist.«

Luv sagte: »Danke für die Geschichte. Ich wäre gern dabeigewesen.« Wir gingen ins Wohnzimmer hinüber. Loki gab mir eine
Flasche Wein und einen Korkenzieher. Luv fand, daß ihr so ein
Zimmer wie dieses hier sehr gut gefällt, ob da nun ein paar Qua-
dratmeter fehlten oder nicht, denn es war zum Wohlfühlen eingerichtet, mit dem Eßtisch, der Sesselgarnitur, den Aquarellen an den
Wänden und den vielen Büchern.

Ein deutscher Schauspieler wird von Bundeskanzler Brandt aus England zur
Gartenparty geholt und schließt Freundschaft mit dem Verteidigungsminister. Helmut Schmidt über die Begegnung: »Zwei, die sich nicht gesucht,
aber gefunden haben.« Bonn, 1971

Der Kanzler kam so gegen zehn. Er stellte eine prallgefüllte
Aktentasche auf einen Schemel neben der Tür. »Anita...«, sagte
er mit einem breiten Lachen. Seine Zähne blitzten. Er nahm ihre
Hand. Dann sagte er zu seiner Frau: »Loki, wo sind deine Linsen?
Ich komme vor Hunger um.« Als ich an der Reihe war, machte er
eine Faust und schlug mir den Rhythmus der nächsten Worte vor
die Brust. »Henry – Moore – ist – vor – einer – Woche – hier – gewesen. Er – gibt – uns – die – Skulptur!«

Ich wußte, daß er die *Two Large Forms* haben wollte, für den Rasen vor dem geduckten braunen Bundeskanzleramt, aber Henry
Moore hatte nur vier Bronzeabgüsse davon geschaffen, und die
letzte dieser Großskulpturen stand in freier Landschaft vor Moores
Atelier in Much Hadham, ein Stück außerhalb von London. Der
Bildhauer hatte sich nicht von der Plastik trennen wollen, von der
letzten, die ihm verblieben war.

»Jetzt aber«, sagte der Kanzler, »jetzt aber gibt er sie uns. Letzte Woche hat er den Platz vorm Kanzleramt gesehen, den wir aus-

gesucht haben, meine Berater, Loki und ich. Der weite Rasen vor dem Amt ist nach meiner Ansicht ein würdevoller Platz für das Werk von Moore, und vielleicht hat er das auch empfunden, denn unverhofft hat er mir die Hand entgegengestreckt. Ich habe die Hand genommen und ihm gesagt, daß mir die Worte fehlen.«

»Was nicht oft vorkommt«, sagte Loki.

»Was nicht oft vorkommt.« Helmut lachte. »Da geb' ich Loki recht.«

»Wie ist das in Deutschland«, wollte Luv wissen, »muß der Bundeskanzler das Parlament wegen der Mittel für die Anschaffung von Kunstwerken befragen?«

»Wenn ich euch das sage, glaubt ihr's nicht!« sagte Helmut, und die Zähne blitzten. »Keine Mark zahlen wir dafür! Henry Moore übergibt uns sein Werk als Leihgabe, und zwar langfristig!«

»Das ist nun wirklich eine gute Nachricht«, sagte ich.

Die Frau des Kanzlers ging durch die Tür, die sich zur Küche hin öffnen ließ. »Warten Sie, ich komme mit«, rief die junge Amerikanerin.

»Hoffentlich nehmen sich die anderen in Bonn an Schmidt und Moore ein Beispiel«, sagte ich, »denn Kunst und Politik sind mir bisher in Bonn immer vorgekommen wie zwei Fremde, und beide sprechen deutsch, nur verstehen tun sie sich nicht.«

»Ein interessantes Bild, wenn auch ein bedauerliches. Womit wollen Sie es begründen?«

»Es gibt die verschiedensten Beispiele«, sagte ich. »Auf Anhieb denke ich an Heinrich Böll. Lange Jahre war er der einzige Dichter in unserem Land, jedenfalls der einzige lebende. Doch von Regierenden der Ära Adenauer ist er nie recht gewürdigt worden. Im Gegenteil. Er war den Katholiken im Kabinett suspekt. Sein Schlüsselroman *Ansichten eines Clowns* hatte die Herren aufgeschreckt. Was der Roman beschrieb, wurde als Indiskretion empfunden. Viele in Bonn müssen betreten gewesen sein, als der Nobelpreis ausgerechnet diesem Heinrich Böll gegeben wurde.«

Helmut ging zu einem kleinen Tisch vor dem Regal mit bunten Bücherrücken und suchte dort nach einer Packung Zigaretten. »Reden Sie weiter.«

»Bonn ist ein Ort, der abseits liegt. Wahrscheinlich bleiben schon aus dem Grund die Politiker meist unter sich. Sänger, Tänzer oder Schauspieler reisen da nur hin, wenn sie einen Orden kriegen. An einen Maler mit Orden kann ich mich nicht erinnern. Hans Söhnker hat mir mal erzählt, wie das war, als sie ihm das Bundesverdienstkreuz gaben. Wofür es ihm gegeben wurde, hat keiner ihm gesagt. Vielleicht für sein Lebenswerk, denn oftmals wird das so genannt. Der Orden war in einer Schatulle und wurde ihm in die offene Hand gelegt. So hat Söhnker das beschrieben. Der Innenminister hätte sich nicht viel Zeit genommen, erzählte Hans. Der Minister und der Künstler hatten sich nach der Verleihung nicht mehr viel zu sagen.«

Hinter der Küchentür war jetzt Frauenlachen zu hören. Luv kam mit einem Stoß Teller ins Zimmer und hielt die Tür auf. Loki stellte eine Terrine mit Suppe auf den Tisch. Ihr Mann steckte die Packung Zigaretten in die Jackentasche.

Den ersten Teller löffelten wir schweigend. Wir sagten der Köchin, die Suppe sei ganz wunderbar. Dann brachte Helmut das Thema Kunst und Politik in unser Gespräch zurück. »Wie steht es mit dem deutschen Film?« wollte er wissen. »Warum kommt der nicht so richtig auf die Beine? Halten Sie es für möglich, daß unsere Leute eines Tages Filme machen, die auf dem Weltmarkt bestehen können?«

»Wir haben Regisseure, die das durchaus schaffen«, sagte ich, »doch mit Autoren sind wir nicht sonderlich gesegnet.«

»Es mangelt also an Autoren?«

»Und an Produzenten. Die besten Filmproduzenten auf der Welt sind Juden. Ebenso wie die Bankiers, die Geld an Filmleute verleihen. Juden verfügen über das ausgewogene Gespür für Risiko und Kunst und Geld. Wir Deutsche haben unsere Juden, die Produzenten und die Bankiers, umgebracht oder aus dem Land gejagt.«

Der Kanzler nickte. »Mein Freund Gyula Trebitsch kommt zu dem gleichen Schluß.«

Ich sah das Gesicht des Hamburger Produzenten vor mir und sagte: »Gyula hat mir mal erzählt, sein Leben habe als ungarischer Jude begonnen. Doch seit 1944 sei er keiner mehr.«

Jetzt war es Helmut, der von seinem Teller aufsah.

»Ich weiß nicht mehr, in welchem Lager Gyula war«, sagte ich. »Jedenfalls hat er mir erzählt, daß er nur noch ein Skelett gewesen sei, als die Amerikaner ihn befreiten. Die GIs seien ausnahmslos Schwarze gewesen. Als eine der ersten Handlungen spendeten sie den Häftlingen ihr Blut.«

»Und weiter?« drängte Luv.

»Gyula sagt, seit jenem Tag fließt kein jüdisches Blut mehr in seinen Adern. Nicht ein Tropfen. Gyula sagt, er sei jetzt Neger.«

Helmut schlug mit der flachen Hand auf den Tisch. Auch die beiden Frauen lachten. Als es wieder still wurde, fragte Helmut: »War Eisenstein Jude?«

»Ja«, sagte ich, »an seinem Mut bei der Auswahl der Sujets läßt sich das leicht erkennen.«

»Seinen *Panzerkreuzer Potemkin* hätte ich gern noch einmal gesehen«, sagte der Kanzler. »Doch zurück zu dem schlechten Zeugnis, das Sie Bonn ausstellen.« Er lächelte. »Unsere Poltiker und unsere Künstler sind Landsleute, die einander fremd geworden sind. Ist das Ihr Vorwurf?«

»Ich glaube, daß wir bereits Fremde waren, als unsere Republik 1949 zur Welt kam«, sagte ich. »Der junge Schauspieler, der ich damals war, hat laut gefragt, warum wir für alles und jedes im Leben in Bonn ein Ministerium bekommen, nur nicht für die Kultur. Und als die britische Militärregierung ihr Radio an der Rothenbaumchaussee in Bonner Hände gab, hat die Regierung unseren neuen deutschen Sender dem Postministerium unterstellt.«

»Eine bedauerliche Entscheidung, ich gebe Ihnen recht«, sagte der Kanzler. »Ich nehme an, daß sie dem überholten Denken preußischer Beamter entsprungen ist: Die Leutchen haben sich gesagt: Ein Radio bedient sich hoher Sendemasten, und ebenso wie Telefonleitungen sind Sendemasten eine Einrichtung der Post. Also bekam das Postministerium den Auftrag, die neuen deutschen Sender zu verwalten.«

»Eben. An Hörspiele von Ernst Schnabel, Bert Brecht, Wolfgang Borchert oder Günther Weisenborn haben die Bonner Gründer nicht gedacht.«

Helmut legte den Löffel neben seinen Teller und steckte zwei Finger in die Taschen seiner Weste. »Ich nehme an, daß es Sie gefreut hat, als de Gaulle das Ministerium für Kultur André Malraux, also einem Schriftsteller übergab.«

»Aber ja«, sagte ich. »Malraux hat in Frankreich viel bewirkt.«

»Hätten wir einen deutschen Malraux?« wollte der Kanzler wissen. »Welchen unserer Schriftsteller sollten wir, Ihrer Meinung nach, zum Kultusminister machen, gesetzt den Fall, es gäbe in Bonn ein solches Amt.«

»Das weiß ich nicht«, sagte ich. »Aber es muß ja auch nicht unbedingt ein Schriftsteller sein.«

»Eben. Darauf wollte ich hinaus. Bonn ist nicht Paris. In Bonn würde man nicht einen Künstler, sondern einen Politiker zum Kultusminister machen.« Er sah eine Zeitlang sinnierend an die Zimmerdecke. »Washington kennt kein solches Ministerium. London, meines Wissens, auch nicht. Wie steht es mit anderen Ländern? Mit anderen Regierungschefs?« Er nahm seinen Blick von der Decke und sah mich an. »Ich weiß, daß Sie Präsident Tito kennen. Sie waren wiederholt bei ihm zu Gast. Hat er einen Minister für Kultur? Gibt er den Künsten Subventionen? Ein Diktator hat es, falls Geld in seiner Schatulle ist, bei der Verteilung seiner Mittel leicht.«

»Geld?« Ich schüttelte den Kopf. »Viel scheint mir in der jugoslawischen Schatulle nicht zu sein. Dennoch werden Filme und Theater unterstützt. Und es gibt einen Kulturrat. Mehr darüber weiß ich nicht. Helmut, dieser Tito ist ein Vogel, der sehr bunt schillert. Seine Frau Jovanca war vor ihrer Ehe Opernsängerin. Die beiden fühlen sich in Gegenwart von Schauspielern wie zu Hause. Und dann ist da etwas, das so gut wie keiner weiß: Tito ist ein echter Kinofan. In seinem Palast, in Belgrad, hat er ein kleines Kino. In dem sieht er sich, wenn es seine Zeit nur irgendwie erlaubt, einen Film an. Ich meine, jeden Tag einen.«

»Ach was?«

»Als Tito mir das erzählte, hat Jovanca laut geprustet: ›Wenn er mal mitten in der Woche Sonntag macht, sitzt er sich sogar durch zwei Filme hindurch ...‹ Jovanca ist Russin. Ihre Sprache ist oft bunt.«

Wir nahmen jeder noch einen Teller von der Linsensuppe. Der Kanzler stellte drei Flaschen Bier auf den Tisch und für Luv ein Glas Wein. Zur gleichen Zeit fragte er nach den Umständen, die zu der Bekanntschaft zwischen dem jugoslawischen Staatschef und einem deutschen Schauspieler geführt hätten.

»Es müssen die Filme gewesen sein, die er sich angesehen hat«, sagte ich. »Im internationalen Film gibt es unter den Männern

Der jugoslawische Filmregisseur Veljko Bulajić und Yul Brynner
zur Zeit der Dreharbeiten zu *Die Schlacht an der Neretva*, Adria-Insel Brioni, 1967

drei, die ihm besonders gut gefallen. Yul Brynner, Orson Welles und mich.«

»Donnerwetter.« Helmut lachte. »Auch in dieser Reihenfolge?«

»Das habe ich ihn nicht gefragt, und ich weiß auch nicht, wie er zu dieser Auswahl kam. Ich weiß nur, daß er uns immer wieder eingeladen hat, nach Brioni, auf diese kleine Insel, wo er und Jovanca ganz alleine sind, wenn wir von den Kriegsschiffen einmal absehen wollen, die zum Schutz des Marschalls in Sichtweite draußen vor der Insel liegen.«

Das Haus, in dem der Präsident und seine Frau auf Brioni wohnen, ist ein Bungalow, einstöckig, und im Vergleich zu dem Palast in Belgrad recht bescheiden. Die Drehbank, an der er als Fabrikar-

Orson Welles und einer seiner Bewunderer. Filmfestspiele Cannes, 1956.
Das Trio Brynner, Welles und Krüger war elf Jahre später häufig zu Gast bei
Marschall Tito.

beiter beschäftigt war, steht im Eingang zu dem Bungalow. Rings um das Haus wachsen Rebstöcke, die ganze Insel ist damit vollgepflanzt, und auf seinen Wein, den Tito auf dem Festland keltern läßt, ist er mächtig stolz. Es ist ein guter Wein, süffig, rot, und wir haben ziemlich viel davon getrunken. Jovanca hat dabei gut mitgehalten, und beim ersten Mal auf seiner Insel, als Tito rief, jetzt lassen wir die Sau raus, bin ich vor Lachen fast unter den Tisch gefallen. Er hatte es auf deutsch gesagt, ich habe Yul und Orson erklären müssen, daß es ein geflügeltes Wort in Bayern ist, wenn einer die Sau rausläßt. Als ich wieder Luft bekam und wissen wollte, wie es denn nur möglich sei, daß der Marschall der Jugoslawen meine Sprache spreche und noch dazu so gut, sagte er: »Ich mußte ja«, und danach erzählte er, wie er in der Österreich-Ungarischen Monarchie sein Leben als Unteroffizier gefristet hätte, und zwar in einem Truppenteil, dessen Sprache deutsch gewesen sei. Auch in der Fabrik, erzählte er, also rings um seine Drehbank, sei deutsch gesprochen worden.

Einmal, weit nach Mitternacht, mußte Jovanca neue Gläser bringen, und diese Gläser waren Titos größter Spaß. Er sagte, die Gläser seien mundgeblasen, allesamt, und nach seinen technischen Angaben gefertigt. In den Formen erinnerten sie an Tulpen, an Stiefel oder Glocken. Selbst ein kleiner Hund ist dabeigewesen, und, ich glaube, auch ein Salamander. Diese Gläser hatten Tricks in sich, die ein Vater erfindet, wenn er seinen sechsjährigen Sohn für sich begeistern will: Als Orson aus der Tulpe trank, knickte der Stengel ab und ließ den Rotwein in dünnem Strahl bizarre Muster auf die Seide seines Hemdes malen. Ich hatte mit der stilisierten Glocke ziemlich große Mühe, weil eine gläserne Geheimwand den Wein daran hinderte, in meinen Mund zu fließen, und als ich das Glas absetzte, und zwar in der Absicht, der ungewöhnlichen Konstruktion des Glases auf den Grund zu sehen, klappte die Geheimwand um und der Brioniwein lief mir in das aufgeknöpfte Hemd. Yul hatte einen Stiefel erwischt, der nur von jenem Rand zu trinken war, der auf der anderen Seite lag, und als er, vor lauter Schlauheit lächelnd, trotz des eingebauten Tricks das Kunststück des Trinkens fertigbrachte, formte sich in der Sohle das Loch eines abgelatschten Stiefels, und Brynners Hemd, bis dahin rosa, nahm die Farbe tiefdunklen Blutes an.

Wie Tito uns nun so als rotgemalte Ostereier in seiner Runde sitzen sah, erklärte er, Solidarität sei nun einmal Solidarität, und goß sich den Wein aus seinem Glas genüßlich über eine unbeschreiblich häßliche Krawatte und sein blütenweißes Hemd.

Ein andermal, in Belgrad – Orson war an dem Tag leider nicht dabei –, hatte Jovanca eine Gruppe von Russen eingeladen, Zigeuner aus dem Süden, alle mit Balalaikas, und sie hatten Frauen mitgebracht, die wie Spanierinnen waren. Bunt. Wild. Wahrhaft erregend, diese Frauen. Sie wollten zu singen beginnen, aber Tito hob den Arm und die Zigeuner wurden stumm. Jovanca saß zwischen Yul und mir am Tisch, und ein paar Bedienstete füllten unsere Gläser. Tito schickte sie hinaus und hielt eine Tischrede in seiner Sprache, also in Serbokroatisch, und Jovanca mußte sie uns ins Englische übersetzen. Sie tat dies flüsternd, Satz für Satz.

Tito begann damit, daß er uns der Reihe nach betrachtete: »Eine Russin… ein Amerikaner… ein Deutscher…« Dann zeigte er auf sich: »Und ein Kroate, aus dem ein Jugoslawe wurde. Vier Menschen von unterschiedlicher Wesensart… die aus vier Ländern mit einer unterschiedlichen Geschichte kommen… und die mit vier unterschiedlichen Muttersprachen aufgewachsen sind… Wenn diese vier sich treffen, versteht der eine jedes Wort des anderen… Und tut er's nicht, macht ihm das nichts aus… Denn er weiß ja eines ganz genau: Die Worte des anderen sind in Freundschaft, in guter Absicht gesprochen. Wann immer diese vier sich treffen, herrscht Einvernehmen unter ihnen und auch Fröhlichkeit. Was nun aber wichtig ist, wichtiger als alles andere: Sie treffen sich im Frieden. Dieser Friede wurde hart erkämpft.«

Er beugte sich Yul entgegen. »Unsere kapitalistischen Freunde, die Amerikaner, haben die Anstrengungen meiner Partisanen dankenswerterweise mit Waffenlieferungen unterstützt.« Tito machte eine Pause. »Wir hatten uns von vielem zu befreien«, fuhr er dann fort, »von einem korrupten balkanesischen Staatsapparat, von den Italienern und von den serbischen Tschetniks.« Er wandte seinen Kopf jetzt in meine Richtung. Seine Brillengläser spiegelten die Lichter des Lüsters wider. »Den härtesten und verlustreichsten Kampf hatten wir aber der deutschen Besatzungsmacht zu liefern.« Seine Augen hielten meinen Blick ein paar Sekunden fest. Ich sagte mir: Nick ihm ganz einfach zu. Das ist das beste. Nick ihm zu mit einem Lächeln.

Tito nahm mein Lächeln zur Kenntnis. Nachdenklich. Und lächelte zurück. Danach wollte er sich seiner Frau zuwenden, mußte aber warten, denn Jovanca hatte noch den letzten Satz zu übersetzen. Als sie damit fertig war, sagte er zu ihr: »Und schließlich hatten wir die Hegemonie-Ansprüche Stalins abzuwehren. Wir haben auch das getan. Und nun ist Friede. Endlich.« Er hob sein Glas. »Trinken wir darauf.« Yul stand auf, ich stand auf, und als Tito sein Glas in einem Zuge leerte, ließen wir uns nicht lumpen und taten es ihm nach. Ich war noch dabei, meiner Tischpartnerin beim Trinken zuzusehen, als Titos Adjutant neben mich trat. Der Offizier hatte die ganze Zeit hinter seinem Marschall an der Wand gestanden, in einer dunkelblauen Uniform und mit goldenen Schnüren am rechten Oberarm, aber dann hatte Tito ihn zu sich herangewinkt, und der junge Mann mußte sein Ohr in die Nähe der leisen Stimme seines Herrn hinunterbeugen. Dann kam der Adjutant zu mir. »Marschall Tito hofft, daß Sie seine Tischrede erwidern.«

Ich sah, wie Yul sich setzte. Wie er die Arme vor der Brust verschränkte. Wie er das linke Auge zukniff. Es war das Auge, das Tito abgewendet war. Jovanca mußte es gesehen haben. Sie lachte hell. Das Lachen war zu dünn für diese kräftige Person. Ihr Gesicht ist hübsch, rund, mädchenhaft. Das Haar ist schwarz. Sie trug es an dem Tag streng nach hinten aufgesteckt. Die Schultern der Frau sind breit, die Arme kräftig. Ihre Brüste sind enorm. Ich weiß kein anderes Wort dafür. Enorm. Auch der Bauch zeigt Kraft, ist ausgeprägt. Ich mußte an Jürgen von Manger denken, an einen Sketch von ihm, und wie er beim Anblick von Opernsängerinnen sagt: »Die müssen ja so dick sein, für ihre Arien, damit da soviel Luft reingeht.«

Ich lächelte zu der Dame des Hauses hin. Es konnte niemandem entgangen sein, daß ich sie mochte. Yul mochte sie, und Orson hatte einmal gesagt, es fiele ihm schwer, in Jovanca die *First Lady of Yugoslavia* zu sehen. Weil sie sich immer so kindlich zeigte, hatte er noch hinzugefügt, so fröhlich, und weil sie uns wie Kollegen behandelte. Ihre drei Wände und der offene Vorhang, das war die Welt der Oper. Unsere drei Wände und der offene Vorhang standen am Broadway, in Stratford oder Berlin.

Ich sagte: »Verehrte Jovanca.« Dann sah ich mein Gegenüber an. Tito war überraschend förmlich geworden. Das war der Regierungschef, der soeben gesprochen hatte. Der mich herausgefordert hatte. Ich spürte beklommen, daß ich seine Herausforderung in der gleichen Förmlichkeit erwidern mußte.

»Sehr geehrter Herr Präsident! Nach dem Leid, das meine Landsleute über Ihr Volk gebracht haben, empfinde ich die Großmut, mit der Sie mich, einen Deutschen der neuen Generation, an Ihren Tisch geladen haben.«

Ich hatte es auf deutsch gesagt. Jovanca und Yul sahen mich mit Unverständnis an.

»Sie haben mich wissen lassen, Herr Präsident, daß Sie die Sprache meiner Heimat gut verstehen. Es scheint mir jedoch nicht angemessen, wenn ich heute in der Sprache jener Besatzungsmacht zu Ihnen spreche, der Sie, wie Sie wörtlich sagten ›den härtesten und verlustreichsten Kampf zu liefern hatten‹.«

Tito nickte. Sein Gesicht blieb unbewegt. Ich wandte mich wieder der Dame des Hauses zu: »*Dear Jovanca. Kind lady of the house. I have just expressed to the president my reluctance to give this toast in a language spoken by the troops he had to battle for so many years and at the cost of unbelievable sacrifices.*«

Yul applaudierte: »*Well spoken.*« Auf seiner Brust glänzte eine Kette aus schwerem Gold. Sie war lang und aus kleinen Statuetten zusammengesetzt. Picasso hatte sie für ihn gegossen. »Wenn du sie um das Handgelenk wickelst und das lange Ende im Kreis um dich wirbeln läßt, ist das eine gefürchtete Waffe«, hatte er mir einmal erkärt. »Nachts, weißt du? Auf so einer von diesen halbdunklen Straßen in Manhattan.«

Von nun an redete ich auf englisch weiter und begann damit, daß ich Jovanca bat, wieder einmal die Übersetzerin zu machen. Ich sagte mir, in der ersten Phase hast du Titos Herausforderung beantwortet. Nun mach dich an die zweite Phase. Bring die Sache auf den Punkt.

»Herr Präsident! Jenes Deutschland, das Sie bekämpfen mußten, gibt es nicht mehr. Es hat sich selbst vernichtet. Die Alliierten, Ihre Partisanen ebenso wie Menschen im polnischen, tschechischen, französischen und deutschen Widerstand haben es vernichtet. Mein Deutschland, das von heute, lebt mit seinen Nachbarn in Frieden. Im Gegensatz zu einer Reihe anderer Nationen hat dieses neue Deutschland nicht einen einzigen seiner Soldaten in kriegerischer Absicht die eigenen Landesgrenzen überschreiten lassen. Ich will Ihnen nicht verhehlen, daß ich bei dem Gedanken Genugtuung empfinde. Ich will Ihnen auch nicht verhehlen, Herr Präsident, daß bei meiner Generation ein neuer Stolz entstanden ist. Wie ich das meine, will ich Ihnen anhand einer Episode erläutern.

Im letzten Jahr habe ich mich mit Gleichaltrigen in den Rocky Mountains, in Kanada, getroffen. Eines Abends saßen wir bei einem fröhlichem Dinner in einem schloßähnlichen, sehr weitläufigen Restaurant. Am Nebentisch hatte sich eine Gruppe von Quebec-Kanadiern zusammengefunden. Sie sprachen französisch, wir unterhielten uns auf deutsch. Einer der Quebecois mußte Anstoß an unserer Sprache genommen haben. Jedenfalls stand er auf, streckte den rechten Arm von sich und brüllte ›Heil Hitler‹. Er hatte es so laut gebrüllt, daß sich Schweigen über die Menschen an allen Tischen senkte. Ein Freund lehnte sich im Stuhl zurück und sagte auf französisch: ›Für Ihr Nazibenehmen sollten Sie sich schämen. Bitte nehmen Sie zur Kenntnis, daß wir Deutsche sind.‹

Es ist in diesem Sinne zu verstehen, wenn ich sage, daß ich ein Deutscher bin, der Ihre Gastfreundschaft und das Willkommen Ihrer Dame in Dankbarkeit genießt.

Wie Sie wissen, Herr Präsident, bin ich kein Politiker, und deshalb bitte ich um Verständnis, wenn ich mich einer Welt zuwende, in der Ihre First Lady ebenso wie Yul und ich zu Hause sind.

Seit einigen Monaten sind wir damit beschäftigt – und Sie sind darüber hinreichend informiert –, einen Film zu drehen, der die Schlacht beschreibt, die Ihre Partisanen den deutschen und italienischen Truppen an der Neretva geliefert haben. Es ist ein jugoslawischer Film, bedeutende Filmproduzenten Ihres Landes haben alle vorhandenen Mittel zu einer gemeinsamen Produktion vereint, und an jedem Arbeitstag wird deutlich, daß es diesen Produzenten darum geht, Tito, dem alten Partisanen, ein Denkmal in Zelluloid zu setzen. Sie werden in diesem Film viel Schlachtenlärm zu sehen bekommen, Herr Präsident, und ich hoffe, daß Sie bei all den Explosionen und dem Getümmel noch erkennen können, wer ist wer, Freund oder Feind.

Sie werden grandiose Schauspieler aus Jugoslawien erleben, die neben Akteuren anderer Länder arbeiten. Aus der Sowjetunion sind Oleg Widow und Sergej Bondartschuk dabei, Orson Welles spielt einen Mann, der an einen Bojarenfürsten denken läßt, mein Freund Yul ist einer Ihrer Partisanen, Franco Nero aus Italien ebenso, dann gibt es noch Curd Jürgens in dem Film, und bei der lehmverkrusteten Partisanin Silva Koscina ist kaum zu erkennen, daß sie im wahren Leben ein recht hübsches Mädchen ist. Was aber nun, so fragen Sie an dieser Stelle sicherlich, Herr Präsident, auf welcher Seite steht dieser Krüger in dem Film? Ich bin sicher, Sie haben es erraten. Richtig! Ich gebe den deutschen Divisionskommandeur, wen sonst? Und abgesehen davon, daß man mich recht ordentlich bezahlt, spiele ich den Mann, weil er ein Thema in sich birgt: Ein im Pulverdampf ergrauter Soldat muß sich während der Schlacht an der Neretva eingestehen, daß er diese Lumpensoldaten auf der anderen Seite nicht besiegen kann. Voller Verwunderung lernt er endlich, woran ich, Hardy Krüger, schon recht lange glaube: Eine Nation, die sich nicht vergewaltigen lassen will, ist nicht zu bezwingen. Das ist das Thema. Danke fürs Zuhören, Herr Präsident. Frau Jovanca. Yul.«

Ich war schon im Begriff gewesen, mich zu setzen, und sah ein Stück weiter den Tisch entlang, wie Yul eine Faust machte und mir den Daumen entgegenhielt, was in der Fliegersprache heißen soll ›Startbereit‹, oder in Yuls Sprache ›Gut gebrüllt, Löwe‹, als mir einfiel, daß ich noch nicht zu Ende war.

»Aber da gibt es noch eine Sache«, sagte ich, »die ich erzählen sollte, und die knüpft an den Anfang meiner Worte an. Sie erinnern sich, Herr Präsident? An das alte Deutschland und das neue? An Schauspieler und Soldaten? Nun, zu dem Thema gibt es eine Anekdote.

Letzte Woche hatte ich eine Szene zu drehen, die auf einer weiten, schneeverwehten Ebene spielt. Dreißig oder vierzig Panzer lauern schweigend hinter Büschen, Mauern, Häusern oder sind halb im Schnee vergraben. Soldaten, in weißen Tarnanzügen, liegen mit ihren Panzerfäusten, MGs und Sturmgewehren zu Tausenden herum. Kanoniere hocken neben gut getarnten Haubitzen. Über dem Bild liegt Schweigen. Fast so, als wäre Frieden. Doch was da im Schnee zusammenkam, ist eine deutsche Streitmacht, die furchterregend ist. Und die, konzentriert und in sich ruhend, auf das Zeichen ihres Kommandeurs zu warten hat. Der Kommandeur ist Oberst Kränzer, stahlhart, sieggewohnt und ohne Furcht. Wenn dieser Mann den rechten Arm anwinkelt und die geballte Faust spannungsgeladen in den Himmel streckt, wird durchgeladen und entsichert. Wenn der rechte Arm mit seiner geballten Faust dann kraftvoll nach unten schnellt, wirft sich der Feuersturm der Deutschen auf den unsichtbaren Feind.

Diese Streitmacht nun, Herr Präsident, stellt zwar Deutsche dar, doch nur im Film. Im wahren Leben sind das Soldaten, Panzer und Haubitzen der jugoslawischen Armee, und die Soldaten mußten gegen zwei Uhr früh deutsche Tarnanzüge überziehen. Bei Morgengrauen hatten die armen Kerle ihre vorgeschriebenen Stellungen bezogen, und eine weitere Stunde später erschien ich, ihr Kommandeur, auf dem schneeverwehten Plan. Ein Produktionsfahrzeug hatte mich von dem gut geheizten Hotel in die Kälte dieser Ebene gebracht. Bei der Kamera kamen zwei Männer auf mich zu. Der eine war Tomislav Pinter, der Kameramann, ein guter Freund, den wir Picio nennen. Der andere war Veljko Bulajić, der Regisseur des Films, wie in dieser Runde jeder weiß.

Die beiden Männer stellten mich auf einen Hügel und erklärten mir den Ablauf der Szene. Veljko sagte: ›Alles beginnt mit deinem hochgestreckten Arm, und wenn du den dann runternimmst, macht die Kamera einen Panoramaschwenk zu den Panzern hin, und kurz danach kommen die Jagdflugzeuge von Osten her tief über den Schnee ins Bild geflogen.‹

Ich stehe also da auf dem Hügel, und Veljko ruft ›Sound!‹, dann ruft er ›Camera!‹, und ich höre Picio sagen ›Speed‹, woraufhin Veljko sein ›Action!‹ brüllt. Ich strecke also meinen Arm und meine Faust, der Streitmacht klar erkenntlich, in den wolkenschweren Himmel hoch und denke, daß es eine Probe ist, weil wir ja immer eine Probe machen, doch an dem kalten Morgen muß Veljko wohl sehr gefroren haben, und weil den Soldaten auch saukalt gewesen ist, weil den armen Kerlen nicht nur die Gesichter, sondern auch ihre Hintern tiefgefroren waren, hat Veljko wohl allen Leuten mitgeteilt: ›Auf die Probe verzichten wir dieses Mal, wir drehen das sofort.‹ Wie gesagt, *den anderen* hat er es mitgeteilt. Allen. Nur mir nicht. Mich hat er dabei vergessen. Also. Ich hebe den Arm. Die

Streitmacht sieht zu mir her. Erwartungsvoll. Ich zähle still vor mich hin, bis drei. Bei drei senke ich den Arm. Blitzschnell. Männlich. Und es bricht die Hölle los! Haubitzen donnern! Maschinengewehre rattern! Panzermotoren heulen auf! Neben mir schlagen Granaten ein! Mein ganzer Feuersturm wirft sich heulend dem Lumpenpack entgegen! Und was mache ich? Der Held? Ich habe mir die Szene in der Vorführung angesehen, und ich kann Ihnen nur empfehlen, Marschall Tito, sich das Spektakel nicht entgehen zu lassen. Was Sie auf der Leinwand da erwartet, ist dies: Der Kommandeur zuckt zusammen. Der Stahlharte scheint von einem Peitschenhieb getroffen. Dem Unerschrockenen schnellen die Arme hoch. Der Sieggewohnte hält sich die Ohren zu. Sucht Schutz. Wirft sich zu Boden. Dann reißt der Film ab. Gnädig. Und der Krieg ist somit aus.«

Wie ich das so erzählte und über den Tisch hinweg Yul ansah, sprang Jovanca auf, und Tito hielt sich den Bauch und seine Augen blitzen.

»Das, Herr Präsident«, sagte ich, »habe ich Ihnen mal erzählen wollen. Wenn ich ein Vertreter der neuen Generation meines Landes bin, dann können wir vier heute abend im Gedanken an die Bundesrepublik ohne Sorge sein. Können unser Glas erheben. Auf Jovanca trinken. Und die Zigeuner singen lassen. Ich, für mein Teil, freue mich darauf.«

Tito ging langsam um den Tisch herum. Er stellte sich vor mir auf und hielt mir sein Glas entgegen. Wortlos. Wir stießen an. Und tranken. Dann nickte er den Zigeunern zu. Fünf Balalaikas brachen mit einem Jubelton in die Stille ein. Die Zigeunerfrauen sprangen auf und tanzten. Yul lief mit ein paar stampfenden Schritten zu ihnen hin. Eine Weile stand er still und hatte beide Arme hoch in die Luft erhoben und sah den Frauen zu, wie sich ihre Körper in Kreisen um ihn wanden. Dann begann er zu singen. Tief und röhrend. Er sang auf russisch. Die Zigeunerinnen klatschten begeistert in die Hände. Jovanca rief einen russischen Satz in Yuls Gesang hinein.

Ich sah ihm zu und mußte an zwei unterschiedliche Geschichten denken, die Yul um seine Herkunft ranken ließ. In der ersten hatte seine Wiege in der Mongolei gestanden. Seine Bilder, wie er mir sie so erzählte, waren bunt, voller Musik und grob. Es ging

Zwei Freunde
auf dem Weg zu Tito.
Insel Brioni, 1967

darin um Eltern, die von einer wilden Sexualität gewesen sind. Um eine Kindheit ohne Schule, ohne Lehrer, ohne jedes Buch. Um zottige Ponies vor Zigeunerwagen. Um einen Treck des Stammes, den schwierigen Weg, quer durch China, bis in die Taiga von Sibirien hin.

Um das Abenteuer einer solchen Kindheit habe ich Yul beneidet. Das änderte sich an dem Tag, als ich Orson einmal davon erzählte. Und bis Orson sagte: ›Wie erstaunlich bunt die Phantasie dieses Yul doch ist … mir hat er erzählt, der Name Brynner sei eine amerikanische Verballhornung von Brunner, weil er in einem Zigeunerwagen zur Welt gekommen ist, und zwar in Brunnen, in der Schweiz, am Vierwaldstätter See …‹«

Der Kanzler nahm das Ende meiner Erzählung mit einem kleinen Lächeln auf, und seine Frau fragte amüsiert: »Ein Mann und zwei Geschichten seiner Herkunft, wie ist das nur möglich?«, worauf Luv antwortete: »Unter Schauspielern scheint das ein großer Spaß zu sein. Walter Mathau ist auch so einer. Er hat in seiner Autobiographie geschrieben, sein Vater sei Rabbiner in einem kleinen polnischen Dorf gewesen. Später einmal, in einem Fernsehinterview, habe ich gesehen, wie er etwas ganz anderes von sich gab, nämlich: Sein Vater stamme aus Odessa und sei der oberste Prediger gewesen, und zwar in einer episkopalischen Gemeinde, woraufhin der Interviewer sagte: Hollahop, halt! Wenn Sie einmal Ihren Dad als Rabbi aus Polen hinstellen und ein anderes Mal als Prediger aus der Ukraine, dann muß eines von beiden eine Lüge sein! Und der Mann mit dem verknautschten Gesicht antwortete: ›Ach wissen Sie, wir Schauspieler müssen so viele Interviews geben, und ihr Journalisten fragt immer dasselbe. Vielleicht seht ihr es als interessant an, immer wieder dasselbe zu fragen. Aber ich sehe es als langweilig an, immer wieder dasselbe zu antworten.‹«

Lokis Gesicht zeigte diese stille Nachdenklichkeit, die ein Teil ihres Wesens ist. Nach einer Weile sagte sie, daß sie für Mathau Verständnis habe. Seine Art, mit Journalisten umzugehen, sei voller Witz, und sie fände so was richtig gut. Helmut lenkte unsere Gedanken zurück auf den Tito-Film und wollte wissen, wie es damit weitergegangen sei.

Die Weltpremiere hatte der Präsident nach Sarajewo legen lassen, in eine große Halle, und an die fünf- oder sechstausend seiner verdienten Partisanen wurden aus allen Landesteilen in Autobussen herbeigebracht. Es waren meist alte Männer. Sie humpelten auf Krücken in den Saal. Andere waren blind. Viele wurden in Rollstühlen hereingeschoben, und da ich wußte, daß alle Darsteller bei Filmende auf die Bühne mußten, sank mir das Herz. War ich – in dem Film – nicht der Mann, den diese Männer hatten bekämpfen müssen? Dem sie ihre Wunden zu verdanken hatten? Der Tod und Zerstörung über ihr Volk gebracht hatte? Ich fragte mich, ob ich es diesem Publikum nicht ersparen sollte, mich auf der Bühne sehen zu müssen, und als ich Orson nach seiner Meinung dazu befragte, legte er sein Gesicht in Falten und sagte: »In dieser Bedrängnis kann dir nur einer raten: dein Instinkt.«

Ich habe das Wort ›Wende‹ oft gehört, doch an das Zerspringen von Eisenringen über meiner Brust habe ich – als eine der Deutungen für dieses Wort – bis zu der Nacht der Partisanen nicht gedacht. Das Zerspringen meiner Eisenringe kam, als es bei der Premiere still geworden war. Zu Beginn der Veranstaltung waren Militärkapellen in das Stadion marschiert, Fahnen wurden geschwenkt, Jubel war um Tito aufgebraust, und mit der Abdunkelung über den Gesichtern der altgewordenen Freiheitskämpfer, bei dem ersten Flimmern von Projektionslichtern über die Riesenleinwand, setzte das Gebrüll der Schlachten ein. Explosionen. Panzerketten. Tiefflieger. Einschläge. Sturmgewehre. Und Haubitzen. Felslawinen stürzten mit ohrenzerfetzendem Gewitter auf Panzerwagen. Wenn Liebende sich umarmten, lag über ihrem Abschied eine Musik für die Beladenen.

Die Wende, von der ich erzählen will, setzte ein, als es auf der Leinwand still geworden war. In die Stille hinein stapfte langsam und besonnen ein Deutscher. Ich. Die Szene zeigt mich in Tarnanzug und Parka, mit einer Maschinenpistole in der Hand. Neben mir ist weites Land. Über mir steht ein hoher Himmel. Es ist Nacht. Der Übergang von Nacht zu Tag ist bereits zu ahnen. Zwielicht legt sich über Schnee. Ein Stück abseits, hinter einem Baum, steht ein Offizier in schwarzer Uniform. Der Mann ist Serbe, ein Tschetnik, Kollaborateur der Nazis. Von weither ist Gesang zu hören. Männerstimmen. Partisanenstimmen. Die Stimmen kommen aus Ruinen.

Im Drehbuch war dem Gesang ein Monolog gefolgt, gut zwei Seiten lang, und mit großen Worten sollte ich ausdrücken, daß diese Partisanen nicht zu besiegen seien. Ich hatte Bulajić gebeten, diesen Text nicht spielen zu müssen, denn Pathos an dieser Stelle macht die Sache schwach, und ich hatte ihm gesagt, die Szene spiele ich lieber stumm. »Stumm?« hatte er gefragt, »glaubst du, daß du ohne Worte rüberbringst, was du rüberbringen mußt?«, und ich habe gesagt, daß ich nicht weiß, ob es mir gelingen wird, aber in Almería habe ich das schon mal gemacht, in dem französischen Film *Ein Taxi nach Tobruk*, und da ist es mir gelungen. Also, habe ich zu Veljko gesagt, er soll mich das einmal versuchen las-

sen, und wenn er mit seiner Kamera nah an meine Augen geht,
dann kann das Publikum vielleicht meine Gedanken lesen. Am
Anfang werde ich ein paar Sätze improvisieren müssen, habe ich
zu ihm gesagt, weil es mir um Angst geht, und Angst ist unter den
Soldaten auf beiden Seiten gleich, aber ab dann spiele ich die Szene stumm. Außerdem, wenn's ihm nicht gefällt, habe ich vorgeschlagen, dann vergessen wir die Sache und ich spiele ihm den
langen Monolog. Veljko Bulajić hat es immer gern gehabt, wenn
einer an die Grenze geht von dem, was möglich ist, also haben wir
die Szene ohne Text gedreht, und am Schluß hat Veljko gesagt:
»Stumm ist besser, und es müßte mit dem Teufel zugehen, wenn
ich mich irre, aber deine Gedanken sind zu lesen.«

Dann, einen Winter später, bei der Premiere in Sarajewo, ist es
in dem Film also plötzlich still und es legen sich mir diese Eisenringe um die Brust. Neben mir, im Stadion, sitzen alte Männer, die
in ihrer Jugend wilde Partisanen waren. Über den Männern ist
eine Leinwand aufgespannt. Ich sehe mir auf der Leinwand selber
zu. Mein Körper da oben ist unnatürlich groß. Dunkel. Im Zwielicht. Neben mir steht ein Tschetnik. Von ganz weit her kommt der
Gesang der Partisanen. Ich höre dem Lied zu. Lange. Dann sage
ich: »Die Kerle haben Angst. Mit dem Gesang machen sie sich
Mut.« Der Tschetnik lacht. Verächtlich. Höhnisch. Mein Kopf da
oben nimmt keine Notiz von ihm. Mein Mund sagt: »Ich mache
das mit der Angst genauso. Wenn mir die Angst die Kehle zu-
schnürt, pfeife ich einen Schlager vor mich hin.«

Der Tschetnik ist verblüfft. Das Bild läßt von ihm ab. Es sucht
den Deutschen. Findet ihn. Macht seinen Kopf auf der Leinwand
groß. Macht den Kopf riesig. Das Bild sucht die Augen dieses
Deutschen. Findet sie. Bleibt bei den Augen. Bleibt da lange. Ich
sitze unten in dem Saal und weiß noch, was ich mir damals, beim
Drehen, habe durch den Kopf gehen lassen. Ich habe gespürt, wie
die Kamera nahe an mich herangefahren ist. Dann habe ich dem
Lied der Partisanen zugehört. Und habe an die Angst gedacht, die
in diesen Männern stecken muß. Aber ich habe auch an meine
eigene Angst gedacht. An meine eigenen Soldaten. Junge Spunte.
Alte Krieger. An die vielen, die im Morgengrauen tot sein werden.
In einem hellen Nebel vor meinen Augen habe ich gesehen, wie
Veljko auf Zehenspitzen neben der Kamera hergegangen ist, und

ich habe mir gesagt, wach bloß nicht auf, laß den Nebel da, und als die Kamera ganz nah vor meinen Augen war, habe ich aus dem Lied der Partisanen herausgehört, daß ihre Wut und die Verzweiflung stärker sein mußten als die Angst vorm Tod, morgen, in dem Kampf, und dann habe ich den Gedanken in meinen Kopf gebracht, an den ich seit Jahren glaube: Eine Nation, die sich nicht unterdrücken lassen will, gibt niemals auf, und deshalb ist mein letzter Gedanke vor der nahen Kamera eben der gewesen, daß die Lumpensoldaten da hinten in ihrer Nacht nicht zu besiegen sind.

Wie ich nun da unten zwischen den verkrüppelten Männern sitze und in den Augen da oben nach meinen Gedanken suche, kommt von ganz weit her Applaus. Von den Rängen. Dann von hinten, aus dem Saal. Aus ein paar Rollstühlen neben mir. Titos alte Männer haben die Gedanken in der stummen Szene lesen können. Orson beugt sich vor. Er sieht die Sitzbank entlang zu mir her. Sein Gesicht ist ausdruckslos. Dann nickt er. Mit Bedacht. Ich nicke auch. Und spüre den Eisenring nicht mehr.

Eine Stunde später wird es hell im Saal. Yul sagt mit einem breiten Grinsen: »Komm mit auf die Bühne, ab jetzt schmeißt niemand mehr nach dir mit Tomaten.« Dann stehen alle Schauspieler vor der weißen Leinwand, die Militärkapelle spielt, die Partisanen jubeln, Frauen winken, und danach werden die Schauspieler wieder in einer langen Reihe aufgestellt, jetzt in einem Salon mit rotem Brokat an den Wänden und mit vielen Fahnen. Titos Minister und seine Generale warten in ehrfurchtsvollem Schweigen. Bei den Royal Command Performances der Windsors in London habe ich auch immer solche ehrfurchtsvollen Gruppen rumstehen sehen. An dem Abend, in Sarajewo, finde ich mich neben Franco Nero aufgestellt. Ein Stück weiter steht Yul. Das Schweigen läßt mich an Kirchen denken. Und an Gott. Ich sage mir, bisher hat Er sich in einer solchen Stunde durch Prince Philip vertreten lassen. Oder durch die Herzogin von Kent. In Jugoslawien, sage ich mir, schickt der Herr seinem Abgesandten einen Engel voraus. Der Engel ist schlank und groß, trägt Uniform und hat goldene Schnüre von der Schulter hängen. Alle zwei Schritte bleibt er stehen und sagt zu seinem Herrn: »Dies hier, Genosse Präsident, ist Oleg Widow aus der Sowjetunion. Er spielt in dem Film den Kommissar Nikola.« Ich nehme an, daß er das sagt. Ge-

nau wiedergeben kann ich die Worte leider nicht, weil die Vorstellung auf serbokroatisch vor sich geht, doch als Tito vor Orson
stehenbleibt, höre ich von dem Engel die Worte »Mr. Welles...
USA... Rolle des Senators... ein Tschetnik«, und bei Franco sagt
er: »Signore Nero... aus Italien.«

Dann steht Tito vor mir. Seine Augen hinter der Brille sind
streng. Staatsmännisch. Hausherrisch. Von dem Engel höre ich
»Harrrrdie Krrrieger... Deutschland... Nicht DDR... Bundesrepublik... Rolle des Pukovnik Kränzer...« Er sagt noch ein paar
andere Sätze. Tito hört sie schweigend an. Unbewegt. Dann greift
er nach meiner Hand. Streckt sich zu meiner Schulter hin. Kommt
nahe an mein Ohr. Sagt – und das in meiner Sprache: »Nehmen
Sie dem armen Kerl die umständliche Vorstellung nicht übel. Woher soll er denn wissen, daß wir uns schon länger kennen?«

Damit bin ich am Ende der Geschichte angelangt. Loki lächelt still.
Luvs Augen leuchten. Helmut Schmidt sagt: »Tito hat Charme, da
gibt es keine Frage. Er ist bauernschlau, oder nennen wir es getrost ›schlitzohrig‹. Sein Mut im Krieg und sein strategisches Können haben aus den unterschiedlichsten slawischen Landsmann-
schaften und sogar aus zwei feindseligen Religionen eine Nation
geformt. Das war ein Meisterstück. Ebenso wie Ende der vierziger
Jahre das Ausscheiden Jugoslawiens aus dem Lager Stalins ein
Meisterstück an Geschick und Courage gewesen ist. Seit einigen
Jahren ist er in den Ländern der Dritten Welt – ich finde diesen
Terminus übrigens bedauerlich – zu einer Leitfigur geworden und
hat sich damit den Mantel der Friedfertigkeit und Aufgeschlos-
senheit umgehängt. Doch alles das darf nicht darüber hinwegtäu-
schen, daß er im eigenen Land jeden Versuch einer eigenständi-
gen Meinung brutal verfolgt. Wenn in diesen Tagen ein alter
Freund neue Ideen äußert...« Hinter der Bücherwand läutete das
Telefon. Helmut sah auf seine Uhr. »Loki, wie spät ist es in Washington?«

»Zehn nach sechs«, sagte seine Frau, »am Abend.«

Der Kanzler ging zu dem kleinen Arbeitstisch und nahm den
Hörer ab. »Schmidt.« Dann sprach er englisch weiter. Die Frauen
beschäftigten sich mit dem Geschirr. Ich nahm die Terrine und
hielt die Tür zur Küche auf. Als Loki an mir vorüberging, ver-

steckte sie ein Gähnen. »Falls Sie das gesehen haben, so sagen Sie jetzt bitte nicht, daß es Zeit ist, die paar Schritte ins Steigenberger hinüberzugehen«, sagte sie. »Helmut würde es Jimmy Carter nie verzeihen, wenn seinetwegen dieser Abend ein frühzeitiges Ende fände.« Sie öffnete die Geschirrspüle. »Der Mann ist kein bißchen müde, ihr habt es doch selbst gesehen. Dabei sind wir vor zwei Tagen erst aus Tokio zurück. Mich macht der Jetlag müde, den ganzen Tag, aber er findet nicht in den Schlaf. Die Begegnung mit Takeo Fukuda hat ihn ganz aufgekratzt gemacht. Ich glaube, in seinem Kopf wälzt er Gedanken, die sich um die Haltung der Chinesen gegenüber Japan drehen. Oder umgekehrt.«

Ein paar Minuten später kam der Kanzler durch die Tür. »Ihr braucht doch hier nicht in der Küche rumzustehen.«

Die Frauen meinten, sie hätten noch mit dem Aufräumen zu tun. Ich folgte ihm zurück ins Zimmer. Er hielt mir eine Packung Zigaretten hin, aber ich schüttelte den Kopf. Im Jahr davor hatte ich das Rauchen aufgegeben.

»Um noch mal auf Tito zurückzukommen«, sagte Helmut Schmidt. »Der Mann hält sein Land auf eine Art zusammen, die an jene eiserne Hand des Götz von Berlichingen erinnert.« Ich hielt ihm ein Streichholz entgegen, und er sagte: »Beispielsweise steckt er diesen Djilas immer wieder ins Gefängnis. Einen Mann, der die Partisanen von Montenegro um sich versammelt hat, der sich im Krieg für Tito hätte in Stücke hauen lassen, der im Frieden sein Vizepräsident gewesen ist, aber das zählt heute alles nicht mehr. Sobald Djilas den Mund aufmacht, stecken Titos Richter ihn ins Gefängnis.«

»Ich weiß«, sagte ich.

»Und das nicht nur einmal«, sagte Schmidt, »immer wieder. Fünf Jahre. Sieben Jahre. Djilas ›löckt wider den Stachel‹, wie unser Luther sagt, und Titos Gerichte buchten den Mann ein.«

»Ich weiß«, sagte ich, »und ich habe Tito auch einmal darauf angesprochen.«

»Das haben Sie getan?« Durch den Zigarettenrauch hindurch konnte ich die Überraschung in seinen Augen sehen. »Glauben Sie, daß es in seiner Umgebung viele gibt, die den Namen eines Abtrünnigen erwähnen?«

»Weiß nicht«, sagte ich, »möglicherweise Jovanca.«

»Möglicherweise. Jedoch, als Sie das taten – wie hat Tito darauf reagiert?«

»Ich bin in Ungnade gefallen.«

»Was nicht anders zu erwarten war«, sagte Helmut. »Welcher Teufel hat Sie geritten, mit dem Herrscher über einen Abtrünnigen zu sprechen?«

»Es sollte einen zweiten Film über Tito geben, und der Marschall hatte sich gewünscht, daß ich beim nächsten Mal einen Partisanen spiele. Daraufhin haben mich die Produzenten aufgefordert, eine zusätzliche Figur zu entwickeln und deren Eigenarten zu Papier zu bringen. Ich lief mit dem Gedanken im Kopf herum, Djilas als Rolle für mich zu schreiben. Das hätte Stoff für wunderbare Szenen abgegeben, wenn der kroatische Maschinenschlosser Josip Broz an der Seite des montenegrinischen Schriftstellers Milovan Djilas zum Partisanenhelden Tito wird.«

»Ja, das läßt sich denken«, sagte der Kanzler. Er sah mich lange an. Und dachte nach. Und sagte schließlich: »Würden Sie mir erzählen, wie das Gespräch über Djilas zustande kam? Und was daraus wurde?«

»Es ist eine lange Geschichte«, sagte ich.

»Wir haben Zeit«, sagte er. »Sie würden mir eine Freude machen.«

»Also gut«, sagte ich. Und sah mich wieder auf einer bosnischen Wiese neben Tito sitzen.

Die Geschichte beginnt damit, daß wir mit der *Schlacht an der Neretva* auch einen Sommer später noch beschäftigt sind. An einem freien Sonntag sagt Picio Pinter: »Heute gegen Mittag wird Tito in der Nähe sein. Bei einem kleinen Dorf. In den Bergen. Eine Autostunde fort von hier. Er weiht ein Denkmal für seine Gefallenen ein. Ich finde, wir sollten hinfahren. Es würde Tito freuen.«

Wir fahren also rüber, und Tito freut sich tatsächlich. Er hatte sich für diesen Tag eine neue Uniform schneidern lassen. Hellblau. Mit roten Epauletten, und an den Ärmeln viel Gold. Ich dachte bei mir, daß so eine Uniform nicht zu dem Mann paßt, das ist eine Uniform, wie sie Tenöre tragen oder Türsteher vor Hotels, aber dann sagte ich mir, was der Mann sich anzieht, ist ganz alleine seine Sache, und die geht dich gar nichts an.

Wir kommen in die Hügel, und es ist ein wunderbarer Sommertag, mit einem blauen Himmel über saftig dunklen Wiesen. Der Präsident sagt, daß er früh dran ist, bis zur Einweihung des Denkmals für die Gefallenen bliebe ihm noch eine Stunde Zeit.

Jovanca trägt ein sommerliches Seidenkleid und sieht reizend aus. Sie läßt Klappstühle in einem weiten Rund auf ein Stück abgemähter Wiese stellen.

Das Denkmal und das Bauerndorf müssen auf der anderen Seite der Hügel sein. Von weither kommt das Geräusch schwerer Motoren.

»Das sind Übertragungswagen vom Fernsehen«, sagt Picio, »und Autobusse. Titos Armee der Überlebenden macht sich auf den Weg zu Titos Denkmal seiner Toten.«

Jovancas Platz ist auf der anderen Seite von dem Rund. Mir weist sie den Stuhl neben Tito zu. Yul sitzt an Titos rechter Seite. Er ist mit einer Jugoslawin hergekommen, jung, blond, besonders hübsch. Im Film spielt sie eine Partisanin. Drei Generale wandern in den Kreis. Grüßen den Marschall aufrecht, militärisch. Tito deutet auf Stühle vor einem verwitterten Bauernhaus. In der blau lackierten Eingangstür lauern Soldaten in weißen Kellnerjacken. Hinter Tito steht ein Offizier mit Schnüren an der Uniform. Tito sagt, daß es an der Zeit für eine Erfrischung sei. Er läßt den Adjutanten auf serbokroatisch wissen, was er haben will. Ich höre das Wort Whisky heraus. Der Adjutant winkt zu den Kellnern beim Bauernhaus ein Zeichen hin. Im Handumdrehen traben die weißen Jacken an. Bauen sich vor Tito auf. Haben Gläser auf ihren Tabletts. Und eine Flasche Glenfiddich in den groben Soldatenhänden.

Von der anderen Seite der Runde, von Jovanca, kommt ein Satz auf russisch. Dann eine Pause. Und ein Lächeln, quer durch den Kreis, für ihren Mann. Tito nickt. Sagt *njet*. Dann ruft Jovanca noch etwas auf russisch. Es klingt wie Einspruch, trotz des Lächelns. Tito sagt mürrisch *njet, njet, njet.*

Picio hockt sich neben meinen Stuhl in das abgemähte Gras. »Jovanca will nicht, daß ihr Mann Whisky trinkt«, übersetzt Picio, leise murmelnd und den Blick ins Gras gesenkt. »Sie sagt, die Ärzte hätten ihm das doch streng verboten.«

Die Soldatenkellner gießen Glenfiddich randvoll in zwei Glä-

Kameramann Tomislav (Picio) Pinter und Hauptdarsteller. Film *Tod eines Fremden/Death of a Stranger*. Deutschland/Israel, 1972

ser, die Picio in den Händen hält. Wir sagen ›Prost‹ und nehmen einen Schluck. Tito sieht uns mürrisch dabei zu. Jovanca, gegenüber, ist von Schauspielern umringt: Gute Leute, die vom Zagreber Theater kommen. Yul beugt sich über die hübsche Blonde und erklärt ihr das Unregelmäßige in der englischen Grammatik.

Tito nimmt den Blick von unseren Gläsern und macht ein Zeichen zu dem Adjutanten hinter ihm. Der Mann kommt militärisch schnell heran und beugt den Kopf über die Schulter seines obersten Kriegsherrn. Die Anordnung für ihn kommt leise. Knapp. Picio murmelt: »Es ist der Befehl ergangen, der Präsidentengattin eine längere Geschichte zu erzählen.«

Der Offizier trabt quer durch den Kreis. Baut sich vor der Präsidentengattin auf. Beugt sich, nach Aufforderung, zu ihr hinunter. Die Schultern des Offiziers sind breit. Ich kann Jovanca nicht mehr sehen. Wie ich mir noch so das Bild betrachte, trifft mich ein harter Schlag ins Kreuz. Eine Hand streckt sich mir entgegen. Flach. Offen. Der Ärmel oberhalb der Hand ist hellblau mit etwas Rot und Gold. Ich stelle mein Glas auf die Handfläche über den breiten Ehering. Die Hand schließt sich und führt das Glas zum Mund. Tito schlürft den Scotch. Stöhnt vor Genuß. Er leert gut die Hälfte aus dem Glas. Dann sehe ich, wie der Offizier sich von der Präsidentengattin trennt. Blitzschnell kommt das Glas zu mir zurück. Tito murmelt: »Ein gutes Spiel.« Er versteckt ein Grinsen. »In wenigen Minuten machen wir das gleiche Spielchen noch einmal.«

Wir haben das noch dreimal durchgespielt, und es war in dieser Stimmung, daß ich den Namen Djilas in das Gespräch einfließen ließ. Ich erzählte Tito, daß ich den Schriften dieses Milovan Djilas das erste Mal begegnet sei, als ich in London zu arbeiten begann. Das Jahr war 1956. In Budapest hatten unbewaffnete Ungarn gegen sowjetische Panzer gekämpft, und in einem Artikel für die Zeitschrift New Leader hatte der Altkommunist Djilas Partei für die Aufständischen ergriffen. In seinen Augen wollte das Volk ein Regime nicht deshalb stürzen, weil es kommunistisch war, sondern weil es stalinistisch, also unmenschlich, handelte.

Aus meiner Sicht, sagte ich, war Djilas einen Schritt über das hinausgegangen, was Tito zehn Jahre vorher mit seiner Trennung von Stalin begonnen hatte, aber warum er deshalb von einem ju-

goslawischen Gericht zu einer langen Gefängnisstrafe verurteilt
worden war, haben viele von uns damals in London nicht verstanden.

Picio, noch immer neben meinem Stuhl im Grase hockend,
gab mir einen Knuff in den Unterschenkel. Tito konnte das nicht
bemerkt haben. Er sah schweigend geradeaus. Nachdenklich.

Auch ich war nachdenklich geworden. Ich dachte an den
Mann, der seinen kindlichen Spaß mit vertrickzten Rotweinglä-
sern hatte. Konnte der gleiche Mann es für richtig halten, wenn sowjetische Panzer den Aufstand der Ungarn niederwalzten? Fürchtete er vielleicht die Möglichkeit, das ungarische Beispiel könne in
Jugoslawien Schule machen? Mit Milovan Djilas an der Spitze der
Rebellen? Ich sah den Präsidenten in seiner hellblauen Uniform
neben mir in einem Klappstuhl sitzen und fragte mich, ob dieser
Mann im Fall der Fälle sein Volk mit Panzern niederwalzen lassen
würde. Und, nächste Frage: Ließ er seinen alten Mitstreiter nur
deshalb Jahr um Jahr hinter Gefängnismauern festhalten, weil die
Freiheit des Abtrünnigen einen Bürgerkrieg auf dem Balkan zur
Folge haben könnte?

Unerwartet unterbricht der Präsident sein Schweigen. Mit leiser
Stimme fragt er mich, ob ich denn tatsächlich die Bücher des Milovan Djilas gelesen hätte, *Land ohne Recht* oder *Die neue Klasse.* Ich
hatte beide Bücher gelesen und sagte zu Tito: »Einen Kommunisten
müssen diese Schriften stören, denn immerhin hat sich Djilas damit
Schritt für Schritt vom Kommunismus losgesagt, aber in den Augen
eines Mannes aus dem Westen ist es nicht Verrat, wenn ein Mensch
die Philosophie seines bisherigen Lebens überdenkt.«

Tito sagte: »Djilas hat seine Kritik an dem jugoslawischen Weg
zum Kommunismus im Ausland veröffentlicht. Nach den Gesetzen
unseres Landes ist damit der Tatbestand des Verrats gegeben.«

Ich dachte an Tito und Djilas während der Partisanenkämpfe
und fragte mich, wie ich den Unterschied der beiden Charaktere
für den zweiten Film skizzieren sollte. Falls der Film dem Abtrünnigen überhaupt Raum geben darf. Und, falls ja, dann stellte sich
die Frage, ob in den Partisanenlagern bereits zu erkennen gewesen war, daß der Kommunist Djilas für die Zeit nach dem Krieg
eine etwas offenere Form der Diktatur vor Augen hatte? Und:
Konnte es so etwas überhaupt geben? Eine leicht liberalisierte

Josip Broz Tito und Gast in Belgrad, 1968

Diktatur? Ich sah zu Tito hin und sagte mir, es ist besser, du hältst ab jetzt 'ne ganze Weile mal den Mund.

Picio sah zu Jovanca hinüber. Sie war noch immer von den Schauspielern aus Zagreb umringt. Der Kameramann begann ein Lied zu pfeifen und schlenderte gemächlich zu dem Bauernhaus hinüber. Er ließ sich von den Soldatenkellnern ein Glas geben. Als zu erkennen war, wem Picio den Whisky reichen würde, lächelte der Präsident. Er nahm einen langen Schluck. Dann sagte er versonnen: »Milovan hat mich herausgefordert. Nicht nur einmal. Immer wieder.« Er sah mich jetzt wieder an. »Dennoch habe ich ihn begnadigt.« Er schob den Ärmel seiner Marschalljacke hoch und warf einen Blick auf seine Armbanduhr. »Es ist Zeit zu gehen.« Als er sich aus dem Stuhl erhob, sagte er zu der Affäre noch zwei letzte Sätze. »Milovan hat den Bogen überspannt. Er hat die Grenze des Erlaubten überschritten.« Dann ging er zu seinem Wagen und wir folgten ihm.

Ich sehe uns noch auf dem Weg zum Denkmal in der Autokolonne sitzen, Yul und mich, und die blonde Partisanin sitzt zwischen uns in den Lederpolstern, und Yul sagt: »Ich bin ja so froh, daß du mal wieder alles loswerden konntest, was dir so auf dem Herzen liegt«, und dann schüttelt ihn ein Lachen und er streckt seinen Arm über den Rücken des Mädchens hinweg und haut mir krachend auf die Schulter. Ich sehe auch noch, wie das Mädchen lacht, und aus ihrem Lachen heraus höre ich den Kanzler lachen und wie sein Gesicht wieder ernst werden will, steht es hinter dem Rauch einer Zigarette.

Der Kanzler sagte: »Tito kennt beide Seiten der Medaille eines absoluten Herrschers. Er opfert einen einzelnen und hofft, damit den Tod von vielen in einem Bürgerkrieg zu vermeiden. Gleichzeitig aber muß er befürchten, daß seine bloße Existenz als Despot Anlaß zur Revolte liefern könnte.« Er dachte nach. »Obgleich Tito so einen Aufstand kaum befürchten muß. Dazu ist er zu beliebt.« Der Kanzler sah, wie helle Asche von der Zigarette fiel, und klopfte sie mit der Faust von seiner Jacke.

»Da sind Sie also in Ungnade gefallen«, sagte er dann. »Wie hat sich das geäußert?«

»Ich wurde nicht mehr eingeladen«, sagte ich. »Das war alles. Yul Brynner hat mir erzählt, daß auch er aus Belgrad nichts mehr hörte.«

»Haben Sie Ihren Sturz in die Ungnade bedauert?«

»Nicht wirklich. Nein. Eine Zeitlang waren die Begegnungen für mich sehr lehrreich. Auch amüsant. Es war ein Blick in die Gedanken eines Diktators. Und ich habe mir gesagt, daß es gut ist, Schauspieler zu sein. Weil es ein bunteres Leben kaum geben kann. Ohne Schaupieler zu sein, kommst du nicht nach Brioni, und gleich danach wirst du nach Moskau eingeladen und spielst in einem anderen Film.«

Helmut nickte. »Beneidenswert«, sagte er.

»Ja«, sagte ich, »noch dazu ist das ein guter Film, dieser sowjetische. Er heißt *Das rote Zelt*. Die Vorlage war der Absturz des Italieners Nobile mit einem Zeppelin über dem Nordpol im Jahr 1928. Jede Nation, die nur irgend konnte, hat damals Rettungsmannschaften auf den Weg gebracht. Mit Eisbrechern und einmotorigen Doppeldeckern und mit Hundeschlitten suchten sie nach Überlebenden. Sean Connery war als der norwegische Polarforscher Amundsen dabei, Peter Finch spielte den General Nobile, und ich war der schwedische Pilot, der seinen Doppeldecker auf den Eisschollen landet und Nobile in Sicherheit bringt.«

»Abenteuer über Abenteuer«, sagte Helmut Schmidt. »Und obendrein werdet ihr Burschen auch noch besser bezahlt als der Bundeskanzler.«

»Aber nur solange wir gefragt sind«, sagte ich.

»Das geht dem Bundeskanzler allerdings genauso«, sagte Helmut. »Doch kehren wir zurück zu Tito. Sind Sie noch immer *persona non grata* in Jugoslawien?«

»Nein«, sagte ich. »Bei der Premiere hat sich das Blatt wieder gewendet. In Sarajewo, Sie erinnern sich? Ich hatte davon erzählt, wie er sich über meine Schulter beugte und mit leiser Stimme einen seiner schlitzohrigen Witze riß.«

»Was konnte er auch anderes tun?« rief Luv aus der Sofaecke. Sie lachte. »Wo seine Partisanen dich doch bejubelt haben.« Ich war überrascht. Es war mir nicht aufgefallen, daß sie ins Zimmer zurückgekommen war.

»Wie war das in Moskau?« wollte Helmut wissen. »Während der Dreharbeiten? Sind Sie da auch eingeladen worden? Ich meine, in den Kreml?«

»Nein«, sagte ich. »Mein Leben in Moskau fiel in die Zeit von Breschnew, bevor der Widerstandskämpfer Willy Brandt Außenminister wurde. In den Tagen vor der großen Koalition wurde die Bundesrepublik in der Sowjetpresse und im Moskauer Fernsehen als der Todfeind der Russen hingestellt. Die Abneigung gegen die ›kriegstreiberischen Deutschen aus der *Federatiwnaja Respublika Germanija*‹ reichte tief ins Volk hinein. Ich weiß noch, wie entsetzt der Kellner im Frühstücksraum war, als er erfuhr, daß ich aus dem falschen *Germanija* gekommen war.«

Die Mosfilm hatte uns im Sowjetskaja untergebracht, was eine Luxusherberge ist. Nur Bonzen dürfen darin wohnen, und allenfalls mal Künstler aus dem Ausland. Yehudi Menuhin hat da übernachtet, wenn er in Moskau auftrat, Pablo Casals und Margot Fonteyn und wir Schauspieler eben auch. Im Frühstücksraum hatte jeder von uns ein Fähnchen mit den Farben seines Landes vor sich auf dem Tisch stehen. Mario Adorf hatte seine Freundin mitgebracht, und die machte ihm oben im Apartment Frühstück, aber wir anderen tranken die erste Tasse Kaffee da unten an den weißgedeckten Tischen, und zwar nach Nationalitäten streng getrennt. Das war die Hausordnung. An ihr war nicht zu rütteln. Claudia Cardinale ist Italienerin, also stand für sie, für ihre Zofe und den Maskenbildner Grün-Weiß-Rot auf ihrem Tisch. Der Schotte Sean Connery und der Engländer Peter Finch hatten stets einen kleinen Union Jack vor sich stehen. Sean war nur für recht kurze Zeit gekommen, aber Peter Finch und ich hatten ewig lange an dem Film zu drehen, über ein Jahr. Finchy ist bis zu seinem Tod in Hollywood ein sehr enger Freund von mir gewesen, und wir hatten immer wieder und immer wieder gebeten, an einem gemeinsamen Tisch den Tag beginnen zu dürfen, aber immer wieder und immer wieder kam als Antwort ein *njet*, und zwar in einem langen Satz auf russisch, obgleich die Kellner im Sowjetskaja ein passables Englisch sprachen. Die Hausordnung befahl Finchy an einen Tisch mit Union Jack und mich an den Nebentisch mit Schwarz-Rot-Gold. Mein Fähnchen war von dünner Qualität und hing schlapp nach unten, was auch der Grund dafür war, daß ich den Hammer und Zirkel im Weizenkranz auf rotem Grund erst Monate später, bei einem Luftzug von der Tür, entdeckte. Nun ist es so, daß ich die Trennung meines Landes nie als gegeben hingenommen habe. Ich, ganz für mich allein, habe den Gedanken an zwei deutsche Vaterländer niemals anerkannt. Es ist mir klar, daß ich an diesem Punkt weltfremd genannt werden kann, oder naiv, aber so ist das nun einmal. Für mich war es unbedeutend, ob mein Fähnchen im Sowjetskaja eine Dekoration in der Mitte hatte oder nur schlicht die drei Farben von 1848 als Erinnerung an eine deutsche Revolution. Damit hatte es sich für mich, und das Fähnchen der DDR blieb auf meinem Tisch.

Dann aber, eines frühen Morgens, kam der Tag des Entsetzens für den Frühstückskellner. Er war dienstfertig an meinen Tisch getreten, was mich verwunderte, weil mir Dienstfertigkeit als Eigenschaft bis dahin an ihm nicht aufgefallen war. Er sagte, daß eine Delegation aus der DDR zu erwarten sei, hohe Funktionäre noch dazu, und diese verdienten Männer seien es gewöhnt, ihr Fähnchen auf dem Tisch zu haben. Leider aber, so sagte der Frühstückskellner, verfüge seine Brigade nur über ein einziges Fähnchen aus dem sozialistischen Bruderland, eben jenes vor mir auf dem Tisch, und die Frage sei nun, ob ich mich vorübergehend davon trennen könne.

Sean und Finchy waren am Nebentisch damit beschäftigt, Toast in ihre Spiegeleier zu drücken, und Sean sagte zu dem Kellner: »Das geht ohne Schwitzen ab, denn ihr habt sowieso die falsche Fahne auf den Tisch des Towarischtsch Charrrdie gestellt.«

Der Mann verstand nicht recht. »Falsche Fahne?«

Seans nächster Satz kam mit einem breiten Grinsen und verursachte dem Frühstückskellner Schmerz: »Fragen Sie den Genossen Schauspieler doch mal, ob er euch nicht hintergangen hat. Ob er nicht in Wahrheit zu West Germany gehört.«

Der Mann in seiner weißen Jacke sah mich zweifelnd an. »*Federatiwnaja Respublika Germanija?*«

Ich nickte. Der Kellner kratzte sich am Hals: »Towarischtsch Konnerrrie macht sich wieder einmal Spaß.«

»Diesmal nicht, Stanislaw«, sagte ich.

In die Augen vor mir trat Entsetzen. »Nicht möglich«, sagte der Kellner. »Geht nicht, daß es möglich ist.«

»Erstaunlich, was?« sagte Sean. »Wo ihr beide euch doch jeden Morgen so gut versteht.«

»Ja«, sagte der Kellner. »Gut, ist wahr.«

»Das Leben verhält sich meistens hart«, sagte Sean. »Und ungerecht.«

»Von der *Federatiwnaja Respublika Germanija* habe ich noch nie ein Fähnchen gesehen«, sagte der Kellner. »Ich glaube nicht, daß wir eines haben.«

»Wie ist das mit Tansania?« rief Finchy dazwischen. »Habt ihr von Tansania so ein Fähnchen?«

»Das haben wir«, sagte der Kellner, »zum Tag der Oktoberrevolution war eine Abordnung aus Tansania hier. Die hatten ein Fähnchen auf dem Tisch.«

»Dann geh eins holen, Stanislaw«, sagte Finchy. »Hardy lebt am Kilimanjaro. Er hat da eine Farm.«

»Kein Spaß?« Der Kellner sah mich an.

»Kein Spaß«, sagte ich.

Stanislaw schlurfte davon. Seine Schultern hingen tief in der weißen Jacke. Als er zurückkam, hielt er das Schwarz und Gelb und Grün von Tansania in den Händen.

Die Abordnung aus Pankow kam und ging und hatte sich gewundert, mich mit dem Fähnchen von Tansania auf meinem Tisch zu sehen, aber weil die Leute nicht mit mir reden wollten, wissen sie bis heute nicht, daß ihr Hammer-und-Zirkel-Fähnchen von mir, und nur vorübergehend, an sie ausgeliehen worden war.

Die Funktionäre aus der DDR blieben nicht sehr lange. In den ersten Wochen nach ihrer Abreise sprach der Frühstückskellner nicht mit mir. Dann, eines Morgens, und ich weiß bis heute nicht warum, kam er mit dem Fähnchen aus dem Ostteil meines Landes angeschlurft. Zu Finchys Freude stellte er Hammer, Zirkel und Weizenkranz vor mich hin. Stanislaw und ich konnten wieder unbefangen miteinander reden.

Im Bungalow blieb es eine Weile still. Dann wollte der Kanzler wissen, warum eine sowjetische Filmproduktion Mario und mich nach Moskau holt, wo wir beide doch der ungeliebten Bundesrepublik angehören. Und wieso die Hauptrollen von Filmstars aus Hollywood übernommen werden, wo doch die Russen auf eine lange Tradition erstklassigen Theaters und wunderbarer Filme zurückblicken könnten. Bevor ich Antwort geben konnte, war er selbst drauf gekommen: »Wahrscheinlich wegen der Devisen. Immerhin ist Film ein ausgezeichneter Exportartikel.«

»Ja«, sagte ich. »Es ging um Dollars. Paramount hat den Film gekauft und unsere Namen groß aufs Plakat gesetzt. Für das Publikum im Westen sah das jetzt wie ein Hollywoodfilm aus. Die Mosfilm hat viele Millionen harter Dollars in die Devisenkiste des Kreml packen können.«

»Nicht schlecht.« Helmut nickte. »Ich wünschte, unsere Produzenten würden ähnlich denken.« Er zog seine dunkle Anzugjacke aus und hängte sie neben dem Eßtisch über einen Stuhl.

»Und sonst?« sagte er. »Das Thema interessiert mich. Wie steht es in England? Zwischen Ihnen und den Politikern? Oder der königlichen Familie?«

Ich hob die Schultern. In dieser Hinsicht gab es über London nicht viel zu erzählen. »Prinz Philip bin ich ein paarmal vorgestellt worden. Meist dann, wenn er Filmpreise zu verteilen hatte. Und sonst gibt es diese Royal Command Performances, wo sich die Schauspieler in einer langen Reihe aufstellen müssen, und dann

Peter Finch. Unvergessener enger Freund.
Das rote Zelt, Moskau, 1967/68

kommt der Herzog von Kent oder eine der Prinzessinnen und schreitet gelassen von einem zum anderen, aber ich mache bei so was nicht mehr mit.«

»Warum?«

»Ich halte das für eine ziemlich würdelose Sache.«

»Warum?«

»Weil wir ewig lange rumstehen müssen. Schauspieler sind pünktlich. Königliches Geblüt hingegen erscheint aus Prinzip verspätet. Meist eine Dreiviertelstunde zu spät. Ich glaube, sie wollen uns damit wissen lassen, wer im Palast geboren ist und wer am Wedding von Berlin. Letztes Mal stand ich neben David Niven. Der Mann hat seinem Land im Krieg gedient, in der Normandie, als Oberst der Panzertruppen. Außerdem gehört Niven zu den wenigen Engländern, die auf der ganzen Welt geachtet sind. Ein solcher Ruhm ist hart erarbeitet. Ein Leben lang. Als der Herzog von Kent – nach langem Warten – endlich vor uns stand, habe ich an

Sean Connery als Polarforscher Amundsen mit dem schwedischen Piloten
Lundgren in *Das rote Zelt*

den Wappenspruch der Windsors denken müssen, *Ich dien'*, und
habe mich gefragt, ob der Herzog wohl auf etwas zurückblicken
kann in seinem Leben, das Großbritannien dienlich war.«

»Oho!« rief Helmut. »Ein wahrer Republikaner macht seinem
Unmut Luft«, und aus dem Schummerlicht ihrer Sofaecke kam
Luvs verschlafene Stimme: »Warum erzählst du nicht die Ge-

Innenminister Hans-Dietrich Genscher, Claudia Cardinale, Rußland-
heimkehrer: Deutsche Premiere des Michail-Kalatosow-Films *Krasnaja Palatka /
Das rote Zelt* in Bonn, 1971

schichte von Larry und von Churchill? Die trifft doch, was der
Kanzler hören will, am besten.«

»Wer ist Larry?« wollte der Kanzler wissen, und als Luv ihm
erklärte, daß sich die Geschichte um Laurence Olivier dreht, ging
mir die Frage durch den Kopf, auf welche Weise ich sagen konnte, also, hört mal, das wird ja hier der reinste Anekdotenabend, ich
hätte viel lieber auch mal zugehört, beispielsweise hätte ich gern
etwas über den Kanzlerflug nach Tokio gewußt, letzte Woche, aber
bevor ich dazu kam, stand Loki in der Küchentür. Sie nannte uns
›Kinnings‹ und sagte, so ein schöner Abend wie dieser hier darf
nicht abgebrochen werden, aber wenn eine geplagte Frau, wie sie
es nun mal sei, schon seit früh um sechs auf den Beinen ist, gehört
sie jetzt ins Bett, noch dazu wo morgen ein paar Botaniker zum
Frühstück erwartet werden.

»Loki«, sagte ihr Mann, »set di dol, Hardy ist dabei, was von
Churchill und von Laurence Olivier zu erzählen.«

»Oh«, sagte sie, »das muß ich allerdings hören.« Sie ging zu
Luv in die Sofaecke, und ich erzählte die Geschichte.

Sie beginnt mit einem Film, in dem es keine guten Rollen gab. Ich spielte den Mann, der die Brücke von Arnheim sprengen soll, aber die Packung zündet nicht, was den Mann zu einer Schlüsselfigur werden ließ, aber eine gute Rolle war das nicht. Möglicherweise hatte James Caan eine gute Rolle, aber von Anthony Hopkins kann das keiner sagen. Von Robert Redford auch nicht. Und ebensowenig von Sean Connery. Michael Caine, Edward Fox, Dirk Bogarde oder Maximilian Schell. Liv Ullman ging es ebenso, aber Liv kann spielen, was sie will, selbst eine schwache Rolle, sie kommt am Ende des Films immer raus als eine Frau, die voller Leben ist, zurückhaltend zwar, und die dennoch vieles, was ein Mann sich wünscht, verspricht.

Der Film heißt *Die Brücke von Arnheim.* Richard Attenborough war der Regisseur. Unter Freunden nennen wir ihn Dickie. Er ist ein wunderbarer Regisseur. Einer der besten. Noch dazu ein herzensguter Kerl. Und wenn ein herzensguter Kerl dir sagt, spiel die Rolle, tu mir den Gefallen, dann machst du das. Dann tust du Dickie den Gefallen. Andererseits läßt sich so ein Mann wie Attenborough aber auch nicht lumpen. Im Gegenteil. Er geht zu Joseph E. Levine. Jedenfalls nehme ich das an. Dickie geht zu dem Mogul, zu dem Produzenten, und sagt: »Hör mal, Joe, wenn meine Freunde schon so selbstlos sind, dann wirst du wohl über deinen Schatten springen müssen und tief in deine Tasche greifen. Die Schecks, die du meinen Freunden gibst, sollten großzügig nach oben abgerundet sein.«

Joe Levine hat hingehört, womit ich sagen will, daß Joe über seinen Schatten sprang. Mein Scheck war großzügig nach oben abgerundet. Und der Scheck von Olivier war es auch. Mit seinem Mutterwitz, der ungewöhnlich trocken ist, hat Larry mich das eines Abends wissen lassen, und zwar in einem holländischen Ort mit Namen Nijmwegen. Wir waren eine Zeitlang durch die Straßen gebummelt. Sean und die anderen hatten Nachtaufnahmen vor sich. Bei einem kleinen Lokal blieb Larry stehen und sah einer jungen Frau zu, die ein Schild ins Fenster stellte: Heute Indonesische Reistafel. Wir haben uns schweigend zugenickt.

Der Tisch zwischen uns war blankgescheuert. Larry bestellte Bordeaux. Einen weißen. Die junge Frau vom Fenster stellte unzählige Schüsseln auf den Tisch. Lammspießchen. Eier in Curry. Meatballs. Fisch in Safran. Alle Sorten Reis. Mir lief das Wasser im Mund zusammen. Larry hob sein Glas. Und begann einen kurzen Dialog mit mir. Ich gebe die Szene aus dem Gedächtnis wieder.

LARRY: *(Eindringlich.)* Hardy, es wird Zeit, daß ich dich nach der Wahrheit frage.

HARDY: *(Offenen Blickes.)* Nur zu, Larry. Frag mich. Ohne Scheu.

LARRY: *(Setzt sein Glas ab.)* Darf ich mich darauf verlassen, daß du mir die Wahrheit sagst?

HARDY: *(Mit Curry-Ei und Reis beschäftigt.)* Larry … Soviel Wahrheit hast du dein Lebtag nicht gehört.

LARRY: *(Bringt sein Gesicht in den hellen Kreis der Deckenlampe.)* Hardy … *(Schicksalsträchtige Pause, dann:)* Warum bist du hier?

HARDY: *(Voller Mund. Sieht sein Gegenüber fragend an.)*

LARRY: *(Bohrend.)* Warum spielst du mit in diesem Film?

HARDY: *(Denkt an Joes Scheck.)* Nun, es ist so, daß …

LARRY: *(Schnell, einwerfend.)* Aus genau dem gleichen Grund spiele auch ich hier mit …

Ich hatte den Mund voll Reis gehabt, und mein Lachen war nicht ohne Spritzer abgegangen. Die junge Frau vom Fenster kam mit frischen Servietten angelaufen. Später haben wir viel über das Theater gesprochen. Larry wußte, daß die Deutschen gut mit Shakespeare umgehen können. Er sagte, die Sprache unserer Übersetzer Schlegel und Tieck höre sich für seine Ohren musikalisch an. Einmal kam er, zwar nur kurz, auch auf den Krieg zu sprechen. Er wollte wissen, ob die Theater weitermachten, damals, als die Bomber über Berlin geflogen sind. Ich sagte: »Ja, die Theater machten jeden Abend weiter, einige waren nur noch Trümmer, aber die anderen haben gespielt.«

Er nickte. »Die Bomber waren auch am Himmel über uns«, hörte ich ihn sagen. »Kaum zu glauben… Bomber über London…« Das war leise, zu sich selbst gesprochen. Dann murmelte er »Churchill« und murmelte »Shakespeare«, und ich sah sein Lächeln. »Ich habe an meine erste Begegnung mit Churchill schon lang nicht mehr gedacht«, sagte er dann. »Willst du sie hören?«

Richard Attenborough. Hervorragender Schauspieler. Regisseur der Spitzen-
klasse. Foto aus *Der Flug des Phönix*. Yuma (Arizona), 1965

»Aber ja!« Ich prostete ihm zu.

Larry lehnte sich mit dem Stuhl zurück und begann: »Es war
einmal ein früher Winterabend, Churchill stand am Fenster in der
Downing Street, der Himmel über London brannte, und Winston
brabbelte zu seinem Sekretär, daß es an der Zeit sei, sich mal wieder einen Shakespeare anzutun.«

Ich schloß die Augen und hörte seiner Stimme zu und konnte die
Szene vor mir sehen. In meiner Erinnerung wurde sie zum Vorspiel auf dem Theater. Als Laurence Olivier weitersprach, schlossen sich drei Akte und ein Intermezzo an. Die handelnden Personen (oder *Dramatis Personae*, wie sie in den Textbüchern unserer
Klassiker genannt werden) sind Winston Churchill (Premiermini-

Laurence Olivier als Hamlet

ster von Großbritannien), Laurence Olivier (Schauspieler) und Vivien Leigh (Schauspielerin, Geliebte und später Gattin von Laurence). Der Ort des Geschehens ist London. Die Dekorationen sind ein Luftschutzkeller, der Wohnsitz des Premierministers, Bühne und Garderobe des Old Vic, ein Taxi und das Apartment von Vivien und Laurence in der Londoner City. Die Zeit ist der Kriegswinter 1941/42, und die Handlung des Stückes wird hier auf geraffte Weise dargetan.

Vivien Leigh als Scarlett O'Hara in *Vom Winde verweht*

VORSPIEL

Leigh und Olivier sind jung, erfolgreich, und verliebt.

Sie haben unbesorgte Jahre in der Sonne Kaliforniens hinter sich. Vivien spielte die bildschöne Scarlett O'Hara in dem Film *Vom Winde verweht*, bekam einen Oscar und wurde über Nacht zur Berühmtheit auf der ganzen Welt. Larry drehte *Wuthering Heights* in Hollywood, später *Rebecca*, und an Berühmtheit stand er seiner Geliebten in nichts nach. Dann gab es Krieg. Die beiden trennten sich von den Träumen der Vergangenheit.

Die neue Gegenwart beginnt mit ihrer Ehe. Und mit der Rückkehr in die Heimat. Es wird eine Reise in die Flammen. Ihre Landsleute sind verzweifelt. Canterbury ist von Bomben zerstört. London brennt nach deutschen Luftangriffen jede Nacht. Hitler zieht seine Truppen an der Kanalküste zusammen. Die Invasion der Deutschen scheint bevorzustehen. Es gibt kaum Hoffnung. Lebensmittel und Tee sind rationiert. Die Menschen holen sich Abwechslung in den Kinos. Sie stehen stundenlang nach Karten für Symphoniekonzerte an, für das Covent Garden, für die Theater, das Drury Lane und für das ehrwürdige Old Vic. Wenn Laurence Olivier und Vivien Leigh im Old Vic Shakespeare spielen, sind Karten kaum zu haben. Und wer eine ergattert, muß auf katastrophales Wetter hoffen. Weil die Deutschen dann nicht fliegen. Bei klarem Himmel aber kommen sie. Und wer vor dem Old Vic auf Einlaß wartet, muß erst einmal in den Luftschutzkeller. Hockt verängstigt vor einer kalten Wand. Im gleichen Bunker, heißt es, hocken auch die Komödianten. Selbst Leigh und Olivier sollen in dem gleichen Bunker sein. Sicher gibt es für die beiden Sessel, bequem und warm in einem abgetrennten Raum. Wenn die Sirenen Entwarnung geben, steigen alle, Publikum und Komödianten, beklommen in die Nacht nach oben. Fragen sich, ob das Old Vic brennt? Und atmen auf: Das Theater steht! Macht eine Silhouette vor den Flammen.

Winston Churchill ist bei Beginn des Vorspiels sechsundsechzig Jahre alt. Er hat ein abenteuerliches Leben hinter sich. Sein Vater nannte die Intelligenz des Sohnes »bedauernswerterweise mangelhaft« und bestimmte ihn zum Offizier. Der junge Winston nahm an Kriegen teil. Im Sudan. In Kuba. In Indien und im Burenkrieg. Seine unerschrockene Flucht aus burischer Kriegsgefangenschaft machte ihn zum Nationalhelden der Engländer. Dann wartete auf ihn ein buntes Leben. Er wurde Journalist, Kriegsberichter, Abgeordneter, Minister, Erster Lord der Admiralität, Bataillonskommandeur in den Gräben des Ersten Weltkrieges, und weil seine Visionen den Regierenden in Whitehall nicht gefielen, blieb er zehn Jahre ohne Arbeit in der Politik. Erst als Hitler den Zweiten Weltkrieg vom Zaune brach, wählten ihn die Engländer als Prime Minister in die Downing Street. Seine erste Handlung war die Rettung einer geschlagenen britischen Armee. Er ließ die Männer mit Frachtern, Motoryachten und Segelbooten aus dem französischen Dünkirchen holen und auf die Insel zurückbringen. Als er sah, wie Hitler seine Truppen am Ärmelkanal versammelte, rief der neue alte Mann seinem Volk am Radio zu, daß alle Männer und alle Jünglinge von England, Schottland und aus Wales den Deutschen an jedem Strand, hinter jedem Fluß, bei jeder Häuserecke einen unerbittlichen Empfang bereiten werden.

So schlecht steht es um Albion in der Nacht, als Winston Churchill vom Fenster in der Downing Street die Flammen über London sieht. Als er, schlecht gelaunt, zu seinem Adjutanten brab-

belt, daß er ins Theater will. »Endlich die beiden Meteore kennenlernen ...«, denkt er laut vor sich hin. »Falls das Old Vic nicht in
Schutt und Asche liegt.«

Der Adjutant sagt, Hörer in der Hand: »Es liegt nicht, Sir! Das
Theater steht! Und das Ensemble fühlt sich über Ihren Besuch ge-
ehrt. Lediglich Laurence Olivier macht eine Einschränkung. Sie
mögen bitte nicht auf einem Platz in der ersten Reihe, Mitte, bestehen. Weil Sie, Prime Minister, unter Komödianten den Ruf ge-
nießen, bei Shakespeare jedes Wort des Textes laut und deutlich
mitzusprechen.«

ERSTER AKT
Winston Churchill betritt das Old Vic. Das Publikum erhebt sich.
Applaudiert spontan. Der Premierminister ist ohne seine Frau ge-
kommen. Die Londoner raunen sich zu, Clementine Churchill be-
vorzuge wegen der ständigen Luftangriffe das Leben auf dem
Land. Im Chartwell Manor, dem Familiensitz. Oder im Geburts-
haus ihres Mannes, Blenheim Palace, in einem Dorf mit Namen
Woodstock, Grafschaft Oxfordshire.

Laurence und Vivien beobachten durch das Vorhangloch, wie
Churchill sich nicht darum zu kümmern scheint, welcher Platz
ihm zugewiesen wird. Seine beiden Adjutanten ziehen sich ins
Foyer zurück. Der Saal wird abgedunkelt. Das Spiel beginnt.

Das Volk und sein Premierminister folgen der Tragödie mit
großer Spannung, anteilnehmend, schweigend. Nach den letzten
Worten des norwegischen Prinzen Fortinbras (mit Blick auf Olivier
als dem toten Hamlet): »*Such a sight as this becomes the field, but here
shows much amiss. Go bid the soldiers shoot*«, senkt sich der Vorhang
nur ganz allmählich in die Abdunkelung hinein. Stille liegt über dem
Parkett. Dann treten die Komödianten vor den Vorhang. Jubel
braust auf. Churchill ist der letzte Besucher, der den Saal verläßt.

Hinter der Bühne, in der Garderobe, schlüpft Vivien in einen
dünnen Seidenmantel. Sie hat weiße Cold Cream im Gesicht. Eine
betagte Garderobiere hilft Larry aus dem Wams. Hamlets Hemd
ist durchgeschwitzt. Von der Tür kommt lautes Klopfen. Larry öff-
net. Und steht vor seinem Prime Minister. Churchill sagt: »Glanz-
voll, dieser Abend«, und fügt hinzu: »Ich habe den Text nicht laut
mitgesprochen.«

Vivien lacht. Churchill sieht zu ihr hin. Geht an Larry vorbei. Entdeckt erstaunt, wie eng es in der Garderobe ist. Glühbirnenspiegel, an einander gegenüberliegenden Wänden festgemacht, werfen Viviens Erscheinung mehrfach hin und her.

Churchill sagt: »Ich bitte um Vergebung, Mr. Olivier, aber ich hatte Ihre Lady in der Stargarderobe der Damen gewähnt.« Er lächelt und legt die Hände auf den Rücken. »Jedoch…«, sagt er dann, »recht haben Sie! Eine so bezaubernde Ophelia läßt der Dänenprinz doch nicht von seiner Seite weichen!«

Die drei stehen voreinander. Das erste Mal in ihrem Leben. Keiner streckt dem anderen die Hand entgegen. Keiner nennt leise den eigenen Namen. Ein jeder weiß ja, wer der andere ist. Vivien sieht im Spiegel, daß die Seide ihren Körper kaum verhüllt. Winston Churchill sagt: »Ich warte draußen.«

Er schließt die Tür. Behutsam. Und wandert durch die Gasse auf die Bühne. Die Adjutanten bleiben diskret am Rundvorhang zurück. Der kleine dicke Mann geht bis zum Proszenium nach vorn. Aus dem Schnürboden fällt ein Arbeitslicht auf ihn.

Der Beleuchter auf der Brücke erkennt, wer da im grellen Kegel steht. Er wirft die langen Hebel an den Widerständen zu der Markierung *Full.* Scheinwerfer flammen auf.

Der dicke Mann verharrt, geblendet. Leise treten Komödianten aus den Gassen. Eben waren sie noch Laertes, Polonius, Rosenkranz und Güldenstern. Jetzt haben sie sich in dicke Wintermäntel eingemummt. Horatio hält eine Gasmaskenbüchse in den Händen. Die Komödianten stehen schweigend vor dem Mann, der am Radio sagt, daß England diesen Krieg gewinnen kann. Gewinnen muß. Gewinnen wird.

Das ehrfurchtsvolle Schweigen wird von Vivien und Laurence unterbrochen. Die beiden Adjutanten halten die Bühnentür für Vivien auf. Churchill läßt Olivier den Vortritt. »Der Abend ist noch jung«, sagt er, »und Sie müssen hungrig sein. Wir sollten mal nachsehen, ob es bei mir zu Hause was zu essen gibt.«

ZWEITER AKT
Number Ten, Downing Street will den Eindruck erwecken, es sei Frieden. Das Eßzimmer ist in helles Licht getaucht. Spektralfarben funkeln vor Kristall. Glänzen am Lüster. Brechen sich an den

Prime Minister und Shakespeare-Kenner: Winston Churchill in No. 10,
Downing Street. London, 1943

Wänden. Der Butler läßt Vivien einen Blick auf das Etikett der
Flasche in seinen Händen werfen. Moët et Chandon. Brut. Vivien
nickt. Erst dann schenkt der Butler ein.

Churchill fragt nach Oliviers erstem Film und erfährt, daß er
in Deutschland gedreht wurde, 1929, und den englischen Titel *The
Temporary Widow* hatte. Wie Larry das erzählt, stellt er verwundert
fest, daß Churchill bei dem Wort ›Deutschland‹ nicht das Thema
wechselt. Der waffenstarrende Gegner auf der anderen Seite des
Ärmelkanals findet keinerlei Erwähnung. Nach dem Schampus
wird aufgetischt. Vivien sagt, so gut hat sie ewig nicht gegessen.
Nicht seit ihren Studienjahren, in Paris, auf der Schauspielschule
der Comédie Française.

Es gibt Wein, weiß und rot, Churchill schlürft genießerisch. Von
Englands finsterer Bedrängnis, von diesen schicksalhaften Stunden, kommt kein Wort über seine Lippen. Der Gastgeber plau-
dert, lacht über seine ungestümen Jahre im Sudan oder in Indien
und qualmt das Eßzimmer mit seiner Zigarre voll. Dann kommt
Cognac auf den Tisch, Napoléon, und die ganze Zeit gibt es nicht
einen Telefonanruf, der die Harmonie des Abends bricht. Larry

sagt sich, England ist von deutschen U-Booten umringt, doch es werden keine Depeschen der Navy dem Prime Minister überbracht. Larry denkt: In der Zeitung steht, daß Churchill vom Weißen Haus Waffenlieferungen haben will, aber Roosevelt ruft nicht an. Der Cognac macht Vivien müde, und sie lächelt Churchill an: »Der Tag war lang.« Umgehend holt der Butler ein Taxi in die Downing Street, und Winston Churchill geleitet seine Gäste vor die Tür. Larry nennt das Ziel der Fahrt: »Nummer sieben, Norfolk Street« und klettert hinter Vivien in das Taxi. Zu seiner Überraschung hört er den Prime Minister sagen: »Ach, wissen Sie was? Ich komme noch ein bißchen mit.« Dann sieht er mit an, wie der Mann auf kurzen Beinen in das Taxi steigt und sich auf den engen Sitz schwingt, der sich von der Fahrerwand herunterklappen läßt.

INTERMEZZO
Das Taxi rollt durch Finsternis. Die meisten Brände sind gelöscht. Vivien und Larry sitzen wie erstarrt. Verschüchtert. Unbeholfen. Sitzen wie zwei Schulkinder auf der ihnen zugewiesenen Bank. Olivier will mit Churchills Klappsitz tauschen, bietet dem Prime Minister das weiche Polster neben Vivien an, steht auch schon halb gebückt im Taxi, wird aber von erstaunlich kräftigen Armen an dem Tausch gehindert, was zu einer Art Gerangel führt. Danach kehrt Ruhe ein. Larry fragt, um ein Gesprächsthema verlegen, ob es ratsam sei, wenn der Prime Minister ohne Bewachung die Downing Street verläßt, worauf Churchill sagt, daß er das öfter mache, und diese Offiziere seien auch recht froh, wenn sie nachts mal richtig schlafen könnten. Der Mann mit dem runden Gesicht lächelt Vivien an. Er sieht nicht aus dem Fenster. Wirft keinen Blick auf Trümmerberge am Straßenrand. Einmal kommen zwei Löschzüge der Armee mit abgedunkelten Scheinwerfern dem Taxi entgegen. Sonst gibt es auf den finsteren Straßen kaum Verkehr. Der Weg zur Norfolk Street ist schnell zurückgelegt. Vor dem Apartment Building der Oliviers angekommen, erkundigt sich der Prime Minister nach der Beschaffenheit der Wohnung. Larry nimmt das als einen Wink. »Wenn Ihnen noch der Sinn nach einem *night cap* steht, Prime Minister«, sagt er, »so sind Sie uns da oben – wenn auch ohne Fahrstuhl und im dritten Stock – von Her-

zen gern willkommen.« Churchill zeigt sich hoch erfreut. Vivien versucht einen langen Seufzer nicht zu zeigen. Es muß bald zwei Uhr morgens sein. Und um halb acht ist Probe.

DRITTER AKT
In der Wohnung ist es kalt. Dem Prime Minister macht das nicht viel aus. Er sagt, mit dem vollen Glas vor seinen Lippen: »Sobald die Schotten dieses erlesene Getränk erfunden hatten, konnten sie bei grimmiger Kälte, und selbst bei der sparsamsten aller ihrer Bekleidungen, gegen englische Rotröcke in die Schlachten ziehen.«

Es wird spät und später. Winston scheint etwas im Sinn zu haben. Larry fragt sich vergeblich, was es ist.

Der Gast erzählt von seiner Mutter, Jennie Jerome, die Amerikanerin gewesen ist. Übergangslos und auch unerwartet kommt er auf Deutschland zu sprechen. Vivien ist sofort hellwach. Winston sagt, am Ende des Ersten Weltkrieges, als er im Kabinett von Lloyd George Kriegsminister war, hat er einen Versöhnungsfrieden mit Deutschland vorgeschlagen. Doch niemand hat auf ihn hören wollen. Statt dessen ist den Deutschen der Vertrag von Versailles aufgezwungen worden. Mit hohen Reparationskosten, mit Zahlungen in alle Ewigkeit. So eine Demütigung, sagt er, so eine Dummheit von Vertrag, hat geradewegs zu Hitler geführt, geradewegs in die Katastrophe, die wir jetzt zu überwinden haben. Eine Weile sinniert er in sein Glas hinein. »Versöhnungsfrieden«, sagt er dann, leise, und mit einem kopfschüttelnden Lächeln.

Larry hält dies für den entscheidenden Einschnitt im Gespräch. Es ist der Einschnitt, an dem der Abend zu beenden ist. Er bedeutet dem illustren Gast, daß in wenigen Stunden Tanzprobe sei, im Old Vic gehört es zum Vertrag, sich morgens um halb acht im Ballettsaal an der Stange einzufinden, und Larry kann nicht ahnen, daß sein nächster Satz zu der gleichen Überraschung wird wie zuvor im Taxi in der Downing Street. Wie nämlich Olivier jetzt sagt: »Der arme Larry braucht für seinen geplagten Rücken jetzt ein heißes Bad«, springt Churchill auf und ruft: »Da komm' ich mit!«

SZENENWECHSEL
Das Badezimmer der Oliviers. Dem nackten Larry bleibt keine Wahl. Er streckt sich im heißen Wasser seiner Badewanne aus. Der

Prime Minister nimmt auf dem Klodeckel Platz. Larry denkt bei sich: Wenn das der Hitler wüßte! Schmiedet Pläne für die Invasion. Und der Prime Minister der britischen Krone sitzt morgens um drei bei einem Schauspieler auf dem Klo.

Zwischen den beiden Berühmtheiten entwickelt sich ein knapper Dialog.

PRIME MINISTER: *(Beugt sich vor.)* Mir liegt daran, mit Ihnen allein zu sein.

SCHAUSPIELER: *(Irritiert.)* Aha.

PRIME MINISTER: Es ist Ihnen ein Fehler unterlaufen. *(Eindringlich.)* Im Text. *(Leise.)* Bei Shakespeare.

SCHAUSPIELER: *(Arme hinter dem Kopf verschränkend.)* Tatsächlich?

PRIME MINISTER: *(Nickt. Betrübnis in den Augen.)*

SCHAUSPIELER: Wo? Wann?

PRIME MINISTER: Dritter Akt. Zweite Szene. Hamlet weist den reisenden Komödianten in die Kunst des Spielens ein: ›Speak the speech, I pray you, as I pronounced it to you, trippingly on the tounge…‹ Sie erinnern sich?

SCHAUSPIELER: *(Ausdrucksloses Gesicht.)* Ich erinnere mich.

PRIME MINISTER: Die Stelle des Irrens kommt, wenn Hamlet dem Komödianten sagt, er solle in seiner Gestik die Luft nicht auf harsche Weise mit der Hand durchschneiden, sondern eher zart…

SCHAUSPIELER: *(Schließt die Augen. Rezitiert.)* ›… but use all gently, for in the very torrent, tempest, and – as I may say – whirlwind of your passion…‹

PRIME MINISTER: *(Arm warnend hochgestreckt.)* Halt! ›Whirlwind of *your* passion‹! Hier liegt der Fehler! Einer, der sinnentstellend ist!

SCHAUSPIELER: *(Mund steht fragend offen.)*

PRIME MINISTER: *(Stützt Hände auf Wannenrand.)* Hamlet sagt zu dem Gaukler nicht, ›der Wirbelwind deiner Leidenschaft‹! Was interessiert den Dänenprinzen schon groß die Leidenschaft eines durchreisenden Komödianten? *(Eindringlicher Blick auf den Mann in der Wanne.)* Der Gaukler ist für den Dänenprinzen nichts als ein Instrument. *(Breitet pathetisch die Arme aus.)* Shakespeare spricht vom Wirbelwind der Leidenschaft *aller* Menschen!

SCHAUSPIELER: *(Über den Text nachdenkend.)* ›… but use all gently, for in the very torrent, tempest, and – as I may say –‹

PRIME MINISTER: *(Unterbricht. Zischt wie eine Schlange über den Wannenrand hinweg.)* ›… whirlwind of passion‹!

SCHAUSPIELER: *(Irritiert.)* Ohne your?

PRIME MINISTER: Ohne your. *(Nickt sich selbst Bestätigung zu.)* Ganz schlicht. Nur: ›… as I may say … whirlwind of passion‹.

SCHAUSPIELER: Unmöglich. *(Verletzter Blick zum runden Gesicht am Wannenrand.)* Ich spiele das seit Jahren so.

PRIME MINISTER: *(Hebt die Schultern, will damit sagen: Dann spielst du das seit Jahren falsch.)*

SCHAUSPIELER: *(Rufend.)* Viv!

PRIME MINISTER: *(Wirft erschreckt die Arme hoch.)* Um Gottes willen, nein!

SCHAUSPIELER: *(Mit Blick zum Flur.)* Hol mal Hamlet aus dem Schrank.

PRIME MINISTER: *(Flüsternd, eindringlich.)* Ich will doch nicht, daß Miss Leigh davon erfährt!

SCHAUSPIELER: *(Versteht nicht.)*

SCHAUSPIELERIN: *(Vom Zimmer her, murrend.)* Hamlet… Jetzt… drei Uhr nachts…

SCHAUSPIELER: *(Rufend.)* Dritter Akt. Zweite Szene. ›Speak the speech‹…

SCHAUSPIELERIN: *(Erscheint in der Tür, Oxford-Ausgabe aufblätternd.)*

PRIME MINISTER: *(Schlägt die Hände vors Gesicht.)*

SCHAUSPIELER: *(Beachtet den Mann nicht. Blickt zur Frau in der Tür.)* Ich glaube, fünfte Zeile. ›… but use all gently, for in the very torrent, tempest, and – as I may say –‹ *(Pause.)* Und dann? Weiter?

SCHAUSPIELERIN: *(Liest.)* ›… whirlwind of passion …‹

SCHAUSPIELER: *(Unterbricht.)* Nicht ›whirlwind of *your* passion‹?

SCHAUSPIELERIN: *(Schüttelt den Kopf.)* ›… whirlwind of passion‹. *(Gähnt.)* Du sagst allerdings immer ›whirlwind of *your* passion‹. *(Schlurft ins Zimmer zurück.)* Jeden Abend, seit Jahren schon, ›whirlwind of *your* passion‹.

SCHAUSPIELER: *(Massiert sein Doppelkinn.)* Erstaunlich …

PRIME MINISTER: Nun ist es geschehen! *(Nimmt die Hände vom Gesicht.)* Wo ich es Ihnen doch ersparen wollte!

SCHAUSPIELER: *(Versteht nicht.)*

PRIME MINISTER: *(Flehend.)* Ich habe nicht gewollt, daß die schöne Vivien von Ihrem falschen Text erfährt!

SCHAUSPIELER: *(Zu sich selbst.)* ... sie weiß das schon seit Jahren ...

PRIME MINISTER: Ich wollte Sie unter vier Augen auf den Fehler hinweisen. Doch es mangelte an Gelegenheit, mit Ihnen einige Minuten allein zu sein. *(Resigniert lächelnd.)* Und dabei warte ich doch schon die ganze Nacht darauf ...

DER VORHANG FÄLLT MIT APLOMB.

Als ich geendet hatte, klatschte Loki in die Hände. Neben ihr war Luv tief in die Sofakissen gesunken. Sie schlief. Helmut baute sich vor mir auf und schlug mir seine Faust vor die Brust. Die Geste war der Ausdruck seiner Zuneigung. Ich kannte das. Schon lange. Seine ganze Wärme ballte sich in dieser Faust. Eine Steigerung des Gefühlsausbruchs ließ der Hanseat in ihm nicht zu.

Um die Weihnachtszeit, im gleichen Jahr, kamen die Schmidts in ihr Haus nach Hamburg. Luv war der Meinung, daß sie mich beim Schmücken des Christbaums in unserer Wohnung nicht gebrauchen könne. Helmut sagte am Telefon, seine Frau sei auch mit den Vorbereitungen für das Fest beschäftigt, und nach unserem Gespräch in Bonn seien ihm noch ein paar Fragen durch den Kopf gegangen. Ich fuhr die paar Kilometer nach Langenhorn hinaus und parkte mein Auto am Straßenrand vor dem roten Backsteinhaus. Ein Wachsoldat sagte: »Der Wagen steht da gut, der Kanzler erwartet heute keinen weiteren Besuch.« Dann gab er den Polizisten im Wachlokal ein Zeichen, und ich hörte, wie sich das geschmiedete Tor auf der Gartenseite mit lautem Klicken öffnete.

Der Kanzler kam an die Haustür und sagte, er hätte noch am Telefon zu tun. Später saßen wir vor seinem Kamin. Flackerndes Licht fiel auf die Bildersammlung ringsumher an allen Wänden. Helmut deutete auf die Kaffeekanne zwischen uns. Ich sah ihn fragend an, aber er wehrte ab. »Ich würde gern noch einmal auf London zurückkommen.« Ich füllte meine Tasse, und er sagte: »Sie sind früh nach England gegangen. Wie hieß noch mal Ihr erster Film da drüben?«

»*Einer kam durch.*«

»Richtig. In welchem Jahr war das?«

»1956.«

»Donnerwetter! So früh schon.« Er sah vor sich hin. »1956. Da war ich noch nicht einmal Hamburger Innensenator. Sie sind mir mit Ihrer Karriere weit vorausgeeilt. Ich will sagen, ins Ausland vorausgeeilt.«

Er klopfte etwas Schnupftabak von einem hölzernen Etui auf den Rücken seiner Hand und sog die Prise genüßlich erst in das linke, dann in das rechte Nasenloch.

»Die Neue Zürcher Zeitung hat sich kürzlich mit Ihnen befaßt«, sagte er. »Der Artikel hielt fest, Sie seien der erste deutsche Schauspieler gewesen, den die Engländer nach dem Krieg in ihren Kinos gesehen haben.«

»Nicht nur der erste. Auch lange Zeit der einzige.« Ich hatte es knapp gesagt. Kurzangebunden. Es lag mir daran, das Thema zu wechseln. Ich wollte fort von mir und hin zu ihm. Es ging mir darum, über seine »Strategie des Gleichgewichts« mehr zu hören. Über ein Kapitel in dem Buch des gleichen Titels, in dem er die militärische Kraft der DDR als einen Eckpfeiler der Sowjetunion in Europa beschrieb. Wie ich ihn nun aber auf das Thema bringen wollte, war schon seine nächste Frage da.

»Zurück zu der Neuen Zürcher. Der Artikel widmet breiten Raum der, sagen wir einmal, schmerzenden Auseinandersetzung eines jungen Deutschen mit einer englischen Presse, die ihm gegenüber weitgehend ablehnend eingestellt gewesen ist.«

Ich warf ihm einen Blick zu und sah, wie er seine Gedanken um mich kreisen ließ, und da war es klar, daß er in dieser Stunde vom Reden nicht viel hielt. Er wollte hören. Das Zuhören liegt ihm sehr. Und es ist eine Eigenart von ihm, daß er mich zum Reden bringt. Es gelingt ihm. Immer wieder.

»Was ich fragen will: Haben Sie sich tatsächlich so hart durchbeißen müssen, nur weil Sie Deutscher sind?« Er schnaubte sich die Nase. Sein bäuerliches Taschentuch war in den Farben Bayerns.

Ich nickte. »Es war die Presse, die meine Karriere in London verhindern wollte. Die Leute kannten keine Deutschen. Sie wollten keinen einzigen Deutschen kennen.«

Helmut steckte seinen Schnupftabak in die Jackentasche. »Man muß bedenken«, sagte er, »die Engländer haben im letzten Krieg Enormes durchgemacht.«

»Das war in vielen Stadtteilen noch sichtbar. In London häuften sich noch 1956 die Trümmerberge aus der Zeit der Luftangriffe.«

Das Gesicht des Kanzlers lag halb im Schatten. Er ging zum Kamin und weckte die Flammen zu neuem Leben. Dann sagte er: »Als ich ins Amt berufen wurde, habe ich mir vor dem ersten Treffen mit Margaret Thatcher die Zahl der englischen Kriegstoten geben lassen, ebenso wie eine Auflistung zerstörter und verlorener Werte. Das Ergebnis war erschreckend. Der Krieg hatte das Ende des britischen Imperiums eingeleitet. Derartiges vergißt ein sieggewohntes Volk nicht leicht.«

Er machte ein paar Schritte im Zimmer auf und ab. Dann ließ er sich wieder in seinen Sessel fallen.

»In der Neuen Zürcher ist von einem Eklat die Rede«, sagte er. »Zwischen Ihnen und einem Kolumnisten von der Fleet Street soll es Streit gegeben haben.« Neben ihm stand ein Tisch mit Schachfiguren. Viele lagen umgestürzt am Rand. Schwarz hatte rochiert. Weiß stand lauernd in geschickten Positionen. Die Partie sah aus wie plötzlich abgebrochen. »Was hat es mit dem Streit auf sich?«

Ich sagte: »Das war ein unrühmlicher Tag in meinem Leben. Es war auch ein unrühmlicher Tag für den Kolumnisten. Ich denke an uns beide – und an den Tag – nicht gern zurück.«

»Sie wollen nicht darüber reden?«

»Was bleibt mir übrig? Wo Sie mich mit der Sache sowieso nicht in Ruhe lassen.«

Ich sah, daß er wartete.

»Also gut. Der Kolumnist hieß Tom Wiseman. Er war einer unter sechzig Journalisten, die von der Rank Organization zu einer Pressekonferenz ins Odeon Leicester Square geladen waren. Im Gegensatz zu den anderen Journalisten sah er mich aus kalten Augen an. Wiseman war in meinem Alter. Es gab zwei Dinge, die ihm zutiefst zuwider waren: Die Filmstory von *The One That Got Away* und meine Anwesenheit.«

»Helfen Sie mir noch mal auf die Sprünge mit der Story. Wenn ich recht entsinne, haben Sie einen deutschen Jagdflieger gespielt.«

»Richtig. Der Mann wird während der Schlacht um England abgeschossen und kommt hinter Stacheldraht. Bei der ersten Vernehmung bietet er dem Offizier der Spionageabwehr eine Wette an: Eine Magnumflasche Schampus, daß sie ihn nicht halten können. Und sie haben ihn nicht halten können. Er ist immer wieder ausgebrochen, beim letzten Mal aus einem Lager in Kanada, da hat er sich nach Deutschland durchgeschlagen. Mitten im Krieg. Es hat den Mann wirklich gegeben. Er hieß Franz von Werra. Dieser Pilot war ein Luftikus, ein Abenteurer, und der Film hat die Geschichte eines Mannes auf der Flucht erzählt. Mit Nazipolitik und Herrenmenschen hatte das Ganze nichts zu tun, und Tom Wiseman kannte die Geschichte nicht einmal, was ihn aber nicht daran hinderte, lautstark zu protestieren. Er fand es verbrecherisch, die Luftwaffe der Nazis verherrlichen zu wollen.

Als nächstes – und von mir unerwartet – ist er auf mich losgegangen. Ohne Übergang. Ohne Anrede. Nur mit einem Satz. Nur mit einer Frage. Mit drei Worten. Aber mit einer Anklage darin. ›Waren Sie Nazi?‹

Ich erinnere mich an Stille. An ein bedrohliches Abbrechen von Geräusch. In meinem Kopf. Und in dem Raum. Wiseman wollte die Antwort gleich. Ohne Zögern. Wollte Wahrheit. Aber die konnte ich ihm unmöglich geben. Die Wahrheit? Was würde er zu meiner Wahrheit sagen? Zu der gespaltenen Welt? Zu Sonthofen? Zu dem SS-Richter? Zu der Welt von Söhnker?«

Ich brach ab und sah Helmut an. Er sah unbeweglich vor sich hin.

»Ich erkannte, daß meine Lage eine unmögliche war«, sagte ich dann. »Es war unmöglich, in wenigen Minuten die Wirrnisse meiner Jugend vor einem solchen Forum auszubreiten. Außerdem hätte Tom Wiseman meine Wahrheit nur als weinerliche Ausflucht angesehen.«

Helmut hatte die ganze Zeit schweigend zugehört. Die Flammen vom Kamin warfen jetzt wieder helles Flackern über sein Gesicht. »Und?« Seine Stimme war leise. »Was haben Sie gemacht?«

»Ich sagte mir, es ist besser, den Mann anzugreifen.«

»Und wie?«

»Ich habe ihn gebeten, die Frage zu wiederholen. Er tat mir den Gefallen. Mit gespielter Langmut. ›Waren Sie Nazi?‹ Lächelnd. Hämisch.

Daraufhin habe ich genickt. Und ›ja‹ gesagt. Das war ein Schock für ihn. Das kam unerwartet. Das hat ihn verunsichert. Einige Journalisten haben laut gelacht. Verärgert kam von Wiseman die nächste Frage: ›Sind Sie noch immer Nazi?‹

Neben mir saß Roy Baker, der Regisseur des Films. Ich habe zu ihm gesagt: ›Roy, ich habe schon viele dämliche Fragen gehört, aber diese Frage ist mit Abstand die dämlichste‹, worauf Tom Wiseman mit kalter Stimme rief: ›Ah ja? Ist sie das? Und, wenn ich fragen darf, warum?‹

Ich habe ihm geantwortet: ›Für den Fall, daß ich noch immer Nazi wäre, würde ich es hier, vor sechzig englischen Journalisten, nicht eingestehen. Falls ich andererseits aber jetzt beteuern sollte, daß ich schon länger nicht mehr Nazi bin, würden Sie mir das nicht glauben. Also, Mr. Wiseman, wozu stellen Sie eine so dämliche Frage?‹«

»Das ist harter Tobak«, sagte der Kanzler. »Doch ein Eklat ist es noch nicht.«

»Die Sache ging weiter«, sagte ich. »Wiseman fragte, ob ich Bewacher in einem KZ gewesen sei und ob Hitler mich auf die Titelblätter seiner Illustrierten als Vorzeige-Boy einer strahlenden Jugend gesetzt hätte.«

»Es ist eindeutig«, sagte Helmut, »der Mann hat Sie provozieren wollen.«

Ich holte tief Luft. »Und ich hab' mich provozieren lassen.«

»Tatsächlich?« sagte er. »Was mich interessieren würde: War ein Vertreter der deutschen Botschaft bei der Pressekonferenz anwesend?«

»Nein.«

»Halten Sie es für möglich, daß die Botschaft nicht verständigt war?«

»Die Botschaft war verständigt. Theo Cowan, der Pressechef von Rank, hatte großen Wert darauf gelegt. Manchmal habe ich gedacht, vielleicht ist einer von der Botschaft dagewesen, doch als es zu dem Streit kam, wollte er nicht hineingezogen werden.«

»Das ist möglich.« Der Kanzler sah mich ruhig an. »Sie sagten,

Sie hätten sich provozieren lassen. Können Sie das genauer erzählen?«

»Wiseman brachte Ungeheuerliches vor, aber geschickterweise immer in einer Frage versteckt. Aus der Begegnung wurde ein Ärgernis. Der erregte Wortwechsel ist mir in Erinnerung geblieben. Ich sagte: ›Sie unterstellen, daß ich Nazi bin. Worauf stützen Sie den Verdacht?‹, worauf er zynisch meinte: ›Sehen Sie in den Spiegel, Mr. Kruger.‹ Von da an ging es wie mit Blitzen. Schlag auf Schlag.

Ich: ›Und was sehe ich in dem Spiegel?‹

Er: ›Eine sportliche Gestalt. Eine *arische* Form des Schädels. Das Haar blond. Die Augen blau.‹

Ich: ›Verstehe. So also sieht ein Nazi aus. So wie ich.‹

Er: ›Allerdings. Sie sind der Prototyp eines Nazis.‹

Ich: ›Sie tun mir leid, Mr. Wiseman.‹

Er: ›Warum?‹

Ich: ›Weil Sie mit Vorurteilen leben.‹

Er: ›Es gibt Vorurteile, die berechtigt sind.‹

Ich: ›Auch der Antisemitismus, Mr. Wiseman?‹

Als ich ihm das entgegengeschleudert hatte, saß er wie erstarrt. Und sah mich aus großen, dunklen Augen an.

Ich: ›Ist der Antisemitismus etwa kein Vorurteil? Gehört der Antisemitismus Ihrer Meinung nach zu den Vorurteilen, die berechtigt sind?‹

Er: ›Finden Sie nicht, daß Sie die Grenze des Erlaubten überschreiten, Mr. Kruger?‹

Ich: ›Wer legt die Grenze des Erlaubten fest, Mr. Wiseman? Sie?‹

Er: ›Es bleibt zu hoffen, daß nicht Sie es sind, der die Grenzen festlegt. Immerhin sind Sie ja ... Deutscher!‹

Ich: ›Ihr Ärger ist mir verständlich. Möglicherweise ist es mehr als Ärger. Möglicherweise ist es Haß. Ich begegne diesem Haß bei vielen Juden. Immer wieder. Und mit Ohnmacht in meinem Kopf. Weil ich nicht weiß, was ich bei der Begegnung sagen soll. Daß ich den Haß verstehe? Daß ich ihn aber auch bedauere?‹

Er: ›Woher wollen Sie wissen, daß ich Jude bin?‹

Ich: ›Sehen Sie in den Spiegel, Mr. Wiseman.‹

Der Satz brachte Aufruhr unter die Presseleute. Dann schwiegen sie. Und Wiseman sah mich lauernd an.

Er: ›Ah, ich verstehe. Sie wollen den Spieß umdrehen!‹
Ich: ›Ja. Vielleicht erkennen Sie dann Ihr Vorurteil.‹
Er: ›Klein, was? Große Ohren, was? Gekrümmte Nase, wulstige Lippen! Das Bild eines Juden!‹
Ich: ›Allerdings. Um es mit Ihren eigenen Worten auszudrücken: Sie sind der Prototyp.‹
Das Schweigen in dem Saal, nach meinem letzten Satz, war schmerzlich. Ich hatte bis zu jener Stunde nicht gewußt, daß Schweigen Schmerz bereiten kann.«

Das war die Geschichte. Ich hatte sie erzählt. Ich hatte die Beichte abgelegt.
Der Kanzler sah mich unverwandt an. »Hardy, das war nicht gut.«
»Nein«, sagte ich. »Und ich bin auch nicht stolz darauf.«
Er schüttelte den Kopf. »Diese Geschichte mißfällt mir. Wie hat das passieren können?«
»Mir war die Sicherung durchgebrannt. Es liegt an meinem Jähzorn. Vom Leben nehme ich alles hin, was es an Prüfung geben mag. Bei Menschen ist das anders. Wenn ein Mensch mich quält, brennt die Sicherung durch.«
Der Kanzler holte Luft in seine Lungen. Tief. Es hörte sich wie Stöhnen an.
Wir schwiegen eine Weile. Ich sagte mir, wechsele das Thema. Bring ihn von deinem Londoner Fauxpas ab. Hör auf zu reden. Laß ihn erzählen. Du hörst ihm doch so gerne zu. Der Mann kann dir seine Gedanken deutlich machen. In seinen Sätzen steckt Humor. Seine Art, Ereignisse zu schildern, macht dir die Handlungen der unterschiedlichsten Politiker verständlich, selbst wenn sie anfangs schwer begreifbar waren. Die besten Ausflüge, weit hinein in seine Philosophie, führen zu Marc Aurel und Immanuel Kant. Von dem Römer sagt er, dessen *Selbstbetrachtungen* hätten ihn geformt, und von dem Ostpreußen weiß ich, daß sein Kategorischer Imperativ dem Innensenator, dem Abgeordneten, dem Fraktionsvorsitzenden und dem Kanzler Schmidt das sittliche Grundgesetz auferlegt hat: ›Handle so, daß die Maxime deines Willens jederzeit zugleich als Prinzip einer allgemeinen Gesetzgebung gelten könnte.‹

Ich warf einen Blick zu ihm hin und sah, daß er mehr wissen wollte. Er will immer wissen, wie das Leben mit den Menschen umgegangen ist. Und wie der Mensch mit seinem Leben umging. Eine Lehrerin zum Beispiel. Oder ein Bierbrauer. Sein *body guard*. Eine Archivarin. Ein Rentnerehepaar. Das Volk setzt sich aus einzelnen zusammen, die für ihn Bedeutung haben. Über das Leben dieser einzelnen will er alles wissen. Und ich war einer unter vielen, über die er alles wissen wollte.

»Sie sind nicht nach Deutschland zurückgekehrt«, sagte der Kanzler, »jedenfalls nicht mit hängenden Ohren. Die Engländer haben Sie in ihre Mitte aufgenommen. Wie ist es, trotz des schlechten Starts, dazu gekommen?«

»Es hat an der Zivilcourage eines einzelnen gelegen. Sein Name ist Roy Baker. Er war der Regisseur des Films, den Tom Wiseman angegriffen hatte. Roy spricht mit dem Akzent der Leute, die in Oxford erzogen worden sind. Er ist klein von Wuchs, mit einem roten Gesicht und roten Haaren und mit dem Mut von Richard Löwenherz. Die Rank Organization hatte ihn als einen der besten Regisseure Englands für sieben Jahre unter Vertrag.

Nach dem unrühmlichen Wortgefecht zwischen mir und Wiseman stellten sich alle Journalisten, die an der Konferenz im Odeon Leicester Square teilgenommen hatten, auf die Seite ihres Kollegen. Sie beschlossen, den Film und mich zu boykottieren. Es erschien nicht ein einziger Bericht über die Pressekonferenz. Auch in den Monaten, die folgten, hielt das Schweigen an. Der Film wurde totgeschwiegen. Mein Name war zum Tabu geworden. Rank sollte gezwungen werden, die Filmarbeiten abzubrechen.

The One That Got Away hatte eine lange Drehzeit. Wir arbeiteten an der schottischen Grenze und im Lake District. Am Ende des dritten Monats hatten wir unverhofft einen freien Tag. Der Regisseur war nach London zurückbeordert worden. Im Front Office der Pinewood Studios erwartete ihn der Chef der Produktion, John Davis. Er malte für Roy Baker ein düsteres Bild der Lage. Die Rank Organization war in den roten Zahlen. Zusätzlich dazu schien *The One That Got Away* wegen seiner hohen Kosten dazu angetan, das Faß zum Überlaufen zu bringen. Der Presseboykott ließ einen Reinfall an der Kinokasse befürchten. John Davis und seine Berater hatten beschlossen, mit sofortiger Wirkung

Der Film, den die britische Presse totschweigen wollte, erreichte rund um den Erdball Rekord-Laufzeiten. New York, 42. Straße, 1957

die Dreharbeiten einzustellen. Alles bisher gedrehte Material sei einzustampfen. Diese Maßnahme sei zwar kostspielig, jeder weitere Drehtag aber würde die Katastrophe nur schlimmer machen.

Roy Baker hatte schweigend zugehört. Sein Gesicht begann zu glühen. Dann sagte er, ›Mr. Davis, ich muß Sie mit einer Eigentümlichkeit meines Charakters vertraut machen.‹ Seine Stimme war metallisch. Leise. ›Die Eigentümlichkeit liegt darin, daß ich jede Arbeit beende, die ich angefangen habe. Ich wiederhole: jede Arbeit. Auch *The One That Got Away*. Dieser Film wird Sie aus den roten Zahlen holen. Und er wird seinen Hauptdarsteller zu einem Star machen, mit dem Rank in der Zukunft Geld verdient. Ich kehre jetzt zu meinen Leuten nach Lake Windermere zurück, Mr. Davis. Ab morgen früh drehe ich weiter. Sollten Sie mir das verbieten, ziehe ich die Konsequenz. Mein Agent wird Ihnen den Vertrag auf den Tisch legen, den Sie mit mir noch für weitere fünf Jahre haben. Der Vertrag wird zerrissen sein. In Fetzen.‹ Dann nahm er seinen Hut und ließ eine Gruppe von Männern in dem Raum zurück, die betreten waren.

Die Zivilcourage des Regisseurs Roy Baker hielt den Film *The One That Got Away / Einer kam durch* am Leben. Außenaufnahmen in Mittelschweden, 1956

John Davis wagte nicht, den Film abzubrechen. Wir drehten weiter. Ein Mann mit Zivilcourage hatte den Herrscher über die Pinewood Studios in die Knie gezwungen.«

Als ich geendet hatte, nickte der Kanzler. »Donnerwetter, ja.« Er verschränkte die Arme vor der Brust. »Es scheint, als hätten Sie diesem Mann Ihre Karriere zu verdanken.«

»Es scheint nicht nur, Helmut, ich habe sie ihm zu verdanken. Und dann ist da noch eine andere Sache. Mein Freund Roy Löwenherz sollte auch mit seiner Prognose für die Kinokasse recht behalten. Sein Film hat die Rank Organization aus den roten Zahlen herausgeholt. Und zwar weltweit. Die große Überraschung für John Davis und seine verzagte Mannschaft kam am Tag nach der Premiere. Schon am frühen Morgen bildete sich vor dem Odeon Marble Arch eine Menschenschlange. Sie stand um den ganzen Häuserblock herum. Die Kritiker hatten mit Lob für Roy und mich nicht gespart. Sie machten aus *The One That Got Away* einen Sensationserfolg. Die gleiche Presse, die uns monatelang verdammte, wechselte von einem Tag zum anderen das Gesicht. Die Feuilletonchefs zeigten sportliche Fairness. Es ist diese Fairness, die den guten Ruf der Engländer begründet hat.

Nur Tom Wiseman schwieg. Mitten in sein Schweigen hinein habe ich ihn angerufen. Er war überrascht. Ich hab' gesagt, es wird Zeit, daß wir beide mal miteinander reden. Und wir haben geredet. Mal bei mir am Eton Square. Mal in einer Bar. Mal im Hyde Park. Ein Wochenende lang in Cambridge. Er hat mir von Wien erzählt, wo er geboren war. Er sprach von seinen Eltern, von ihrer Verhaftung und von ihrem Tod. Er erzählte von Nachbarn, die ihn als Kind nach London schmuggelten.

Eines Tages begann Tom mich auszufragen. Ich erzählte ihm von Berlin. Vom Jungvolk. Von Sonthofen. Von der Begegnung mit dem Widerstand bei der Ufa. Ich habe kein Blatt vor den Mund genommen. Als ich spürte, daß er Vertrauen zu mir faßte, habe ich von Ossietzky gesprochen, von Schumacher, Tucholsky, Ringelnatz, Bonhoeffer, Stauffenberg. Ich habe gesagt, auch das waren Deutsche. Einmal habe ich ihm von Felix Jud erzählt. Als ich ihm sagte, daß ich die Kollektivschuld für einen falschen Gedanken halte, haben wir uns gestritten. Wir verbrachten Stunden miteinander und kamen zu dem Schluß, daß die Verschiedenartigkeit der Wege unserer Kindheit in London endete, weil sie uns in dieser Stadt zusammenführte.

Im August 1958 hat Tom das Schweigen gebrochen. Sein Evening Standard brachte einen Vierspalter. Die Überschrift lautete: ›Mr. Kruger führt die deutsche Invasion an. Diesmal sind sie willkommen.‹«

Schmidt stieß ein knappes Lachen aus. »Das gefällt mir.«

»Von nun an kannten die Leute auf der Insel zwei Deutsche«, sagte ich. »Adenauer und mich.«

»Wun-der-bar!« Helmut Schmidt dehnte das Wort noch einmal. »Wun-der-bar! Wenn auch anzunehmen ist, daß die späte Zuneigung Ihrer Person gegolten hat. Nicht uns. Nicht dem Volk auf der anderen Seite des Ärmelkanals. Denn ein einziger Film kann nicht zwei Weltkriege vergessen machen.«

»Nein«, sagte ich, »und ich habe mitansehen müssen, wie schwer Bundeskanzler Adenauer es in London hatte. Das Mißtrauen gegen uns zu überwinden war ein harter Brocken. Allerdings stand ihm seine eigene Außenpolitik dabei im Weg. Adenauer hatte sich zu kräftig bei de Gaulle angelehnt. Für den Geschmack von Downing Street war da allzuviel Katholisches in dieser überraschenden Verbrüderung. Außerdem, de Gaulle war nicht beliebt. Nicht bei der Regierung. Und auch nicht beim Volk. Ich lebte damals mittendrin in London und habe die Abneigung der Leute deutlich spüren können. Es war eine Abneigung beiden Nationen gegenüber, den Franzosen und den Deutschen.«

»Wie hat sich das Ihnen gegenüber geäußert?«

»Die Leute hatten zwar begonnen, mich als einen der Ihren anzusehen«, sagte ich, »aber mit der Presse ging das nicht so leicht. Die Presse hat mich immer wieder über meine Meinung zu Adenauers Politik befragt. Es wäre besser gewesen, und zwar für uns alle, wenn die Zeitungsleute ihre Fragen einem Industriellen von Rhein und Ruhr gestellt hätten, oder sagen wir mal, einem klugen Kopf wie Abs, denn der hat seine *bankers* in London zweifelsohne oft besucht, und ich bin sicher, daß auch ein Mann wie Beitz oft im Dorchester oder im Savoy übernachtet hat, doch für die Bevölkerung waren solche Männer kein Begriff, und Zeitungen werden bekanntlich nicht für die Spitzen der Wirtschaft gemacht, sondern für das Volk. Und ich war nun mal der Deutsche geworden, den sie überlebensgroß im Kino sehen konnten, der mitten unter ihnen lebte und dessen Telefonnummer sie bei der Pressestelle der Pinewood Studios erfragen konnten.«

»Was haben Sie der Presse zu Adenauers Außenpolitik gesagt?« wollte der Kanzler jetzt wissen.

»Ich habe gesagt, dieser Politiker weiß schon, was er macht.«

»Sie haben sich also gegen besseres Wissen hinter Ihren Bundeskanzler gestellt.« Er sah mich prüfend an. »War es so?«

»Ja.«

»Und warum?«

»London war nicht der richtige Ort«, sagte ich, »und 1957 war nicht die richtige Zeit, den Standpunkt der Christdemokraten zu kritisieren. Immerhin waren sie von einer großen Mehrheit der Deutschen gewählt worden.«

»Das ist nobel«, sagte er, »da stimme ich Ihnen zu.«

»Und noch etwas, Helmut«, sagte ich. »Die Leute erwarteten, daß ich ihnen nach dem Munde rede. Sie wollten in der Zeitung lesen, daß ich für England eintrete und mich gegen Frankreich stelle, vor allem aber gegen diesen alten Mann mit dem grimmigen Gesicht. Das habe ich nicht gekonnt. Denn Adenauer war wichtig. Ich war es nicht. Er war Kanzler. Ich war Künstler.«

»Aha!« Der Mann mir gegenüber vergrub die Zeigefinger seiner Hände in den Westentaschen. Witz blitzte in seinen Augen auf. »Der Kanzler und sein Künstler.«

»Nein, so nicht.« Seine Übertreibung brachte mich zum Lachen. »Das hört sich ja an wie ›der König und sein Narr‹.«

Der Kanzler ging nicht darauf ein. Seine Finger blieben in den Westentaschen. »Sind Sie Adenauer je begegnet?«

»Einmal. Aber nicht in London, sondern in Berlin«, sagte ich. »Adenauer hat mich nicht gemocht.«

»Was? Wie ist das möglich?« rief er überrascht. »Erzählen Sie!«

»Das ist eine lange Geschichte«, sagte ich zögernd.

Er schüttelte den Kopf und legte die Hände auf den Tisch. »Nein, nein! Hier wird nicht gekniffen! Also her mit der Geschichte!«

Ich wußte, daß es keinen Ausweg gab.

Die Geschichte zwischen Konrad Adenauer und mir geht auf eine Aktion zurück, die gegen die große Synagoge in Köln gerichtet war. Es muß '58 gewesen sein, vielleicht auch '59. Neonazis hatten die Synagoge mit Hakenkreuzen beschmiert. Ich erfuhr davon am Telefon, bei mir zu Haus am Eton Square. Die Nachricht konnte noch gar nicht so richtig über den Ticker gelaufen sein, da klingelten die Redaktionen aus der Fleet Street schon bei mir an. Ich traf mich mit den Journalisten im Dorchester. Tom Wiseman nahm an dem Treffen teil. Bei den Gesprächen hatte ich einen schweren Stand.

Am nächsten Tag meldete sich Tom erneut am Telefon. Er sagte, in Bonn sei schon wieder Beängstigendes geschehen. Adenauer hätte wegen der Schmierereien an der Synagoge im Fernsehen zur Nation gesprochen. Im Verlauf der Rede hätte der Bundeskanzler zu Gewalt aufgerufen. Und deshalb brauche der Evening Standard ein Interview mit mir. Wenn es recht sei, würde Tom seine Assistentin mit dem Text der Kanzlerrede im Verlauf der nächsten Stunde in meine Wohnung schicken.

Die Journalistin brachte den Text in englischer Übersetzung. Ich fand, daß es eine gute Rede war. Beim Lesen übersetzte ich die

Worte zurück ins Deutsche, was dazu führte, daß mir des Kanzlers Indianergesicht erschien, und auch sein kölscher Dialekt war wieder da, und dann stieß ich auf den Satz, über den Tom sich entsetzt hatte.

Ich weiß nicht mehr zu sagen, ob die Täter von Köln in der englischen Übersetzung *hooligans* genannt wurden, oder *rascals*, und ob Adenauer im Original *Strolche* gesagt hatte oder *Schurken* oder *Übeltäter*, war für mich ohne Bedeutung. Das Ungeheuerliche lag in einer Tracht Prügel, die der Kanzler dem Volk angeraten hatte. ›Diesen Strolchen gehört eine Abreibung verpaßt, wenn man sie auf frischer Tat ertappt.‹ So ungefähr hatte er sich ausgedrückt. Ich zerknüllte das Papier.

Die Journalistin hatte mich die ganze Zeit beim Lesen von der Seite angesehen. Sie saß auf dem Sofa neben mir. Der erste Schachzug in ihrem Interview war vorauszusehen und kam auch prompt: »Die Bundesrepublik ist knapp neun Jahre alt. Konrad Adenauer ist der erste Bundeskanzler seit ihrem Bestehen. Die Erinnerung an deutsche Greueltaten ist bei uns noch frisch. Halten Sie es für richtig, wenn der Bundeskanzler in einer Fernsehrede das Volk zur Anwendung von Gewalt aufruft?«

Es war klar, daß ich das Interview vermeiden mußte. Bei früheren Frage-und-Antwortspielen mit der Presse war es mir nicht schwer gefallen, wenn es darum ging, meine eigene Ansicht auf eine Weise vorzubringen, die Adenauer nicht in den Rücken fiel. Bei dem Interview zum Thema ›Katholische Basis der Außenpolitik Konrad Adenauers‹ beispielsweise hatte ich gesagt, es sei höchste Zeit, die jahrhundertealte Erbfeindschaft zwischen den Franzosen und den Deutschen zu beenden, da dauerhafter Friede in Europa sonst nicht zu erreichen sei. Hier aber, im Fall der Kölner Synagoge, waren die Karten für mich schlecht gemischt. Ich sagte mir: Was du auch antwortest, diese Journalistin hat ihren Artikel in ihrem Kopf bereits geschrieben. Der Evening Standard wird daraus einen Angriff auf den Bundeskanzler machen. Der gute Deutsche, der du für Tom geworden bist, soll Adenauer kritisieren. Dein neuer Freund erwartet das von dir.

Das Mädchen saß still auf dem Sofa. Ich legte die Adenauer-Rede in ihren Schoß und stellte das Telefon darauf und bat sie, ihren Chef für mich zu finden.

Wiseman war sofort am Apparat. Ich sagte: »Hör mal, Tom, ein Interview zu dem Thema macht mir Unbehagen. Dieser Vorfall in Bonn ist ungewöhnlich ärgerlich.«

»Das ist milde ausgedrückt«, sagte Tom. »Willst du etwa schweigen?«

»Nein. Ich werde reden. Und zwar in einem Artikel, den ich für dich schreibe. Wenn du den Artikel willst. Ich nehme an, das Thema lautet: ›Gewalt in Deutschland – einst und jetzt‹. Ist das richtig?«

Wiseman meinte, ja, genauso sei das richtig, und wie viele Pfunde er denn für einen Artikel auf meinen Küchentisch zu blättern habe.

Ich sagte: »Ich will kein Honorar. Was ich will, das ist ein *deal*. Der *deal* lautet: An meinem Text wird kein Wort geändert. Nichts gekürzt. Nichts hinzugefügt. Der Text erscheint nicht auf der Seite mit den Briefen an die Redaktion. Mein Artikel wird an prominenter Stelle im Standard abgedruckt.«

Er sagte: »Der *deal* gilt, und am besten schickst du mir die junge Dame so unberührt in die Redaktion zurück, wie sie am Eton Square angekommen ist.«

Das Mädchen zog einen Flunsch und ging, und ich schrieb den Artikel. Der Evening Standard brachte ihn ohne Änderung. In den Tagen darauf wurde mein Text von deutschen Blättern nachgedruckt.

In dem Artikel habe ich den Kanzler um Besonnenheit gebeten. Es müsse darum gehen, habe ich gesagt, der Wahrheit ins Gesicht zu sehen. Die antisemitischen Exzesse von Köln stünden nämlich im Widerspruch zu der oft geäußerten Meinung unserer Regierung, die Gefahr der Rechtsextremisten sei in unserem Land ein für alle Mal gebannt. Ich entsinne mich, die Frage gestellt zu haben, wie es zu vertreten sei, daß wir die Kommunistische Partei Deutschlands für illegal erklären, die Deutsche Reichspartei jedoch mit ihren sechzehntausend alten Nazis ohne Behinderung gewähren lassen. Dann habe ich die Wahrheiten aufgelistet, wie sie unsere Zukunft überschatten:

– Lehrer, die noch immer Nazis sind, werden nicht entlassen.

– Der Geschichtsunterricht vermeidet die Themen Weimarer Republik, Angriffskrieg und Naziterror.

»Mister Kruger«, ein Deutscher, dem die Engländer schmerzende Fragen stellten. Sie zu beantworten, hielt er für seine Pflicht.

– Die Hakenkreuzschmierer von Köln waren nicht alte Nazis, sondern junge Leute, die in Unkenntnis der schrecklichen Vergangenheit von alten Nazis abermals leicht zu verblenden waren.

– Wir bauen eine neue Armee auf, bevor wir Werte geschaffen haben, die es zu verteidigen gilt.

FRIDAY, AUGUST 15 1958

Mr. Kruger leads the German invasion...

(THIS TIME THEY'RE WELCOME!)

WHERE the Luftwaffe and the doodlebugs failed, Mr. Hardy Kruger had succeeded: in conquering the indomitable British. They did not fight on the beaches or in the streets or in the cinemas: they just surrendered to his Teutonic charm, beguiled by the unusual sight of a bronze and blue-eyed film star who did not cry "Achtung Schweine-hund" every other minute.

Mr. Kruger with one film, The One That Got Away, has put himself among the top stars of this country. In a recent popularity poll by a fan magazine he was voted number two to Dirk Bogarde, while Jack Hawkins, Richard Todd and our other fighters for freedom might conceivably regard as treason on the part of their public.

Having established a beachhead in our affections, others of his compatriots are on their way to join us with their pristine charm. Britain irresistably can take it.

Among those on the way is **H e r r O. W. Fisher** a veteran storm-trooper of the sex-war. He will appear in The Lovers, with Juliette Greco.

LIMELIGHT by Thomas Wiseman

HARDY KRUGER
No signs of arrogance.

Mr. Kruger is just finishing his second film for Lord Rank, The Freshman, the saga of a German at Cambridge.

In the last few years the German market for films has become one of the most profitable in the world, and such factors always inspire strong heads in Hollywood. Every motive being an industrial

Mistaken

Of the brave fan letters Hardy Kruger receives daily from English girls quite a few are to me telling him that they had never thought the Germans a heavily bad lot having seen him in The One That Got Away they realize how mistaken they were and could they please have an autographed picture of him with his shirt off. Sex knows no national boundaries.

I should make it clear that Mr. Kruger is a pleasant fellow, courteous, charming and intelligent. He does not display any signs of arrogance nor of brash German beer indulge in the popular German pastime of passing the buck in the matter of accepting responsibility.

On the other hand he does not wish to go through life with a guilt complex because of what

his countrymen did while he was a child.

These new Germanic heroes may well inspire a phase as popular as that of the Latin lover, the era of the gutteral lover. Mr. Curt Jurgens is already established internationally and there may be a whole host, as Conrad Veidt and Erich von Stroheim in the silent days.

It is not surprising therefore that Mr. Kruger already has been invited to return for the third and more than once to Rank.

Though I do not of course make that kind of film is to allow this as news for the Rank organisation.

I met Mr. Kruger the other day at his rented flat in Eaton Square where his neighbours include the admirals and other materials and members of the old brigade. But he got his medals and any secret sandwiches and he talked about himself with commendable frankness.

Prisoner

He was 11 when war broke out, educated to believe in Hitler and ready and eager to do so. He was in the Hitler Youth. At 13 he was in the army. At 16 he was in an American prisoner of war camp.

"Until I was 18," he said, "I never met anyone who questioned that Hitler was right. I had been educated to believe in him. I knew nothing else. Then

I met people who were against him and I began to think for myself."

After the war he became a popular German star. He made his films.

"I have turned down many offers to play German officers in war films," he said. "I think war films are boring, and should not be made. Anyone who has seen the war and knows what it means wouldn't want to be seen to make war films."

Too Nice

"The only reason to make a war film is to show how horrible war is. Most of them do not do that, they just show how marvellous and heroic somebody or other was, and how to get by nicely.

"I could not have played the friendo part of the German officer in The Young Lion. They make him too nice from the beginning. There was no point in blowing a book like that until you got the full picture. In the book he was a real sympathetic man. I wasn't the perfect portrait of a German officer but it was as realistic as an American writer could draw it."

Mr. Kruger said he would be very glad to appear in a Nazi officer in a film exposing Nazism; but he felt that the Germans should not regard such a film. They were still too close to the events.

There is such a mass of con-

fused feeling in Germany about these things that it is impossible for a German writer to give a really clear and objective account of how a people could come to do what we Germans did.

"I do not know the answer. For the moment it must come out of people who know neither the Germany. It is not needed for my interview, and don't know it. I can."

Mr. Kruger and his wife now live in Hamburg, in a home in the Lake Lodge. Their 13-year-old daughter is being given a "normal" up-bringing. "We do not want to bring her up with a warscreened one. We try to teach her that she must treat everyone the same.

When Kruger came to England to make The One That Got Away—in which the hero was a German officer who escaped from a British prisoner of war camp—he expected some hostility.

The Rank Organisation were delighted when they found that the film's prospects at the box-office they thought anti-German feeling would keep people away. Instead, it became one of their most successful films, commercially.

When I asked Mr. Kruger how he accounted for this he smiled and said, "The English are so sporting."

Mr. Kruger was rather miserable about the film that our interview had taken. "When Curt Jurgens," he said, "they do not ask him questions about Hitler."

That was, I explained, because Jurgens had been married to Eva Bartok and everyone was always so busy asking him about her that they just didn't get a look in.

ON THE AIR

Dokumente der Ehrlichkeit Im August 1958 erschien in der englischen Zeitung „Evening Standard" ein Vierspalter mit der Überschrift „Jetzt führt Herr Krüger die deutsche Invasion . . ." (links oben). Mit diesem Artikel reichte der Journalist Thomas Wiseman (rechts), dessen Vater in einem deutschen KZ ermordet wurde, dem deutschen Filmschauspieler Hardy Krüger die Hand. Derselbe Thomas Wise-

Es begann mit einer peinlichen Frage

As a young German, this is how I see things now . . .

BY HARDY KRUGER

★ *Hardy Kruger, the German film actor, was 11 when war broke out. He was in the Hitler Youth. At 15 he was in the army. At 16 he was in an American prisoner-of-war camp.*

FOR some time now the countries of the Western world have been occupied in fighting Communism. They have seen doing this with such vehemence that they have almost forgotten about the extremists on the Right. This is particularly true in the case of the Federal Republic of Germany.

Here reasons were found to declare the Communist Party unconstitutional. However the neo-Fascist German Reich Party continued to operate unmolested.

DIFFICULT

THE anti-Semitic excesses of the past week have now led the government to examine the activities of this party. The results of this examination are awaited with keen interest throughout Germany.

There are 16,000 Right-wing extremists and Nazis. I do not know how many other incorrigible Nazis are still living among us. It is difficult for us to register them.

However, one is repeatedly told by officials of the government that their percentage is small, and that they, therefore, represent no danger to our young democracy.

It will probably not be possible to re-educate the Nazis of the old generation.

We must, however, succeed in one thing. A new generation must be brought up that is correctly and objectively informed about what was done by their country.

Anti-Semitism is no longer a subject that is taught in German schools today. As in other countries anti-Semitism is passed on from father to son and from mother to daughter.

The schools of present-day Germany cannot be doing enough to stop the spread of this infectious disease.

THE GERM

I KNOW how one can be contaminated by this germ of intolerance and hatred.

I was educated as a Nazi and anti-Semite. and from my own experience I know how easily the mind of an impressionable child can be perverted by these doctrines.

It happened to me. Fortunately I was lucky enough, at the age of 15 to come into contact with intelligent and decent people who were able to re-educate me, who were able to convince me of the iniquity of what I had previously been taught. Not everyone in Germany was as lucky as that.

Today we must ensure that the re-education which I received through luck and good fortune is not left to chance.

ASHAMED

WHAT makes me so ashamed, as a German, about what has been happening in my country is that these offences have been committed, not by the old who might perhaps be considered beyond the possibility of re-education, but by the young. This shows a failure in our education.

The eyes of the young, even the most stupid, could be opened with objective uncompromising lessons in history, with special emphasis on the Weimar Republic and the causes, effects and horrors of the Nazi regime. Who could shrug off the murder of 6,000,000 human beings?

But those who were not present at that time must be told. One can still love one's country and be aware of its mistakes.

It may be necessary for a country to raise an army and build cannons, tanks, rockets and airplanes for the defence of their way of life. But should one not first of all make certain that this way of life has become worth defending?

The Rabbi of Cologne has made a wise decision. He does not want the swastikas removed from the entrance to his synagogue. They are to remain as visual warnings.

Our representatives in Bonn, however, must do more. They must examine the incidents to which the schoolchildren are exposed. If the people who organize these campaigns of hatred and racial intolerance are known to have been Nazis, so that a breath of fresh air will find its way into our classrooms

TOLERANCE

THEY must succeed in instituting a student exchange between Germany and Israel. They must actively support the private initiative of all intelligent Germans who, with the help of the Press, cinema, radio and television, have for many years been trying to carry the meaning of tolerance and democracy to the people.

Much remains to be done before the swastikas can be removed from the synagogue in Cologne.

man hatte im Januar 1957 Hardy Krüger entgegengeschleudert: „Sie sind Nazi!" Derselbe Thomas Wiseman rief in den ersten Januartagen des Jahres 1960 Krüger an und sagte: „Hardy, schreiben Sie mir eine Stellungnahme zu den antisemitischen Ausschreitungen." Und Hardy Krüger tat es (rechts oben). Sein Wunsch: „Gemeinsam mit Wiseman möchte ich gegen die Intoleranz zu Felde ziehen!"

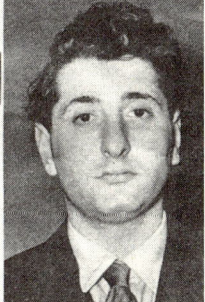

und einer ehrlichen Antwort:

– Ich gab dem Rabbiner von Köln recht, als er entschied, die Hakenkreuze als Warnung an seiner Synagoge zu belassen.

Das eine oder andere in dem Artikel ist mir nach all den Jahren entfallen, aber ich weiß recht deutlich, daß ich zum Kanzler sagte: Es gibt noch viel zu tun, bevor der Rabbiner von Köln die Hakenkreuze an seiner Synagoge entfernen wird.

Ich sollte mit meinen Gedanken nicht allein bleiben. Der Bundeskanzler mußte bei der deutschen Presse Wogen glätten. Ob und auf welche Weise die anderen Autoren gemaßregelt wurden, vermag ich nicht zu sagen. Ich jedenfalls bekam den Zorn des Bundeskanzlers zu spüren. Mein Beitrag war in England erschienen, und das wog für ihn doppelt schwer.

Der nächste Anruf von Tom Wiseman ließ nicht lange auf sich warten. Tom las mir einen Artikel in Übersetzung vor, der in Bonn erschienen war. Konrad Adenauer wetterte darin gegen einen Deutschen, der es für nötig hielt, von England aus die eigene Regierung anzufeinden. Meinen Namen hatte der große Alte in Bonn zwar nicht genannt, aber wer da gemaßregelt wurde, hatten die Redakteure des Evening Standard leicht erraten. Der Kanzler verbat sich in dem Artikel eine derartige Aktion von einem Mann, der noch nicht begriffen habe, daß Politik von Politikern zu machen sei. Nicht von irgend jemandem. Nicht von einem, der auf keinerlei politische Erfahrung zurückblicken könne.

Der Artikel lag schon am selben Tag in London vor. Die Daily Mail erbat ein erneutes Interview. Der Redakteur sagte, es gehe um die Frage, was das wohl für eine Republik sei, deren Kanzler einem seiner Bürger die freie Meinungsäußerung untersagen wolle.

Die alte Tante Mail bekam ihr Interview. Es war das dritte Mal, daß ich Schaden reparieren mußte. Beim drittenmal nahm der Künstler seinen Kanzler nicht in Schutz.

Im Jahr darauf, also 1959, wurde mein dritter englischer Film, Joseph Loseys *Blind Date*, im Odeon Leicester Square uraufgeführt. Bei dem anschließenden Empfang kam ein Vertreter der deutschen Botschaft auf mich zu. Er sagte, in Bonn und innerhalb der Botschaft selbst habe man mit Genugtuung beobachtet, wie es mir gelungen sei, in England Karriere zu machen, unser Land würdig zu vertreten, und meine Art, die Londoner Presse zu behandeln, sei lobenswert. Aus diesen und anderen Gründen sei er gehalten, mir mitzuteilen, daß ich für das Bundesverdienstkreuz vorgesehen sei, und wie ich wohl dazu stünde?

Ich war verblüfft. Was steckte dahinter? War die Kanzlerschelte vom Volk schlecht aufgenommen worden? Oder wurde hier der Versuch unternommen, den Widerspenstigen zu zähmen?

Der Botschaftsangestellte lächelte mich an. Ich sagte: »Es ehrt mich sehr.« Der Mann breitete die Arme aus. Er war sich seiner Sache sicher. »Doch leider ist es so«, sagte ich, »daß ich keine Orden mag.« Der Blick des Botschaftsangestellten verdunkelte sich um eine Spur. »Es widerstrebt mir, Abzeichen an meiner Smokingjacke zu tragen. Nichts für ungut.« Ich gab dem Mann die Hand. »Sollten wir uns mal in Bonn begegnen, sagen wir beim Presseball, dann werden Sie mich schmucklos tanzen sehen.«

An dieser Stelle angekommen, vermeinte ich die Geschichte zu Ende erzählt zu haben, aber Helmut Schmidt war anderer Meinung. Dies alles seien hochinteressante Vorkommnisse gewesen, fand er, Vorkommnisse um Adenauer herum, aber eben doch nur um den alten Herrn *herum*, und somit fehle der ganzen Geschichte noch der Knalleffekt, und der Knalleffekt stecke ganz sicher in der persönlichen Begegnung.

Er holte jetzt wieder die kleine Holzdose Schnupftabak aus der Jackentache hervor. »Sie erzählten, daß Sie beide sich begegnet sind, wenn auch nur ein einziges Mal. War Adenauer zu der Zeit noch im Amt?«

»Sehr sogar«, sagte ich. »Er hatte zum viertenmal die Wahl gewonnen.«

»Aha«, sagte er. »1961 also. Das Jahr, in dem Ulbricht seine Mauer baute. Und auch auf andere Weise ein folgenschweres Jahr. Konrad Adenauer hatte bei seiner Wiederwahl die absolute Mehrheit verloren. Carlo Schmid wurde Vizepräsident im Bundestag. Eine Veränderung ließ sich ahnen.« Er klopfte etwas Tabak auf den Rücken seiner Hand. »Und in der Zeit habt ihr euch zum erstenmal die Hand geschüttelt.«

»Nicht die Hand geschüttelt.«

»Nicht?«

»Nein.«

Er zog einen Teil der Prise in das linke Nasenloch. Dann den anderen in das rechte. »Aber ihr habt euch angesehen?«

»Angesehen, das ja.«

»Und auch miteinander gesprochen.«

»Nicht viel.«

»Nun lassen Sie nicht alles bruchstückweise hören!« Er kramte das weißblaue Schnupftuch hervor. »Kommen Sie jetzt endlich mit dem Knalleffekt!«

»Also gut, aber ich muß da etwas ausholen.«

»Holen Sie aus, so weit Sie wollen.« Er lehnte den Kopf zurück und wartete auf das Niesen.

»Auch wenn ich bis zu Kaiser Wilhelm aushole?«

»Von mir aus bis zu Barbarossa.« Endlich kam der Nieser.

»Also gut«, sagte ich und erzählte ihm, was vorgefallen war.

Im amerikanischen Sektor von Berlin, an den Havelseen, steht ein kleines Jagdschloß. Einer der Preußenkönige hat es gebaut. Der unfähigste ihrer Nachkommen, Kaiser Wilhelm II., folgte bei seinen morgendlichen Ausritten einem Reitweg, der durch den Grunewald zum Jagdschloß führte. Ein schwedisches Ehepaar, das den Kaiser glühend verehrte, ließ am Rand des Reitweges ein Herrenhaus errichten. Es war in einer Art Barock gehalten, mit einer weiten Auffahrt hinter einem Tor aus Schmiedeeisen. Das Juwel des Gebäudes war der Ballsaal. Die Wände wurden mit rotem Samt ausgeschlagen. Italienische Künstler hatten die Decke mit Kassetten ausgestattet. Die Ornamente in den Kassetten waren vergoldet. Eine weitläufige Treppe, aus tropischen Hölzern geschnitzt, schwang sich zu einer Empore hin. Die Privatgemächer waren diskret gehalten. Das Prunkstück unter ihnen erhielt den Namen ›Suite Impérial‹ und durfte von niemandem bewohnt werden. Die Küche war in ihren Ausmaßen gewaltig. Um das Gebäude herum erstreckte sich ein ansehnlicher Park. Eine leicht überhöhte, von Kiefern beschattete Terrasse war so ausgerichtet, daß sie ein gutes Stück lang den Reitpfad durch den Grunewald begleitete.

Sobald die kaiserliche Vorhut den baldigen Vorüberritt seiner Majestät vermuten ließ, wurde vom Personal im Haus Alarm gegeben, und das Ehepaar lief eilig über die Terrasse zur Balustrade.

Beim Anblick des Kaisers verbeugte sich der reiche Mann devot und seine Gattin senkte im Hofknicks demütig ihr Haupt. Jeden Morgen ging das so. Und jeden Morgen hofften die beiden auf das ›Brrrrrr‹ aus dem Mund des Kaisers, auf das Zügeln seines Pferdes und auf ein gnädiges Wort, wie etwa: »Ein ansehnliches Gebäude, Potzblitz, habt Ihr, mein Herr, Euch hier errichten lassen!«

Derartig angesprochen, und weil bekanntlich ja ein Wort das andere folgen läßt, würde sich nach Ablauf von etwas Zeit der Besuch des Kaisers im Schwedenhaus ergeben. Möglicherweise anläßlich eines Balles. Nur aus diesem Grund, aus diesem einzigen, hatte der Industrielle von Stockholm sein Herrenhaus im Grunewald errichten lassen. Er wollte seine Gemahlin im Ballsaal mit den Offizieren des Kaisers tanzen sehen. Er wollte ›zum Frischmachen‹ die Kaiserin und ihre Hofdamen untertänigst zur Suite Impérial geleiten.

Der Schwede wollte hoffähig werden. Doch aus der Sache wurde nichts. Der Kaiser ritt vorbei. Jeden Morgen. Zum größten Leidwesen des Paares sah er nie zu ihnen auf. Seine Majestät nahm die Verbeugung nicht zur Kenntnis. Der Knicks fand keine Beachtung. Die Schweden kehrten nach Stockholm zurück. Vier Jahre später brach der Erste Weltkrieg aus. Das Herrenhaus vom Grunewald kam auf den Markt.

In den folgenden Jahren zogen die verschiedensten Menschen in das Gebäude ein. An ihnen läßt sich das Schicksal einer Stadt ablesen. Nach den kinderlosen Schweden lebte vorübergehend eine vielköpfige Familie des polnischen Hochadels dort. Während des ersten Krieges waren es ein Tuchhändler, ein Waffenlieferant und ein Verwandter seiner kaiserlichen Majestät. Nach der Kapitulation besetzten Aufständische des Spartakus die Räume. Der nächste Besitzer war ein Bankier. Danach kam ein Buchverlag. Als Hitler seine ›Achse‹ aufbaute, wurde aus dem Haus die Botschaft der Japaner.

Im zweiten Krieg fielen auf den Grunewald die Bomben der Engländer und Amerikaner. Das Herrenhaus jedoch blieb unversehrt. Im April 1945 standen Stalins Soldaten vor einem Gebäude, auf dessen Dach die Flagge mit der rot aufgehenden Sonne der Japaner wehte. Die beiden Nationen waren an jenem Tag noch nicht im Kriegszustand. Also durften die Japaner bleiben. Nicht viel später rollten amerikanische Panzer vor das Haus. Das Ende der Freiheit für die Diplomaten des gottgleichen Tenno war gekommen. Für sie begann die Gefangenschaft.

Die Texaner in den Panzerwagen waren müde. Sie legten sich in Betten, die fünfunddreißig Jahre zuvor vergeblich auf Kaiserin Auguste Victoria und ihre Hofdamen gewartet hatten.

Nach dem Einmarsch der Amerikaner vergingen nicht mehr viele Jahre, höchstens sieben, dann war meine Zeit gekommen, in dem Haus zu wohnen. Ich schloß eine Tür auf, die geschnitzt war und zwei Hälften hatte. Es war die Tür zur Suite Impérial. Ich lief durch Licht aus hohen Fenstern. Nach Osten hin streckte sich ein Balkon unter Kiefern aus. Hinter dem Balkon gab es große Räume. Die Wände waren mit Seide ausgespannt. Von den Decken hingen Lampen aus Kristall. Die Badewanne war ein großer Klotz aus Marmor.

Mit diesem teuren Stück endete die Erinnerung an eine Zeit, die mit den Schweden und den Hofschranzen dahingegangen war. Wo einst zierliche Mahagonitische die Räume schmückten, Sessel aus der Zeit von Louis Quatorze und Betten im verspielten Glanz des Rokoko, standen nun Möbel aller Art herum. Ein Eßtisch unter einem grünen Tuch. Ledersessel, die zerschlissen waren. Ein Bett mit dunklem Kopfteil aus der Gründerzeit. Teppiche, zerfranst und rot, die nicht zusammenpassen wollten. Ich fragte in den großen Raum hinein, wo der alte Glanz geblieben war.

Der Hausherr sagte, die antiken Möbel seien schon vor langer Zeit gestohlen worden. Von Nazibonzen in die Reichskanzlei verschleppt. Von Japanern auf dem Schwarzen Markt gegen Lebensmittel eingetauscht. Von Offizieren nach Amerika verschifft. Der Hausherr sagte, daß sein Name Wolfgang Gehrhus sei, gelernter Koch und Hotelier, und seine Arbeitsstätte sei früher einmal das Adlon gewesen, Unter den Linden, ein Haus mit Eleganz. Zwischen Ruskis habe er nicht leben wollen, sagte er, denn als Soldat, an der Ostfront, hatte er die zur Genüge angetroffen. Was er hatte haben wollen, das war ein Leben unter freien Menschen, also, im Westen von Berlin. Was er hatte haben wollen, sei dieses Haus gewesen, an der Brahmsstraße, in der Parklandschaft des Grunewalds, und er hatte sich in seinem besten Anzug bei der

Westberliner Stadtverwaltung vorgestellt, dunkelblau, mit silberner Krawatte.

Da er mit einem nervösen Tick zu leben habe – und den hätte ich bestimmt bemerkt, sagte er mit einem stolzen Lächeln, am ständigen Zupfen seines Jackenkragens für einen besseren Sitz des Sakkos –, habe das Gremium in ihm den Hotelier erkannt. Die Pacht sei annehmbar gewesen, denn schließlich habe es nicht ein einziges Möbelstück in dem großen Haus gegeben, keine Tasse, keine Gläser, nichts, und dabei war dieses Gebäude doch zum Gästehaus des Senats von Westberlin bestimmt gewesen. Also hat der neue Pächter Geld erbettelt, ab und an ein Schwarzgeschäft gemacht und auf Hinterhöfen, bei Auktionen oder jugoslawischen Teppichhändlern zusammenklauben müssen, was ein Gästehaus an Möbeln braucht. Als die Leute von der Stadtverwaltung sahen, was der Mann da gezaubert hatte, gaben sie ihm Brief und Siegel für ein Hotel, das Gehrhus hieß.

Der Pächter sagte, er werde mich die Kaiser-Suite bewohnen lassen, wann immer ich in Berlin einen Film zu drehen hätte, über den Übernachtungspreis ließe er schon mit sich reden, und lediglich wenn der Bundeskanzler sein Haus beehre, hätte ich in ein anderes Apartment umzuziehen.

Fortan hatten wir etwas Gemeinsames, der alte Herr und ich. Nur Geringes. Etwas Äußerliches, zugegeben. Doch wenn ich in dem zerschlissenen Sessel saß und Dialoge lernte, dachte ich an Adenauer. Nicht oft. Nur ab und an. Ich sah ihn dann in dem gleichen Sessel sitzen. Stöhnend. Wegen der vielen Worte auf Papier in seiner Hand. Worte, die er sich für seine Rede einzuprägen hatte. Genau wie ich mir Worte einzuprägen hatte, in dem gleichen Sessel und mit dem gleichen Stöhnen.

Wir hatten auch Tisch und Bett gemein, der alte Herr und ich. Jedenfalls von Zeit zu Zeit. Ich wischte den Gedanken oftmals von mir fort. Begegnet sind wir uns in all den Jahren nicht.

Dann hatte es die Schmiererei von Köln gegeben. Die Hakenkreuze. Meinen Artikel. Des alten Mannes Zorn. Zwei Jahre später kreuzte sich unser Weg. Konrad Adenauer hatte die Nacht in der Kaiser-Suite verbracht. Ich in dem Apartment daneben.

Meine Begegnung mit dem ersten Kanzler unserer Republik geschah am Morgen. Um halb neun. Ein Mädchen von der Rezeption hatte das Telefon an meinem Schreibtisch klingeln lassen: »Ihr Taxi ist vorgefahren.« Ich stieg die Schloßtreppe nach unten. Im Ballsaal stand vor jeder Tür ein Mann.

Ich sagte: »Leute, ihr seht verdammt noch mal ganz unauffällig aus.« Die Männer lachten. Einer schüttelte die Faust. Es war eine freundschaftliche Art, eine anerkennende, die Faust zu schütteln.

Vor dem Tisch der Rezeption stand Wolfgang Gehrhus. Er hatte eine schwarz-rot-goldene Krawatte angelegt. Ich mochte den Mann. Abends, nach der Arbeit, wartete er oft an seiner Bar mit einem Pils vom Faß für mich. Wenn es vorkam, daß ich von seiner Speisekarte sagte, diesen piekfeinen Kram kenn' ich jetzt rauf und runter, meinte er, komm mit, wir gehn in die Küche, Kartoffelpuffer machen.

Gehrhus schien mir an dem Morgen recht nervös. Als ich nach draußen ging, sah ich sofort warum. Der schwarze Sechshunderter mit dem Stander des Bundeskanzlers stand in der Auffahrt. Vor die gepanzerte Limousine hatte sich ein Peterwagen gestellt. Ein zweiter Mercedes mit Bonner Nummer stand hinter dem Fahrzeug des Regierungschefs.

Der weitläufige Hof war vollgestellt mit grünen Motorrädern. Neben jedem Rad stand ein Polizist. Die Männer hielten weiße Helme in den Händen. Neben dem breiten Eingangstor aus Schmiedeeisen wartete ein Fahrzeug der Berliner Polizei. Das Eingangstor war zur Straße hin geschlossen. Dahinter drängte sich eine Menschenmenge an das kunstvoll geschmiedete Gitter. Ich fragte die junge Frau an der Rezeption, wo mein Taxi sei. Die Antwort kam von einem Offizier der Polizei. »Vor dem Tor«, sagte er, »in der Brahmsstraße.«

Der Mann stand neben Wolfgang Gehrhus. Er war ungewöhnlich groß, gut einsneunzig, und sah recht athletisch aus. Sein Haar war grau.

»Bitte lassen Sie mein Taxi rein«, sagte ich zu ihm. »Die Berliner da draußen vor dem Tor wollen ihren Bundeskanzler sehen. Es ist für mich peinlich, wenn ich jetzt da rausgehe und mir einen Weg durch die Menschenmasse zu dem Wagen bahnen muß. Und noch etwas: Erfahrung lehrt, daß die Menschen da draußen zwei Fliegen mit einer Klappe schlagen werden. Es ist unvermeidbar, daß sie sich auf mich stürzen und Autogramme wollen, und wenn das geschieht, ist das Tor endgültig blockiert, was für uns alle peinlich wird, nicht zuletzt für den Herrn Bundeskanzler.«

»Na, na«, sagte der Polizist. »Autogramme!« Er stieß ein Lachen aus. »Nun wollen wir doch aber bescheiden bleiben!«

»Hör mal, Wolfgang«, sagte ich zu dem Hotelier. »Der Mensch hier neben mir beginnt mich zu ärgern. Dies Haus ist dein Haus. Es ist nicht das Haus der Polizei. Es ist für uns alle besser, wenn du das Taxi reinkommen läßt. Ich meine, bevor der Bundeskanzler runterkommt.«

»Das geht nicht«, sagte der Offizier.

Nun ist es so, daß ich dieses Wort nicht ausstehen kann. ›Geht nicht‹ ist ein Wort, das mir zuwider ist. Als Junge, bei der Ufa, hatte ich von einem Beleuchter gelernt, was du machst, wenn du vor einer Sache stehst, die schwierig ist. Die unüberwindbar scheint. »Jeht nich' jib's nich'«, hat der Mann gesagt. Und dann hat er wie ein Kauz gezwinkert. Der Satz hat mich seither begleitet. Geht nicht gibt's nicht. Manchmal denke ich, daß der Gedanke mich am Leben gehalten hat.

Ich sagte zu dem Offizier, daß es so etwas nicht geben kann, etwas, das nicht geht, und er solle jetzt mal aufhören, mich daran zu hindern, zur Arbeit zu gehen.

Der Mann stand wie ein Riese vor mir. Er bellte ein paar Worte zu mir runter. Ich hörte was von Befehlsgewalt, und daß die bei ihm sei, nicht bei mir, und ich hätte hier gar nichts zu vermelden.

Als er das sagte, sah ich den Flamen vor mir. Befehlsgewalt. Ich sah die Runen am Kragen der SS. Befehlsgewalt. Wut stieg in mir auf. Dann spürte ich, wie Gehrhus mich an beiden Armen hielt.

»Es ist schon wieder gut, Wolfgang«, sagte ich. »Es hat an dem Wort ›Befehlsgewalt‹ gelegen.«

Der Offizier legte die Hände auf den Rücken. Er versuchte den Eindruck zu erwecken, über der Situation zu stehen.

»Wolfgang«, sagte ich, »wir machen das jetzt so: Du holst die Reporter in den Hof. BZ. Bild. Tagesspiegel. Das Mädchen von der Morgenpost. Du kennst ja die Gesichter. Du kennst ja alle Reporter, die da draußen, hinter dem Gitter, in der Menge stehn. Hol sie rein. Sag ihnen, daß ich was zu erzählen habe.«

Gehrhus hatte jetzt wieder diesen nervösen Tick. »Was willst du ihnen um Himmels willen denn erzählen?« Er zupfte den Kragen seines Sakkos ein Stück nach vorn.

»Die Wahrheit«, sagte ich. »Und zwar so: Unter diesem Dach wohnen zwei Männer. Der eine alt. Der andere jung. Beide sind Deutsche. Beide sind berufstätig. Der eine ist als Kanzler angestellt. Der andere als Schauspieler. Beide wollen zur Arbeit. Der eine will eine Rede halten, in Schöneberg, vor dem Parlament. Der andere will einen Film synchronisieren, in Lankwitz, vor den Mikrophonen eines Studios. Keiner der beiden zahlt seine Hotelrechnung aus eigener Tasche. Die Rechnung des einen übernimmt die Stadt Berlin. Die Rechnung des anderen übernimmt die Paramount in Hollywood. Es leben also beide zu gleichen Bedingungen unter diesem Dach. Auch vor dem Gesetz sind beide gleich. Sollten gleich sein. Sind es aber nicht. Denn: Die Zufahrt zum Hotel wird dem Fahrzeug des einen von der Polizei gestattet. Das Fahrzeug des anderen wird an der Einfahrt in den gleichen Hof von der Polizei gehindert.«

Ich wartete. Wolfgang Gehrhus zog an seiner Kravatte. Der Offizier hatte ein Gesicht aus Stein. Ich sagte: »Sollte es je in meinem Leben noch einmal vorkommen, daß ein gottverdammter, an Gehirnmasse zu kurz gekommener Polizist aus unseren gewählten Volksvertretern eine Obrigkeit machen will, dann brülle ich meine Wut über die Stadt hinweg, und zwar so, daß in ganz Berlin die Scheiben klirren.«

Wolfgang Gehrhus ging auf den Hof hinaus. Er winkte zwei Pagen herbei und ließ das Tor zur Straße öffnen. Die Menschen traten beiseite. Das Taxi bahnte sich einen Weg durch die Menge. Die Polizisten schoben ihre Motorräder beiseite.

Der Offizier zog es vor, nichts mehr zu sagen. Er sah seinen Männern mit den weißen Helmen zu. Dann stellte er sich neben den Stander am Auto das Bundeskanzlers. Das Taxi rollte die Auffahrt hinauf und kam hinter dem Mercedes aus Bonn zu stehen, der etwas kleiner als das Kanzlerauto war. In der nächsten Minute hörte ich Schritte. Eilige. Viele. Hinter mir. Ich hörte die Schritte aus der Halle kommen. Leute in dunklen Anzügen eilten am Tisch der Rezeption vorüber. Ein Mann bat darum, Platz zu machen. Der Mann hatte ein freundliches Gesicht. Er sagte, der Bundeskanzler werde gleich da sein.

Ich gab die Tür frei und drehte mich zur Halle um. Konrad

Der erste Kanzler der Bundesrepublik und der erste deutsche Schauspieler, der nach dem Krieg in England arbeitete, kamen nicht gut miteinander aus.

Adenauer kam durch das dunkle Rot. Ich mußte an die beiden Schweden denken. Sie hatten sich einen Kaiser vor diesem dunklen Rot gewünscht.

Der alte Herr trat in das grelle Licht der Rezeption. Wolfgang Gehrhus verbeugte sich vor ihm. Der Bundeskanzler hatte es nicht eilig. Er kam langsam auf mich zu. Seine Augen waren eng. Klein. Müde. Unwirsch. Verletzt. Ich dachte mir: Verletzt. Ganz sicher oft verletzt. Unerträglich oft.

Die Leute in den dunklen Anzügen waren bei dem Mercedes angekommen. Der Platz davor wurde für sie eng. Die Männer hatten eilfertig zu sein. Bemüht. In ihrer Bemühtheit ging der Wagenschlag nicht auf. Adenauer mußte warten. Wir standen nahe beieinander. Ich sagte: »Herr Bundeskanzler, guten Morgen.«

»Juten Morj'n.« Seine engen Augen trafen mein Gesicht. Ich fragte mich, ob er wohl überlegte, was mit diesem jungen Deutschen anzufangen sei. »Dann sin' Sie dat wohl«, sagte er, »der Herr Krüjer.«

Ich sagte: »Ja, Herr Doktor Adenauer.« Ich war einer von denen, die den Mann verletzt hatten. An seinen Augen konnte ich das sehen. »Hardy Krüger. Das ist mein Name.«

Die Eifrigen vor der Limousine traten beiseite. Es war ihnen gelungen, den Wagenschlag zu öffnen. Der Kanzler zögerte. Nur kurz. Wie einer, der etwas sagen will. Etwas mit Bedauern. Ein Bedauern über Vorgefallenes, das vergangen ist. Oder ein Bedauern über dieses Voreinanderstehen, jetzt, in dieser Stunde, steif, grau im Gemüt. Er schien nach einem Wort zu suchen. Und fand es nicht.

Ich war auf gleiche Weise stumm. Dann fiel mir ein, daß ich sagen konnte: »Herr Bundeskanzler, ich wünsche Ihnen Glück.« Und ich sagte ihm das auch.

Er sah mich an. »Danke.« Dann trat er in die Auffahrt hinaus.

Vom Eingangstor schallten ihm Zurufe entgegen. Er zog den Hut und hielt ihn grüßend in die Luft. Die Polizisten bei den Motorrädern nahmen eine stramme Haltung an. Sie hatten jetzt ihre weißen Helme auf.

Konrad Adenauer ließ sich in den Fond des Wagens fallen. Die Männer in den dunklen Anzügen sprangen eilfertig in den zweiten Mercedes. Die Motoren der Krafträder wurden angetreten.

Ich erreichte das helle Auto, hörte die Polizeisirenen heulen und hörte den Taxifahrer sagen: »Na hier is' aba villeich' wat los!«, und aus dem, was eben noch zum Nachdenken Anlaß gab, was von der Stimmung her in ein Drama paßte, wird im gleichen Augenblick eine eilig hingeschriebene Komödie.

Also. Die Kanzlerkolonne setzt sich in Bewegung. Vorneweg die weißen Mäuse. Danach ein Peterwagen. Blaulichter. Heulende Sirenen. Dann die Staatskarosse mit dem Bundeskanzler. Dann der Mercedes mit den Beflissenen aus Bonn. Dann wer? Ich. In einem Taxi. Danach, in Dreierreihen, weiße Mäuse.

Wir fahren durch das Tor. Die Menge jubelt. Einer ruft: »Kiek ma! Olle Hardy!« Ich klettere auf den Rücksitz. Lege mich lang auf die Bank. Von unten her kann ich die Gesichter sehen. Die Leute

Ein alter Mann und seine Einsamkeit

stehen am Rand der Straße. Sie winken ihrem Kanzler zu. Schulkinder halten in den Händen Fähnchen. Die Kolonne nimmt Kurs
aufs Roseneck.

Ich sage zu dem Fahrer: »Spätestens am Hohenzollerndamm
schlagen wir uns seitwärts in die Büsche.«

Der Mann dreht sich zu mir um: »Wie soll'n det jehn? Wo doch
alle Seitenstraßen von 'ne Polente abjesperrt sin'.« Er kurbelt das
Fenster runter. »Ick mach det jenau wie olle Konrad! Immer
freundlich winken! Det sin' wia de Leute schuldich.« Er streckt die
Hand zum Fenster raus und bewegt sie fröhlich auf und ab.

Der Mann genießt das Glück der Stunde. In der Badenschen
Straße sagt er: »Also, Hardy, Junge, dir fahr ick öfta! Bei dir is'
wen'stens wat los!« Dann brüllt er auf vor Lachen.

In das Taxifahrerlachen mischt sich das von Helmut Schmidt. Ich sehe Helmuts Lachen zu. Und denke mir, was er jetzt denkt: Churchill und ein Schauspieler, der den falschen Text aufsagt. Tito und ein Schauspieler, der ihm verbotenen Whisky in die Hände schmuggelt. Adenauer und ein Schauspieler, der ihm im Taxi folgt. Schmidt und ein Schauspieler, der ihn zum Lachen bringt. Kanzler und Künstler. Er sagt es nicht. Er braucht es nicht zu sagen. Ich weiß, daß er es denkt.

KALIFORNISCHER HERBST

Vor mir liegen Stapel von Papier. Es sind die Geschichten dieses
Buches. Ich beuge mich über den alten Tisch aus Santa Fé und
schiebe die Blätter gedankenverloren hin und her. Am Himmel
vor meinen Fenstern verändert sich das Licht. Es will Indianersommer werden.

Ich gehe in den Wald hinaus und spüre einen Hauch von Wind
auf dem Gesicht. Die Blätter an den Eichen zeigen mir die Richtung an. Wind aus Nordost. Wind aus der Wüste. Aus der Mojave. Die graue Dörre liegt ganz weit unten, tief unter unserem
Wald. Sie streckt sich weit zum Horizont. Wenn der erste Wind
sich regt, treiben die Rancher da unten ihre Pferde in die Kop-
peln. Schließen die Fenster ihrer Häuser. Fahren ihre Pickups in
die Scheunen. Sehen zu, wie Staubfahnen in den Himmel steigen.
Gegen Mittag, wenn die Sonne steiler steht, wird der Wind heiß.
Wird zum Sturm. Die Rancher verfluchen seine Glut. Weil er ihnen den Sand der Wüste in die Gesichter peitscht. Weil er ihren
Pferden Schmerz zufügt. Weil er den Lack von ihren Pickups
schmirgelt.

Die Rancher nennen den Sturm Santana. Ein Mexikaner hat so
geheißen. Ein General. Lopez de Santana war sein voller Name.
Die Kalifornier in der Mojave haben sich vor ihm gefürchtet. Wegen seiner räuberischen Streifzüge haben sie den Mann gehaßt.
Die Mexikaner denken anders über ihn. Bei den Mexikanern ist
Santana als Held in die Geschichte eingegangen. 1823 hatte er einen
ungeliebten Kaiser vom Thron gestürzt. Dreizehn Jahre später töte-
te er alle 182 Verteidiger des Alamo. Einer der Toten war der legendäre Davy Crocket.

Ich sehe in die Mojave hinunter und sage mir, der Santana hat
noch nicht so richtig Kraft. Er wird noch ein, zwei Stunden brauchen. In ein, zwei Stunden hat er, was er braucht. In ein, zwei
Stunden hat er die Wut, die er uns *mountain men* am Ende eines
Sommers spüren läßt. Dann fegt der Santana unserem Berg entgegen. Den Sand läßt er weit unten in den Dogwood Trees zurück.
Auf dem Weg zum Wald hinauf wird sein Atem kalt. Wenn er bei

Warten auf den Indianersommer

uns ist, greift er nach den Eichen. Peitscht die Kiefern. Tobt ein paar Tage lang um unser Haus. Dann, urplötzlich, legt er sich nieder. Gibt sich selber auf. Und der Wald steht wieder still. In der Luft bleibt sein kühler Biß zurück.

Das ist die Zeit, wenn es Indianersommer werden will. Warme Mittagssonnen wecken späte Blumen auf der Wiese vor dem Bungalow. Kalte Nächte legen sich auf die Bäume. Die Nächte malen alle Blätter bunt. Erst gelb. Dann braun. Und rot. Nicht lang danach taumeln sie zu Boden. Wenn die Blätter dann vor meinem Fenster liegen, sieht die Wiese wie ein bunter Teppich aus.

BILDNACHWEIS

Bild, Hamburg, 10. April 1962
(Seite 193)
cinetext GmbH, Frankfurt
(Seite 55, 134)
dpa Deutsche Presse Agentur, Frankfurt
(Seite 69, 200, 201, 245, 283)
Filmbild Fundus Robert Fischer, München
(Seite 13, 72, 117, 129, 234, 235, 240, 241)
The New York Times, New York, 11. November 1961
(Seite 184)
Presse-Foto du Vinage, Hamburg
(Seite 106)
Quick, München, 5. März 1960
(Seite 265, 266, 267)
The Star, London, 20. August 1959
(Seite 25)
Ullstein Bilderdienst, Berlin
(Seite 31, 207)
Konrad R. Müller
(Seite 277, 279)

Alle anderen Fotos stammen
aus dem persönlichen Archiv des Autors.

MONTY ROBERTS
DER MIT DEN PFERDEN SPRICHT

Dies ist die faszinierende Lebensgeschichte des Mannes, der die Sprache der Pferde beherrscht und mit seinem Körper ausdrückt. Monty Roberts ist der wahre »horse whisperer«, der echte Pferdeflüsterer.

Seit frühester Jugend arbeitet er mit Pferden. Seine dabei entwickelte Trainingsmethode ist revolutionierend: Sie ist ein ständiger Dialog, ein geduldiges, respektvolles Eingehen auf den Partner Pferd.

Der Erfolg bestätigt Monty Roberts. Seine Arbeitweise kennt keine Verlierer und ist der überzeugende Beweis, daß zwischen Mensch und Natur ein gewaltfreier, friedlicher Dialog möglich ist.

»Der 62 Jahre alte Kalifornier hat den Umgang mit Pferden revolutioniert. Er hat vorgemacht, daß jedes Pferd bereit ist, mit Menschen zusammenzuarbeiten, wenn sie dessen Sprache verstehen und auf Gewalt verzichten.«

Süddeutsche Zeitung

ISBN 3-404-60466-0

BASTEI
LÜBBE

MONTY ROBERTS
SHY BOY
GESPRÄCHE MIT EINEM MUSTANG

Endlich liegt der neue Monty Roberts als Taschenbuch vor –
die heißersehnte Fortsetzung von »Der mit den Pferden
spricht«.

Am Beispiel des Mustangs Shy Boy, den Roberts im Frühjahr
1997 in der Wildnis von Nevada nach seiner *Join-up-Methode*
fing, erzählt er packend und anschaulich, welche Bedeutung
dieses Ereignis für ihn und sein Lebenswerk hat.

Begleitet wurde er von dem jungen amerikanischen Fotogra-
fen Christopher Dydyk: Weit über einhundert sensationelle
Farbfotos dokumentieren das Abenteuer, mit dem Monty
Roberts sich einen Jugendtraum erfüllte – und lassen den Le-
ser stimmungsvoll an der Welt des Monty Roberts und der
Philosophie, die seiner Arbeit zugrunde liegt, teilhaben.

»Auch in seinem zweiten Buch packt Monty Roberts den Leser.«
Neue Presse, Hannover

Erscheinungstermin: Dezember 2000

ISBN 3-404-60486-5

BASTEI
LÜBBE

Klaus Bednarz
Ballade vom Baikalsee
Begegnungen mit Menschen und Landschaften

»Wer einmal den Baikal gesehen hat, den läßt er nicht mehr los«, sagt Klaus Bednarz und entführt den Leser in einen Landstrich voller Superlative und Rätsel.

»Heiliges Meer«, »Perle Sibiriens« oder »Das blaue Herz der Taiga« nennen die Russen den Baikalsee. Er ist nicht nur der älteste, sondern auch der tiefste und geheimnisvollste See der Erde, eingebettet in eine einzigartige Natur – und Ursprung einer uralten Kultur.

Sagen und Legenden erzählen von diesem einmaligen Naturphänomen, Lieder und Gedichte feiern den Zauber dieses Sees und der ihn umgebenden endlosen Wälder und Steppen.

»Ein Meisterwerk.«
Süddeutsche Zeitung

»Fast möchte man bedauern, daß sich Bednarz dem Fernsehjournalismus verschrieben hat. Er läßt auch ohne Kamera lebendige Bilder entstehen, allein mit der Kraft der Worte.«
DIE ZEIT

ISBN 3-404-60485-7

BASTEI LÜBBE